普通高等学校经济管理类教材

供工商管理、旅游管理、市场营销、人力资源管理、电子商务等相关专业使用

经济管理基础

Basis of Economic Management

主　编　刘冰峰　曹恩伟　王立皓
副主编　童敏慧　屈稻丰　李小永

华中科技大学出版社
http://press.hust.edu.cn
中国·武汉

内 容 简 介

本书主要介绍了经济学和管理学的基本原理及市场营销、人力资源、财务会计、生产运作等方面的基础知识,是一部综合经济管理原理和技能知识的基础性教材和读物。通过本书的学习,学生不仅可以拓宽专业视野,还能够熟悉经济学重要的基本原理,理解市场经济的运行规律,掌握基本的管理技能。

本书既可作为高等院校工商管理、市场营销或非经管类专业大学生的通识教育教材,也可作为从事经济管理工作的企事业单位在职人员的培训用书。

图书在版编目(CIP)数据

经济管理基础/刘冰峰,曹恩伟,王立皓主编.—武汉:华中科技大学出版社,2024.3(2025.6重印)
ISBN 978-7-5772-0594-6

Ⅰ.①经… Ⅱ.①刘… ②曹… ③王… Ⅲ.①经济管理—教材 Ⅳ.①F2

中国国家版本馆CIP数据核字(2024)第060682号

经济管理基础
Jingji Guanli Jichu

刘冰峰　曹恩伟　王立皓　主编

策划编辑:王雅琪
责任编辑:张　琳
封面设计:孙雅丽
责任校对:王亚钦
责任监印:周治超

出版发行:华中科技大学出版社(中国·武汉)　　电话:(027)81321913
　　　　　武汉市东湖新技术开发区华工科技园　　邮编:430223

录　　排:孙雅丽
印　　刷:武汉市洪林印务有限公司
开　　本:787mm×1092mm　1/16
印　　张:17.5
字　　数:415千字
版　　次:2025年6月第1版第2次印刷
定　　价:59.80元

本书若有印装质量问题,请向出版社营销中心调换
全国免费服务热线:400-6679-118　竭诚为您服务
版权所有　侵权必究

前言
Preface

经济管理是指对经济活动进行全面有效的规划、组织、指挥、协调、控制和监督的过程。随着市场经济的逐步发展和全球化进程的加速,经济管理在现代社会中显得越来越重要。经济管理能够在企业和国家层面上促进经济的发展。在企业层面上,经济管理能够实现资源的合理配置,提高生产效率,降低成本,从而增加企业利润,促进企业的发展。在国家层面上,经济管理能够促进经济的持续发展。通过国家层面的经济管理,政府能够协调社会经济发展的各个方面,引导资金流向重要的行业和领域,增加对国民经济的投入,促进经济的发展。

经济管理能够降低风险,并有效管理风险。无论是企业还是国家,都存在各种风险,例如市场风险、金融风险和政治风险等。经济管理能够发挥其资源配置和决策制定的作用,减少各种风险的影响,加强风险管理,从而保障企业的健康发展和国家的经济安全。经济管理通过资源配置能够让有限的资源获得最大的分配效益,提高资源的利用率。同时,经济管理还能够减少资源的浪费,使社会资源利用更加高效和可持续,达到经济发展与环境保护的平衡。总之,经济管理在现代经济中的作用极其重要。只有在科学、高效、阳光和创新的管理指导下,才能够使市场经济给企业和国家带来更多的机遇和良好的发展前景。

"经济管理基础"是一门介绍经济管理学科领域基础知识的课程,主要包括经济学基础、管理学原理和企业经营管理三个部分。"经济管理基础"课程是非经济管理类专业人才培养方案中一门重要的公共基础课。

通过学习,学生可对当代社会中的各种经济现象有一个较为系统、深入和理性的认识,了解市场经济的基本运行规律,掌握经济学、管理学和企业管理的一些基本概念和基本原理,以及解决实际问题的方法,获得解决实际问题的初步能力,拓宽其经济管理方面的视野,同时,学生可以充分地将所学的经济学、管理学等学科的基本理论知识运用于解读社会经济现象,理解经济运行规律,提升对企业经营管理实践的认知,从而培养学生的综合管理能力。对经济学、管理学研究方法的充分理解和应用,有利于提升学生对社会经济现象、企业管理实践问题的捕捉与分析能力,进而能够为企业经营管理问题提供解决方案。

　　本书在编写过程中得到了李小永、金周昱、陈莎莉、陈俊、邱婷、解敦亮、周员凡、王毅成、熊亚丹、仇一微、邱婧佩等老师的帮助。由于受到时间等方面的约束,以及编者自身水平的限制,书中难免存在疏漏之处,敬请广大读者批评指正。

目录
Contents

绪论	/001

第一章　消费者需求与厂商供给　　/004
　　第一节　供求理论　　/005
　　第二节　消费者理论　　/012
　　第三节　生产理论　　/016
　　第四节　成本理论　　/021

第二章　竞争与垄断　　/025
　　第一节　完全竞争市场　　/026
　　第二节　垄断竞争市场　　/029
　　第三节　寡头市场　　/032
　　第四节　完全垄断市场　　/036

第三章　收入分配、效率与公平　　/040
　　第一节　收入分配差距　　/041
　　第二节　效率与公平　　/044
　　第三节　收入分配政策　　/048

第四章　国民经济的基本指标　　/054
　　第一节　GDP　　/055
　　第二节　价格指数　　/060

第三节　失业率　　　　　　　　　　　　　　　/066
　　第四节　经济周期　　　　　　　　　　　　　　/069

第五章　宏微观经济政策　　　　　　　　　　　　/072

　　第一节　市场失灵和微观经济政策　　　　　　　/073
　　第二节　宏观经济政策之财政政策　　　　　　　/078
　　第三节　宏观经济政策之货币政策　　　　　　　/080

第六章　管理职能　　　　　　　　　　　　　　　/089

　　第一节　管理的计划职能　　　　　　　　　　　/090
　　第二节　管理的组织职能　　　　　　　　　　　/093
　　第三节　管理的领导职能　　　　　　　　　　　/097
　　第四节　管理的控制职能　　　　　　　　　　　/101

第七章　战略管理　　　　　　　　　　　　　　　/105

　　第一节　企业战略　　　　　　　　　　　　　　/106
　　第二节　战略管理过程　　　　　　　　　　　　/108
　　第三节　企业总体战略　　　　　　　　　　　　/110
　　第四节　业务竞争战略　　　　　　　　　　　　/112

第八章　组织结构　　　　　　　　　　　　　　　/117

　　第一节　设计组织结构　　　　　　　　　　　　/118
　　第二节　机械式组织结构和有机式组织结构　　　/126
　　第三节　影响组织结构选择的因素　　　　　　　/128
　　第四节　传统组织设计　　　　　　　　　　　　/129

第九章　人力资源管理　　　　　　　　　　　　　/134

　　第一节　人力资源管理概述　　　　　　　　　　/134
　　第二节　人力资源获取　　　　　　　　　　　　/141
　　第三节　人力资源开发与维护　　　　　　　　　/148
　　第四节　人力资源报酬　　　　　　　　　　　　/153

第十章　生产运作管理　　　　　　　　　　　　　/158

　　第一节　生产运作管理概述　　　　　　　　　　/159
　　第二节　生产运作战略　　　　　　　　　　　　/163
　　第三节　生产运作组织　　　　　　　　　　　　/166

第四节　生产运作管理发展　　　　　　　　　　　　　　/173

第十一章　行为管理　　　　　　　　　　　　　　　/178
第一节　组织行为学的定义和目标　　　　　　　　　　/179
第二节　态度　　　　　　　　　　　　　　　　　　　/181
第三节　人格　　　　　　　　　　　　　　　　　　　/188
第四节　激励　　　　　　　　　　　　　　　　　　　/193

第十二章　创新管理　　　　　　　　　　　　　　　/198
第一节　创新的概念　　　　　　　　　　　　　　　　/199
第二节　创新方法与模式　　　　　　　　　　　　　　/204
第三节　创新战略　　　　　　　　　　　　　　　　　/210
第四节　企业创新路线图　　　　　　　　　　　　　　/214

第十三章　财务管理　　　　　　　　　　　　　　　/220
第一节　筹资管理　　　　　　　　　　　　　　　　　/221
第二节　项目投资管理　　　　　　　　　　　　　　　/227
第三节　营运资金管理　　　　　　　　　　　　　　　/232
第四节　财务分析　　　　　　　　　　　　　　　　　/239

第十四章　营销管理　　　　　　　　　　　　　　　/244
第一节　市场与市场营销　　　　　　　　　　　　　　/245
第二节　市场营销管理哲学　　　　　　　　　　　　　/248
第三节　战略规划与市场营销管理过程　　　　　　　　/259
第四节　市场营销管理与市场营销组合　　　　　　　　/265

参考文献　　　　　　　　　　　　　　　　　　　/269

绪 论

经济活动和管理活动是人类社会形成与发展过程中的基础活动。经济学和管理学是分别研究人类经济活动、管理活动一般规律的科学。随着人类社会不断演进,经济活动和管理活动日益丰富,为经济学和管理学理论的确立和发展提供了条件和基础。

一、经济学与管理学

(一)经济学

经济学是研究人类社会各个发展阶段的各种经济活动和各种相应的经济关系及其运行、发展的规律的学科。经济学的核心思想是物质稀缺性和有效利用资源,可分为两大主要分支:微观经济学和宏观经济学。经济学起源于以古希腊色诺芬、亚里士多德为代表的早期经济学,经过亚当·斯密、马克思、凯恩斯等经济学家的发展,经济学衍生出了行为经济学等交叉边缘学科。随着经济的高速发展,国家和民众对经济学研究和应用的关注度越来越高,经济学的理论体系和应用不断完善和发展。

(二)管理学

管理学是一门综合性的交叉学科,是系统研究管理活动基本规律和一般方法的科学。管理学是为适应现代社会化大生产的需要产生的,研究目的就是在揭示管理活动一般规律的基础上,研究在既定的条件下,如何合理地组织和配置人、财、物等因素,提高生产力水平。人类关于管理活动的思考有着非常悠久的历史,甚至可以说,人类关于管理活动的思考和人类本身一样历史久远。管理思想是不同时期人们关于管理活动的思考结晶,管理学的系统形成和发展就是这种思考结晶的积累。19世纪末至20世纪初,以泰勒、法约尔和韦伯等为代表的管理学家提出的管理学说和理论共同奠定了古典管理理论的基础。之后,梅奥提出"工人是社会人""企业中存在非正式组织"等观点,开启了管理研究中的行为科学之旅。第二次世界大战以后,技术进步日益加快,生产社会化程度不断提高,管理活动的形式、形态、边界、条件也空前多样化、复杂化,在此基础上形成一系列不同的理论观点,美国管理学家孔茨把这种现象称为"管理理论丛林",管理学的理论框架因此而逐渐成熟。

二、非经济管理类专业学生学习经济管理基础知识的意义

任何人都不可能独立于社会经济活动、管理活动之外,时时刻刻都需要面对和解决一定的经济管理问题。21世纪,素质教育已成为人们的共识,既有专业背景又懂经济管理的复合型人才,是国家、社会和用人单位的共同需求。从我国人才成长的规律看,在许多技术含量较高或专业背景较强的领域中,如电力、通信、计算机等领域,用人单位往往会从技术人员中选拔管理者。非经济管理类专业学生通过学习"经济管理基础"课程可以拓宽知识视野,完善知识结构,为今后的工作与个人成长打下良好的基础。非经济管理类专业学生掌握经济学、管理学的基本原理和知识,可以增强学生对社会经济和企业运作的理解能力和分析能力,提升学生解决经济、管理问题的能力。

三、学习经济管理基础知识的原则与方法

(一)树立以马克思主义为基本指导的学习原则

要用马克思主义的世界观和方法论指导经济管理基础知识的学习。辩证唯物主义与历史唯物主义是马克思主义最根本的世界观和方法论,经济与管理实践的描述、经济与管理问题的分析、经济与管理理论的抽象、经济与管理演化的预测都应该体现辩证唯物主义与历史唯物主义的精神。

马克思和恩格斯所创立的历史唯物主义是关于人类社会发展普遍规律的科学。根据唯物主义的观点,社会存在决定社会意识,物质生活的生产方式决定社会生活、政治生活和精神生活的一般过程。历史上不同时期的社会存在决定了与该时期特征相对应的社会意识,这是历史唯物主义的基本观点。在社会存在决定社会意识的同时,社会意识会影响社会存在,也会反作用于社会存在。存在与意识的关系、物质与精神的关系不是单向的决定或作用的关系,而是双向的作用与反作用的关系,这是辩证唯物主义的基本观点。用马克思主义指导经济学、管理学的基本原理和知识学习,就是要用辩证唯物主义和历史唯物主义的观点去分析经济管理理论与经济管理实践的关系,去探讨经济管理理论的一般抽象与具体运用的关系,去思考作为经济管理对象的社会经济活动、组织活动与组织环境的关系。

(二)坚持理论联系实际的学习方法

虽然经济学和管理学的研究与学习也要运用定性与定量、归纳与演绎、比较研究等社会科学普遍运用的方法,但理论联系实际是在马克思主义指导下我们学习和研究管理学的基本方法。

理论联系实际,首先需要我们把握经济学、管理学的理论体系,理解经济管理的基本原理和知识。这些原理和知识是在众多经济管理学者和企业家丰富经验及实践的

基础上抽象出来的,具有普遍的指导意义。但同时我们知道,具体的经济管理实践总是千差万别的。组织性质不同、使命不同、活动特点不同、环境不同,可以运用的经济管理的基本原理和知识也会不同,即使可以运用的基本原理和知识相同,其具体运用结果也必然不同。这不仅要求我们在学习相关理论时了解这些理论形成的实践背景,而且要求我们通过具体的案例分析来把握理论与方法的本质。

理论联系实际还要求我们用所学的经济管理理论与方法去观察和分析我们工作和生活中的经济管理问题。我们的工作与生活中处处都有经济管理的问题,理论联系实际要求我们运用经济学、管理学的相关理论知识更有效地思考和探讨我们身边的经济管理问题。

第一章
消费者需求与厂商供给

知识目标
1. 掌握需求、供给、弹性、市场均衡等经济学基本概念。
2. 理解边际效用递减规律、边际报酬递减规律的含义及成立条件。
3. 了解均衡价格的形成过程。
4. 熟悉短期生产与长期生产、短期成本与长期成本的联系与区别。

能力目标
1. 能够定性分析需求与供给两大因素的变化对价格的影响,并运用需求、供给分析方法对简单的经济现象进行分析。
2. 能够利用弹性理论分析一些实际经济问题。
3. 能够运用效用理论对消费者行为进行简单分析。
4. 能够运用生产理论和成本理论对生产者行为进行简单分析。

经济管理情境

为推动商贸消费提质扩容,助推全省经济高质量跨越式发展,2022年5月江西省政府开始实施《江西省促进商贸消费提质扩容三年行动方案(2022—2024年)》;2023年3月江西省商务厅启动江西消费提振年活动,为促进消费再添动力。在这些政策活动中,发放消费券是促进消费的主要手段,2022年以来,江西省共发放消费券12.6亿元,其中汽车、家电、餐饮行业是重点发放领域。

作为高校大学生,你是否领取过相关消费券?如果你领取过消费券,是否使用过?在使用过程中,这些消费券是否能够显著提高你的消费质量?如果政府决定发放一批大学生专用消费券,你希望这批消费券针对哪些领域发放?

第一节　供求理论

一、消费者需求

在现实的市场经济中，一种商品的价格是如何决定的？是厂商决定吗？商品价格的变化又是受什么因素影响？在经济学中，对这些问题的简单回答是：在一个竞争的市场经济中，价格是由供给和需求两方面因素共同决定的；价格的变动也是由供给和需求的变化决定的。要理解这一原理，首先要了解什么是需求及其常见的描述方式——需求函数与需求曲线。

（一）需求

生活在这个世界上，不管是穷人还是富人，每天都需要消费。理想很多，需要无限，无限的需要源于人类无限的欲望。但是，在市场上起作用的不是需要而是需求。需求（demand）是指消费者在一定时期内，在各种可能的价格水平下愿意而且有能力购买的该商品的数量。也就是说，市场关心的不仅是人们所想要的，还有在他们的收入所限定的支出和各种商品已知的条件下所选择购买的商品数量，也就是有效需求。

（二）需求函数

由于商品的价格是决定需求量最基本的因素，因而如果只考虑需求量与价格之间的关系，其他条件假设不变，那么需求函数就可以简化为：

$$Q_D = f(P)$$

如果某商品需求量与其价格之间是线性关系，那么需求函数可以写为：

$$Q_D = a - bP \quad (a>0, b>0)$$

式中：P 为商品的价格；Q_D 为商品的需求量。

（三）需求曲线

需求曲线是表示商品价格与需求量之间关系的几何图形。通常，需求曲线中的纵轴表示价格，横轴表示需求量。需求曲线可以是直线，也可以是曲线。图1.1所示为线性需求曲线，例如，纵轴表示猪肉的价格，横轴表示小明对猪肉的需求量，那么该需求曲线就意味着随着猪肉价格的变动，小明对猪肉的需求量也发生线性变动。

需求曲线向右下方倾斜反映了需求法则：其他条件不变时，一种物品的价格上升，该物品的需求量减少；一种物品的价格下降，该物品的需求量增加。

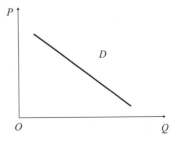

图1.1　线性需求曲线

（四）需求的影响因素

除了上面讲的商品价格因素，需求还受到其他因素影响。为方便理解，下面以冰激凌的需求为例进行介绍。

1. 收入

如果某个夏天你失业了，你对冰激凌的需求会发生什么变化呢？很可能的情况是，需求会减少。收入降低通常意味着总支出减少，因此你不得不在某些物品上，也许是大多数物品上的支出减少一些。当收入减少时，如果一种物品的需求量减少，这种物品称为正常物品。当然，并不是所有物品都是正常物品。当收入减少时，如果一种物品的需求量增加，这种物品称为低档物品。例如，随着收入的减少，你可能就不会买汽车或乘出租车，更可能的是去坐公共汽车。

2. 相关物品的价格

假设冷冻酸奶的价格下降，根据需求定理，你将多买冷冻酸奶。同时，你也许会少买冰激凌。因为冰激凌和冷冻酸奶都是冷而甜的食品，它们能满足相似的需求。当一种物品的价格下降引起另一种物品的需求量减少，这两种物品互为替代品。替代品是指那些经常相互替代使用的物品，如热狗与汉堡包、毛衣与长袖衫等。当一种物品的价格下降引起另一种物品的需求量增加，这两种物品称为互补品。互补品是指那些经常同时使用的成对物品，如汽油和汽车、计算机和软件等。

3. 爱好

决定你需求的较明显的因素是你的爱好，如果你喜欢冰激凌，你就会多买一些。经济学家通常并不试图解释人们的爱好，因为爱好是基于超越了经济学范围的历史与心理因素。但是，经济学家要考虑爱好的变动是否会引起需求的变化。

4. 预期

你对未来的预期也会影响你现在对物品与劳务的需求。例如，如果你预期下个月会赚很多钱，可能就会选择少储蓄，而用更多的当前收入去买喜欢的冰激凌。如果你预期明天冰激凌的价格会下降，你可能就不太愿意今天以较高的价格去买冰激凌。

5. 买者的数量

除了以上影响单个买者行为的变量，市场需求还取决于买者的数量。如果小张作为冰激凌的买者加入小李和小王的行列，则每种价格水平下的市场需求量都会增加，从而市场需求就增加了。

（五）市场需求与个人需求

图1.1所示的需求曲线表示某个人对某种产品的需求。为了分析市场如何运行，我们需要确定市场需求。市场需求是所有人对某种特定物品的需求的总和。通常情况下，我们将个人需求曲线水平相加可得出市场需求曲线。市场需求曲线表示在所有影响买者想购买的数量和其他因素保持不变的情况下，一种物品的市场需求量如何随该物品价格的变动而变动。

二、厂商供给

供给与需求是相对应的概念，需求来自消费者，而供给来自生产者（厂商）。这一部分我们将讨论什么是供给,然后介绍描述供给的两种常见方式——供给函数与供给曲线。

(一) 供给

供给(supply)是指生产者在一定时期内在各种可能的价格下愿意并且能够提供出售的某种商品的数量。根据上述定义,如果生产者对某种商品只有提供出售的愿望,而没有提供出售的能力,则不能形成有效的供给,也不能算作供给。

要理解这一概念,应强调以下三个要点。

(1) 供给量是一个预期概念,不是指实际售卖量,而是指生产者预计、愿意或打算供给的数量。

(2) 供给量是指有效供给量,即有现实生产能力的供给。现实生产能力指拥有足够的生产条件来支持。

(3) 供给总是涉及两个变量:价格(price)、供给量(quantity)。没有相应的价格,就谈不上供给。

(二) 供给函数

如果把影响供给的各种因素作为自变量,供给作为因变量,我们可以用函数关系来表示影响供给的因素与供给之间的关系,这种函数称为供给函数,它表示影响供给的因素与供给量之间的关系。

微观经济分析中,通常把商品本身的价格看作是影响商品供给量的最基本的因素。假定其他因素不变,价格作为自变量,供给量作为因变量,则供给函数为:

$$Q_S = f(P)$$

式中:P 为商品的价格;Q_S 为商品的供给量。

如果某商品供给量与其价格之间是线性关系,即供给曲线是一条直线,那么,供给函数为:

$$Q_S = c + dP \quad (c>0, d>0)$$

(三) 供给曲线

商品的供给曲线是以几何图形表示商品的价格和供给量之间的函数关系。通常情况下,供给曲线是向右上方倾斜的,斜率为正,这是供给的基本规律在图形上的表现,即在特定的时间范围内,在其他因素不变的情况下,某商品的价格与供给量呈同方向变动。如同需求曲线一样,供给曲线可以是直线,也可以是曲线。如果供给函数是一元一次的线性函数,则相应的供给曲线为直线;如果供给函数是非线性函数,则相应的供给曲线就是曲线。图 1.2 所示为曲线供给曲线。

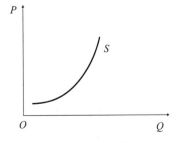

图 1.2　曲线供给曲线

直线供给曲线上的每个点的斜率是相等的,曲线供给曲线上的每个点的斜率则不相等。

(四)供给的影响因素

除了上面讲到的商品价格因素,厂商的供给还受到其他因素影响。为方便理解,下面还是以冰激凌供给为例进行介绍。

1. 投入品价格

为了生产冰激凌,卖者要使用各种投入品,如奶油、糖、香料、冰激凌机、生产冰激凌的厂房,以及操作机器的工人的劳动。当这些投入品中的一种或几种价格上升时,生产冰激凌的利润就会减少,卖者供给的冰激凌就会减少。如果投入品价格大幅度上升,卖者可能就会停止营业,不再供给冰激凌。

2. 技术

生产冰激凌的技术也是供给量的决定因素之一。这类技术的进步通过降低卖者的生产成本而增加冰激凌的供给量。

3. 预期

卖者的冰激凌供给量还取决于其对未来的预期。例如,如果卖者预期未来冰激凌的价格会上升,他可能就会减少当前的市场供给。

4. 卖者的数量

除了以上影响单个卖者行为的变量,市场供给还取决于卖者的数量。如果一些卖者退出冰激凌市场,市场供给将减少。

(五)市场供给与个人供给

正如市场需求是所有买者需求的总和一样,市场供给也是所有卖者供给的总和。市场供给量是指每一种价格水平下双方的供给量的总和。和需求曲线一样,我们水平地加总个人供给曲线来得出市场供给曲线。这就是说,为了得出任何一种价格水平下的市场供给量,我们要把个人供给曲线横轴上标出的个人供给量相加。

三、市场均衡

在前两部分,我们一直分开考察需求和供给。需求是在各种可能的价格下消费者愿意且能够购买的商品数量;供给是在各种可能的价格下生产者愿意而且能够提供的商品数量。但是,它们都没说明这种商品本身的市场价格是如何决定的。那么,商品的价格是如何决定的呢?微观经济学中的商品价格是指商品的均衡价格。商品的均衡价格是市场需求和市场供给相互作用形成的。如果我们把市场的需求和供给两个方面结合起来考虑,就可以分析市场价格是如何确定的。其基本方法是把需求曲线和供给曲线、需求函数和供给函数结合在一起,来分析需求和供给两方面力量的相互作用,进而分析均衡价格的形成。

(一)均衡的概念

均衡本来是物理学中的概念,指一个物体因同时受方向相反且大小相等的两种外力的作用,而处于静止不动的状态。经济学借用均衡的概念来说明经济体系中变动着的各种力量处于一种不存在变动要求的平衡状态,也就是说,经济体系内不存在使各种变量发生变动的压力和动力的一种状态。简单概括,均衡是指一种没有变化趋势的状态。

（二）市场均衡的概念

在竞争性的市场中,供给和需求的力量相互作用,从而产生了均衡价格和均衡数量,即市场均衡。市场均衡(market equilibrium)发生在供给和需求力量达到平衡的价格与数量点上。在该点上,买者所愿意购买的数量正好等于卖者所愿意出售的数量,市场上不存在短缺或过剩,这时的价格称为均衡价格,也称为市场出清价格,相等的供求数量称为均衡数量。之所以称该点为均衡点是因为当供求力量平衡时,只要其他条件不变,价格就不会上下波动。

在几何图形上,一种商品市场的均衡出现在该商品的市场需求曲线和市场供给曲线相交的点上,该交点称为均衡点,如图1.3所示。均衡点上的价格和相等的供求量分别称为均衡价格和均衡数量。市场上需求和供给量相等的状态,称为市场出清状态。

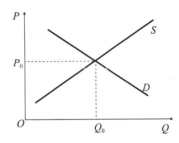

图1.3 均衡价格和均衡数量

（三）市场均衡的变动

1. 需求的变动对均衡价格的影响

在供给不变的情况下,需求的增加会使需求曲线向右上方移动,因而使均衡价格和均衡数量都增加;需求减少会使需求曲线向左下方移动,使均衡价格和均衡数量都减少。图1.4中,供给曲线S既定,最初的需求曲线为D_0,二者交于均衡点E_0,均衡价格为P_0,均衡数量为Q_0。当需求增加使需求曲线移动到D_1时,与供给曲线S交于均衡点E_1,均衡价格上升为P_1,均衡数量增加为Q_1。相反,需求减少使需求曲线移动到D_2时,与供给曲线S交于均衡点E_2,均衡价格下降为P_2,均衡数量减少为Q_2。

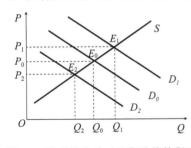

图1.4 需求的变动对均衡价格的影响

2. 供给的变动对均衡价格的影响

在假设需求不变的情况下,供给的增加会使供给曲线向右下方移动,使均衡价格下降,均衡数量增加;供给减少使供给曲线向左上方移动,使均衡价格上升,均衡数量减少。图1.5中,既定的需求曲线D和最初的供给曲线S_0交于均衡点E_0,均衡价格为P_0,均衡数量为Q_0。当供给增加使供给曲线移动到S_1,与需求曲线交于均衡点E_1,均衡价格下降为

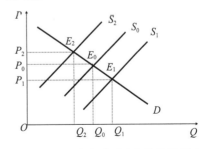

图1.5 供给的变动对均衡价格的影响

P_1，均衡数量增加为 Q_1。相反，供给减少使供给曲线移动到 S_2，与需求曲线 D 交于均衡点 E_2，均衡价格上升为 P_2，均衡数量减少为 Q_2。

3. 供求同时变动对均衡价格和均衡数量的影响

以上分析是以供给或需求一方不变为前提的，但在实际经济运行中，供需双方可能同时发生变化，共同对均衡价格和均衡数量产生影响。在供求同时变动的情形下又如何分析均衡的变动呢？

在供求同时变动的情形下，均衡变动的分析可以分三个步骤进行。

第一，分析需求、需求曲线的变动和变动的方向。

第二，分析供给、供给曲线的变动和变动的方向。

第三，分析新的需求曲线和供给曲线的交点，即新的均衡点。

供求同时变动有以下两种情况。

第一种，供求同时同方向变动，即同时增加或减少。在这种情况下，均衡数量将同时增加或减少，而均衡价格的变动取决于供需双方变动的相对量，可能上升，可能下降，也可能保持不变。如果需求曲线移动的幅度大于供给曲线移动的幅度，均衡价格会上升，反之则下降。两条曲线移动的幅度相同，均衡价格保持不变。

第二种，供求同时呈反方向变动。这时，均衡价格总是按照需求的变动方向变动：需求增加，价格上升；需求减少，价格下降。而均衡数量的变动取决于供求双方变动的相对比例，可能增加、减少或维持不变。如果供给曲线移动的幅度小于需求曲线移动的幅度，均衡数量减少，反之则增加。只有两者变动的幅度相同时，均衡数量才能维持不变。

四、弹性理论

由需求与供给的基本原理可知，价格的变动会引起需求量、供给量的变动。但是，不同的商品，其需求量（或供给量）对价格变动的反应程度是不同的。有些商品，如珠宝、化妆品等奢侈品的需求量（或供给量）对价格变动的反应程度大，而有些商品，如食品、电力等必需品的需求量（或供给量）对价格变动的反应程度小。虽然供给和需求通常可以帮助我们判断供给量和需求量是增加还是减少，但为了使之成为真正有用的工具，我们需要知道供给和需求在多大程度上对价格的变动做出反应。上述这些关于价格变动和购买量之间的数量关系，我们可以运用弹性这一重要概念进行分析。

（一）弹性的一般含义

弹性在经济学中用来说明经济变量间某一变量对另一变量变化的反应程度。一般说来，只要两个经济变量之间存在着函数关系，我们就可用弹性来表示因变量对自变量变化的反应的敏感程度。

弹性的一般公式为：

$$弹性系数 = \frac{因变量的变动比例}{自变量的变动比例}$$

在经济学中，弹性是一个非常重要的概念，因为它使我们能够确定一种经济变量的变化所引致的另外一种经济变量变化的幅度。

（二）需求弹性

重要的需求弹性有需求的价格弹性、需求的收入弹性及需求的交叉价格弹性，下面我们将分别介绍。

1. 需求的价格弹性

需求的价格弹性通常简称为需求弹性，是最常见的弹性类型，是指在其他条件不变时，在一定时期内一种商品需求量的相对变动对其自身价格相对变动的反应程度。

2. 需求的收入弹性

需求的收入弹性是一种商品需求量的相对变动对消费者收入相对变动的反应程度，在数量上表现为，需求量的相对变动与消费者收入相对变动的比值。

3. 需求的交叉价格弹性

需求的交叉价格弹性是指某种商品需求量的相对变动对其相关商品价格的相对变动的反应程度，在数量上表现为这种商品需求量的相对变动与另一种相关商品价格的相对变动的比值。

影响需求弹性系数的主要因素如表1.1所示。

表1.1　影响需求弹性系数的主要因素

因素	具体情况
商品的重要程度	一种商品越重要，价格提高之后，消费者越不愿甚至不能调整对该商品的需求量，其需求的价格弹性系数就越小；相反，商品越无关紧要，其需求价格弹性系数就越大
商品的可替代程度	一种商品的替代品越多，相近程度越高，就越容易被替代，则该商品的需求弹性系数就越大
商品的消费支出在总支出中所占的比重	就单个消费者而言，一种商品在其消费支出中所占的比重越小，它对该商品的需求价格弹性就越小；相反，商品在消费支出中所占的比重越大，需求价格弹性就越大
调整时间的长短	消费者调整时间越短，需求价格弹性就越小；相反，调整时间越长，需求价格弹性就越大

（三）供给弹性

供给弹性中最常分析的是供给的价格弹性。供给的价格弹性表示在一定时期内相应于商品价格的相对变动，一种商品供给量相对变动的敏感程度。

影响供给弹性系数的主要因素如表1.2所示。

表1.2　影响供给弹性系数的主要因素

因素	具体情况
现有生产能力的利用程度	当商品的价格发生变化时，生产者能够进行供给调整的时间越短，供给量变动就越小，因而供给弹性也就越小；相反，允许生产者调整供给的时间越长，供给弹性就会相对越大

续表

因素	具体情况
生产者所使用的生产技术类型	生产技术越复杂,技术越先进,机器设备占用越多,生产周期越长,相应于价格变动,生产者调整供给量的难度就越大,供给的价格弹性就越小
现有生产能力的利用程度	对一个生产者而言,如果拥有过剩的生产能力,那么面对价格的变动,特别是价格升高,调整供给量就更加容易,因而供给弹性就更大

第二节 消费者理论

一、效用

对消费者行为的分析是建立在效用这一概念的基础上的,而效用又可以分为基数效用与序数效用,由此形成了分析消费者行为的两种理论:基数效用论和序数效用论。在19世纪和20世纪初期,经济学普遍使用基数效用的概念。在现代微观经济学里,通常使用的是序数效用的概念。

(一)效用的概念

效用(utility)就是商品具有的满足人类欲望的能力。从这个定义可以看出,效用不是指商品本身的有用性,而是指消费者从商品消费过程中获得的心理上的满足程度。效用代表消费者的主观心理感觉。消费某种商品给消费者带来的满足程度越高,商品的效用就越大;满足程度越低,效用就越小;如果给消费者带来不舒适、不愉快或痛苦,商品的效用就是负的。

(二)基数效用论

在19世纪和20世纪初期,经济学普遍使用基数效用的概念。基数效用理论认为,效用可以在数量上用一种统一的、单一的单位来精确地加以衡量。这种统一的、单一的用以衡量效用的单位称为效用单位。一切物品和服务的效用都可以用1个效用单位、2个效用单位、3个效用单位……来精确地测量。这种用1,2,3……基数加以测量的效用称为基数效用。在基数效用假定下,对所有消费者而言,从各种物品和服务的消费中获得的效用没有质的不同,只有量的差异,即只简单地表现为效用单位多少的不同。这样,消费不同的物品和服务,其效用可以比较,也可以加总。

(三)序数效用论

到了20世纪30年代,大多数西方经济学家使用序数效用的概念。序数效用理论认为,一种物品或服务对消费者的效用无法测量,因而不能用基数加以表示,但可以按照消费者的偏好(偏好是消费者根据自己的意愿对消费的物品或服务进行的排序)排序,以序数第一、第二、第三……表示物品或服务效用的高低。也就是说,效用不是数量概念,而是次序概念。序数效用认为效用是指消费者如何在不同的物品和服务之间进行排序。例如,对于某消费者来说,如果商品组合1比商品组合2的效用更高,则这一排序就应该是消费者偏好商品组合1超过商品组合2。基于序数效用建立起来的无差异曲线分析已经成为西方经济学研究消费者行为的主流方法。

(四)总效用和边际效用

为了考察消费者消费商品数量的选择,通常区分商品的总效用和边际效用概念。其中,总效用(TU)是指消费者在一定时间内消费一种或几种商品所获得的效用总和,边际效用(MU)是指消费者每增加一单位某种物品的消费所增加的总效用。

随着消费商品数量的增加,总效用增加,但增加的消费带来的效用增加量却是递减的,这表明边际效用具有递减趋势,这也被称为边际效用递减规律。比如,给一个饥饿的人五个面包,那么吃掉第一个面包带来的效用通常是最大的,吃第二块面包时,其效用会有所降低,这样一直吃下去的话,效用将越来越低,最后甚至为负。

借助边际效用递减规律,可以很容易地将总效用和边际效用的变化趋势及两者之间的关系表示出来。总效用和边际效用曲线如图1.6所示。

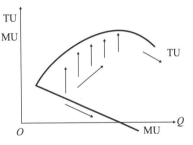

图1.6 总效用和边际效用曲线

二、无差异曲线

序数效用理论利用无差异曲线来分析考察消费者的行为,而无差异曲线是建立在消费者偏好的基础之上。

(一)消费者偏好的基本假设

偏好就是消费者的喜欢或爱好程度。序数效用理论对偏好有以下几个基本假设。

第一,偏好是完全的。消费者可以比较、排列所有的商品或由多种商品所形成的商品组合。换言之,若A、B分别表示两种商品或商品组合,消费者可以说出是偏好A,还是偏好B,还是对A、B两者的喜好无差异(消费者对A、B同样喜欢),三者必居其一,且仅居其一。

第二,偏好是可传递的。偏好的可传递是指,若消费者对商品A的偏好大于(小于或等于)商品B,对商品B的偏好大于(小于或等于)商品C,则对商品A的偏好必大于(小于或等于)商品C。

第三,偏好具有一致性。假定所有的商品都是"好的"(值得拥有的),那么在不计成本的情况下,消费者对数量较多的任何一种商品的偏好总是大于数量较少的同种商品。偏好的一致性也反映了人类欲望的无限性。

第四,偏好与消费者的支付能力无关。一方面,偏好不取决于商品的价格,即某种商品的价格不影响消费者对该种商品的喜爱程度;另一方面,偏好也不取决于收入,这也就是说收入不会影响消费者的偏好。这是由于偏好是消费者基于其现有认知和欲望而从内心产生的对某种商品的喜欢或爱好程度,是非理性的。

(二)无差异曲线的含义

无差异曲线(indifference curve)可以用来表示消费者偏好相同的两种商品的不同数量的各种组合。或者说,它是表示能给消费者带来同等效用水平或满足程度的两种商品的不同数量的各种组合。因此,无差异曲线的效用函数为:

$$U(X,Y)=k$$

式中:X 和 Y 表示两种商品的数量;k 是常数,表示某个效用水平。

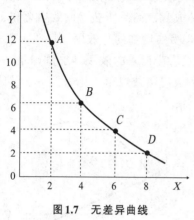

图 1.7　无差异曲线

例如,消费者从 2 单位商品 X 和 12 单位商品 Y 中所得到的满足程度,与他从 4 单位商品 X 和 6 单位商品 Y,或者 6 单位商品 X 和 4 单位商品 Y,或者 8 单位商品 X 和 2 单位商品 Y 中获得的满足程度相同,即总效用水平相同。在既定偏好下,使消费者获得相同效用的两种商品的不同数量组合的点连成的线称为无差异曲线,如图 1.7 所示。

图 1.7 所示的无差异曲线上的任何一点,如 A、B、C、D 点所代表的商品组合给消费者带来的效用水平是相同的。

(三)无差异曲线的特征

(1)无差异曲线上任意两点代表着相同的效用水平。由定义可知,两种不同数量的商品组合带来的效用是相等的。

(2)无差异曲线的斜率为负。由于无差异曲线向右下方倾斜,因而斜率是负的。

(3)在同一坐标平面图上可以有无数条无差异曲线,离原点越远的无差异曲线所代表的满足程度越高。

(4)任意两条无差异曲线不能相交。

(四)边际替代率

在效用满足程度保持不变的条件下,消费者增加 1 单位一种商品的消费可以代替的另一种商品的消费数量,简称为边际替代率。边际替代率衡量的是,从无差异曲线上的一点转移到另一点时,为保持满足程度不变,两种商品之间的替代比例。

在保持效用水平不变的条件下,随着一种商品消费数量的增加,消费者增加一单位该商品的消费而愿意放弃的另外一种商品的消费数量逐渐减少,即随着一种商品数量的增加,它对另外一种商品的边际替代率递减,这一现象通常称为边际替代率递减规律。可以看出,边际替代率递减规律的存在是边际效用递减规律所致。

三、预算约束线

无差异曲线描绘了消费者对两种商品的不同组合的偏好,但这并不能完全说明消费者的选择行为。消费者的选择还受到预算约束的影响,也就是说,消费者的消费能力受收入和所必须支付的商品价格的影响。

(一)预算约束线的概念

预算约束线是表示在商品价格和收入水平一定的条件下,消费者能够购买的两种商品各种可能的数量组合。如果以 M 表示消费者的既定收入,以 P_X 和 P_Y 分别表示商品 X 和商品 Y 的价格,以 Q_X 和 Q_Y 分别表示商品 X 和商品 Y 的数量,那么,预算线的方程为:

$$P_X Q_X + P_Y Q_Y = M$$

此方程表示,消费者的全部既定收入 M 等于他购买商品 X 的支出与购买商品 Y 的支出的总和。

(二)预算约束线的移动

预算线表示在收入和价格不变的条件下各种可能的消费组合。如果收入或价格变动了,预算线就会发生移动。

1.假设两种商品的价格不变,消费者的收入发生变动

从预算线的截距可以看出,收入的变动会改变截距,而不影响预算线的斜率,所以收入的改变会使预算线发生平行移动。如图1.8所示,如果消费者的收入增加了,预算线会平行向右上方移动,由 A_0B_0 平移到 A_1B_1。如果消费者收入减少了,预算线会平行向左下方移动,由 A_0B_0 平移到 A_2B_2。

2.假设消费者的收入不变,商品的价格发生改变

这包含多种情况:两种商品的价格同方向变化;两种商品的价格反方向变化;两种商品的价格同方向、同幅度变化等。为了简单起见,这里只分析一种商品的价格改变而另一种商品的价格不变的情况。假设商品 Y 的价格不变,商品 X 的价格改变。如果商品 X 的价格下降,Y 轴上的截距不变,而在 X 轴上的截距变大,预算线将以 A_0 点沿着逆时针方向转动,与横轴的交点由 B_0 移至 B_1;如果商品 X 的价格上升,预算线将以 A_0 点沿着顺时针方向转动,与横轴的交点由 B_0 移至 B_2,如图1.9所示。

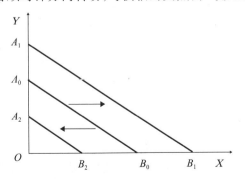

图1.8　收入变动引起的预算线移动

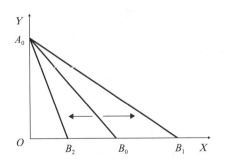

图1.9　价格变动引起的预算线移动

四、消费者均衡

序数效用论者把无差异曲线和预算线结合起来说明消费者均衡。在既定收入的

情况下,理性的消费者在购买商品时,总想获得尽可能大的消费满足。消费者偏好决定了消费者的无差异曲线;消费者的收入和商品的价格决定了消费者的预算线。当一个消费者面临一条预算线和无数条无差异曲线时,他应如何选择才能获得最大效用?序数效用理论提供的答案是:只有给定的预算线与消费者的无差异曲线相切的点所对应的两种商品的数量组合才能使消费者获得最大的满足程度。

下面我们结合图1.10来加以说明。

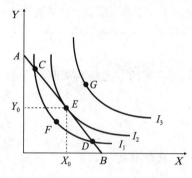

图1.10 序数效用论下的消费者均衡

假设消费者收入水平为 M,AB 表示预算线,I_1、I_2、I_3 是三条不同效用水平的无差异曲线。商品 X 和商品 Y 应如何组合才能使消费者获得最大的效用?预算线 AB 与无差异曲线 I_2 相切于 E 点,该点代表的 X 和 Y 的组合是最优的,也就是说,AB 线上其他任何一点代表的商品 X 和商品 Y 的组合所能提供的效用都小于 E 点代表的商品 X 和商品 Y 的组合所提供的效用。

这是因为,无差异曲线 I_1 与预算线 AB 交于 C 点和 D 点,虽然 C、D、E 三点同在预算线 AB 上,但 $I_1 < I_2$,所以 C、D 两点代表的商品组合提供的效用低于 E 点代表的商品组合提供的效用。I_1 曲线上 F 点商品组合表示消费者收入没有全部花掉,I_3 曲线上任意一点 G 代表的商品组合所花费的支出大于收入 M,表示消费者无法完成的购买组合。所以,只有 E 点才能实现消费者均衡,并在消费者收入为 M 时,所获得的效用最大。

第三节 生产理论

一、生产要素与生产函数

厂商进行生产的过程就是利用各种生产要素(如劳动力、机器、自然资源等)创造出对消费者或其他生产者具有经济价值的商品和劳务的过程,其实就是一个投入产出的过程。在生产中要投入各种生产要素才能生产产品,所以,生产也是把投入变为产出的过程。

(一)生产要素

生产要素一般划分为劳动、土地、资本和企业家才能等。劳动指人类在生产过程中提供的体力和智力的总和,劳动力的数量和质量是劳动率的决定因素。土地指生产中所使用的各种自然资源,不仅指土地本身,还包括地上和地下的一切自然资源,如森林、江河湖泊、海洋和矿藏等。资本可以表现为实物形态或货币形态:资本的实物形态又称为资本品或投资品,如厂房、机器设备、动力燃料、原材料等;资本的货币形态通常称为货币资本。企业家才能指企业家组织建立和经营管理企业的才能。企业家把劳动、资本和土地组织起来进行生产和创新活动,承担市场风险。

（二）生产函数

生产要素的数量与组合与它能生产出来的产量之间存在着一定的依存关系。生产函数表明在一定技术水平下，生产要素的数量与某种组合和它能生产出来的最大产量之间依存关系的函数。

Q代表总产量，L、K、N、E分别代表劳动、资本、土地、企业家才能这四种生产要素，则生产函数的一般形式为：

$$Q = f(L, K, N, E)$$

在分析生产要素与产量的关系时，土地一般是固定的，而企业家才能难以估算，所以通常只考虑劳动和资本两种要素投入。因此，生产函数又可以写为：

$$Q = f(L, K)$$

这一函数式表明，在一定技术水平时，生产Q的产量，需要一定数量劳动与资本的组合。同样，生产函数也表明，在劳动与资本的数量与组合已知时，也可以推算出最大的产量。

生产函数分为短期生产函数和长期生产函数。在短期，一些生产要素的投入量可以随着产量的变动而变动，如劳动和原材料等；另一些生产要素的投入量则不能随着产量的变动而变动，如机器和厂房等。随产量变动而变动的生产要素称为可变生产要素，不随产量变动而变动的生产要素称为不变生产要素。在长期，厂商所有生产要素的投入量都是可变的。不同的行业由于产品的性质不同，短期的时间长短也往往不同。所以，短期生产函数中至少有一个生产要素投入量是不变的，而长期生产函数中所有生产要素投入量都发生变化。

短期生产函数的公式为：

$$Q = f(L, \overline{K})$$

短期生产函数表示在技术与资本投入不变的条件下，产量随劳动投入量的变动而变动，或者在技术与劳动投入不变的条件下，产量随资本投入量的变动而变动。

长期生产函数的公式为：

$$Q = f(L, K)$$

长期生产函数表示在技术不变的条件下，产量随劳动与资本投入量的变动而变动。

二、短期生产

首先分析只有一种可变投入和一种固定投入的生产情况。可变投入是劳动力，固定投入是资本。我们所要研究的问题是，在固定投入资本不变的情况下，可变投入劳动力的增加对产量的影响，以及这种可变的生产要素劳动力的投入量以多少为宜，这是一种短期生产过程。

（一）总产量、平均产量与边际产量

首先需要明确三个基本概念：劳动力的总产量、平均产量与边际产量。对于一种

可变投入(劳动)和一种固定投入的情况,资本是固定的。

劳动的总产量(TP_L)指一定量的可变投入要素劳动所生产出来的最大产量。它的计算公式为:

$$TP_L = f(L, \overline{K})$$

劳动的平均产量(AP_L)指平均每单位可变要素劳动所生产出来的产量,也就是总产量除以劳动的投入数量。它的计算公式为:

$$AP_L = TP_L/L$$

劳动的边际产量(MP_L)指增加一单位可变要素劳动投入量所增加的产量。它的计算公式为:

$$MP_L = dTP_L/dL$$

总产量、平均产量和边际产量之间的关系有以下特点。

第一,在资本量不变的情况下,随着劳动量的增加,总产量、平均产量和边际产量最初都是递增的,但各自增加到一定程度之后就分别递减。所以,总产量曲线、平均产量曲线和边际产量曲线都是先上升而后下降。

第二,边际产量曲线与平均产量曲线相交于平均产量曲线的最高点。在相交前,平均产量是递增的,边际产量大于平均产量(MP>AP);在相交后,平均产量是递减的,边际产量小于平均产量(MP<AP);相交时,平均产量达到最大,边际产量等于平均产量(MP=AP)。

第三,当边际产量为零时,总产量达到最大;当边际产量为负数时,总产量减少;当边际产量为正数时,总产量增加。

为了方便分析这三条曲线之间的关系,我们把总产量曲线、平均产量曲线和边际产量曲线置于同一坐标图中,如图1.11所示。

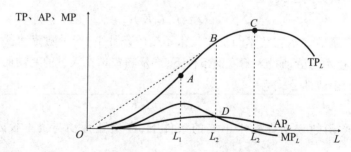

图1.11　总产量曲线、平均产量曲线和边际产量曲线

(二)短期生产的三个阶段

根据可变投入的总产量曲线、平均产量曲线和边际产量曲线之间的关系,可将生产分为三个阶段。

第Ⅰ阶段,是劳动投入量从零增加到L_2这一阶段,这时劳动的平均产量始终是上升的,劳动的边际产量大于平均产量,劳动的总产量是增加的。任何理性的生产者都不会在这一阶段停止生产,而是连续增加可变要素劳动的投入量,以增加总产量,并将生产扩大到第Ⅱ阶段。

第Ⅱ阶段是劳动投入量从L_2增加到L_3这一阶段,也就是说,第Ⅱ阶段的起点处,劳动的平均产量曲线和劳动的边际产量曲线相交,即劳动的平均产量达到最高点。在第Ⅱ阶段的终点处劳动的边际产量曲线与横轴相交,即劳动的边际产量等于零。

第Ⅲ阶段,劳动的平均产量继续下降,劳动的边际产量降为负值,劳动的总产量下降。这时,即使劳动要素是免费的,理性的生产者也会通过减少劳动投入量来增加总产量,这样就退回到第Ⅱ阶段。

由于任何理性的生产者既不会将生产停留在第Ⅰ阶段,也不会在第Ⅰ阶段进行生产,因而,生产只能在第Ⅱ阶段进行。至于在生产的第Ⅱ阶段,生产者所应选择的可变要素劳动的最佳投入数量究竟在哪一点,这还要考虑其他因素。

(三) 边际报酬递减规律

短期内,边际报酬递减规律主导着企业生产中投入和产出之间的物质技术关系。边际报酬递减规律是指,在技术不变的条件下,如果有一些生产要素是固定的,那么,不断增加可变生产要素投入时,总产量一开始以递增的比例增加,然后以不变比例增加(短暂时间),最后必然会以递减比例增加。边际报酬递减规律体现在边际产量或短期边际成本的变化特点上。

三、长期生产

长期内,由于厂商可以调整全部的生产要素的数量,所以,对长期生产函数的考察,将结合等产量线和等成本线来讨论可变生产要素的最优投入组合,以及生产规模的扩大是否能产生规模经济。

(一) 等产量线

等产量线是指在一定的技术水平下,生产等量产品的两种生产要素所有可能的组合。生产某一给定的产量,有多种要素的组合可以实现,要素之间可以相互替代。以劳动和资本两种要素的生产为例,可以用劳动去替代资本,即采用比较多的劳动和比较少的资本的技术;或者可以用资本去替代劳动,即采用比较多的资本和比较少的劳动的技术,它们都可以生产同一个给定的产量。这一想法是理解等产量曲线的基础。等产量曲线上的任何一点都表示一定量的劳动和一定量的资本的组合,任何一种组合都有可能得到 Q 个单位的产出。根据给定的生产函数,可以在同一坐标图上画出无数条等产量线,每一条等产量曲线分别表示一定的产量,如图1.12所示。

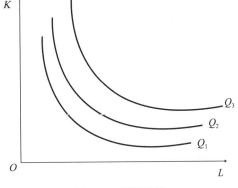

图1.12 等产量线

(二) 等成本线

等成本线又称企业预算线,是一条表明在生产成本和生产要素价格既定条件下,生产者所能购买的两种生产要素的最大数量组合的线。等成本线的表达公式为:

$$C = P_L L + P_K K$$

式中：C 为总成本；P_L、P_K 为劳动和资本的价格；L、K 为购买资本和劳动的数量。

对等成本线（图 1.13）的理解，应注意以下两点。

第一，等成本线的斜率的绝对值为两种要素的价格之比，即 P_L/P_K。

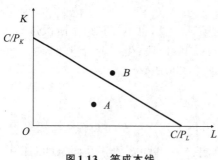

图 1.13　等成本线

第二，等成本线内区域中的任意一点（如 A 点）表示没有用完既定总成本，等成本线以外区域中的任意一点（如 B 点）表示目前成本水平无法购买的劳动和资本的组合。只有等成本线上的点表示用既定成本所能购买的劳动和资本的最大可能组合。

（三）生产要素最优组合

如果企业的目标是利润最大化，它就会在成本既定的情况下使产量最大，或者在产量既定的情况下使成本最小。在本节中，我们首先分析成本既定产量最大的要素组合，然后分析产量既定成本最小的要素组合。

1. 成本既定下的产量最大化

把等成本线叠放到等产量曲线群上，我们就会很容易看出，哪种要素组合能够在成本既定的条件下使产量最大化。

图 1.14 中，只有一条等成本线 AB，Q_1、Q_2、Q_3 是三条等产量线，E 点是等成本线与等产量线的切点，显然，E 点表示的要素组合 (L_0, K_0) 是总成本支出为 C 时产量最大化的要素组合。由于等成本线的斜率是 $-P_L/P_K$，而等产量线的斜率是负的边际技术替代率，其结果是生产要素的最优组合一定

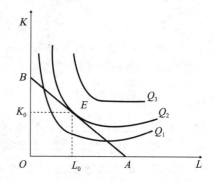

图 1.14　成本既定产量最大的要素组合

是要素的价格比率 P_L/P_K 等于边际技术替代率。劳动对资本的边际技术替代率是 MP_L/MP_K（劳动的边际产量与资本的边际产量之比），这样，生产要素的最优组合就是 $MP_L/MP_K = P_L/P_K$ 时的组合。

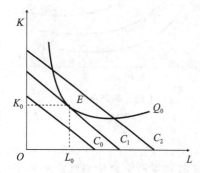

图 1.15　产量既定成本最小的要素组合

2. 产量既定下的成本最小化

经过分析，我们能够确定产量既定条件下成本最小的生产要素组合。图 1.15 中，因为产量既定，等产量曲线只有一条，即 Q_0，等成本线有三条，即 C_0、C_1、C_2。沿着等产量线移动，可以发现等产量线 Q_0 和等成本线 C_1 的切点 E 是既定产量下成本最小的点，因为等成本线 C_2 上的要素组合的成本虽然比 E 点低，但生产不出想要达到的产量，在等成本线 C 上虽然可以生产出想要达到的产量，但

成本又比 E 点高,显然,等成本线与既定等产量曲线的切点 E 才是最优的要素组合点,在该点,同样满足 $MP_L/MP_K=P_L/P_K$。

(四) 规模报酬

规模报酬(returns to scale)又称规模收益,是指在生产技术水平和生产要素价格不变的前提下,由于生产规模的扩大或缩小而引起的产量或报酬的变动,即规模报酬研究的是当企业规模发生变化时产量的变化情况。随着生产规模的变动,具体会出现规模报酬变动的三种情况。

1. 规模报酬递增(increasing returns scale)

规模报酬递增是指产量增加的比例大于生产要素增加的比例,在西方经济学中这种情况又称为规模经济。例如,生产要素投入增加了10%,而产量增加的比例大于10%,就是规模报酬递增。

2. 规模报酬不变(constant returns to scale)

规模报酬不变是指产量增加的比例与要素增加的比例相同。例如,生产要素投入增加了20%,产量也增加了20%,就是规模报酬不变。

3. 规模报酬递减(decreasing returns to scale)

规模报酬递减是指产量增加的比例小于要素增加的比例,又称为规模不经济。

第四节 成 本 理 论

一、成本概念及其分类

在经济学中,成本是厂商进行生产活动使用的生产要素的货币支出。值得注意的是,经济学中的成本与日常生活中的成本的含义并不完全相同,因此,有必要说明与经济分析有关的成本的概念。

(一) 会计成本

大多数人在日常生活中熟悉的成本概念与会计成本相关。会计成本是厂商为从事某一项经济活动所花费的货币支出,是厂商在生产中按市场价格直接支付的一切费用。一个厂商的会计成本通常包括生产与经营过程中发生的各项资金支付,诸如工资、原材料费用、机器设备费用、土地或厂房的租金,这些成本也常常称为显性成本,它们是会计人员在账面上记录的成本,反映了厂商的实际支出,是一种历史成本。

(二) 机会成本

作为经济分析基础的成本概念与上述的会计成本是不完全相同的。经济学是研究稀缺的经济资源如何进行有效配置的问题。为了有效配置资源,经济学把所有相关的成本都考虑在内。经济资源是稀缺性的,当一个厂商用一定的经济资源生产一定数量的一种或者几种产品时，这些经济资源就不能同时被使用在其他的生产用途方面。这表明，这个厂商所获得的一定数量的产品收入，是以放弃用同样的经济资源来生产其他产品时所能获得的最高收入作为代价的，代价就是成本，由此，便产生了机会成本的概念。

机会成本就是利用既定资源得到某种收入时必须放弃的使用相同的生产要素的其他可能利用机会的最高收入。机会成本的另一种表述是一种物品的机会成本是指为了得到那种东西所必须放弃的所有东西。

（三）显性成本和隐性成本

经济成本和会计成本的不同还表现在显性成本和隐性成本的区别上。厂商的经济成本包括显性成本和隐性成本两部分。

显性成本（explicit cost）又称显明成本或显成本，是厂商在市场中直接购买生产要素的货币支出，是会计账目上作为成本项目入账的各项费用支出，因为在会计账目上一目了然，所以被称为显性成本，如利息、原材料费、折旧费、广告费、保险费、工资等。可见，显性成本是一种会计成本。

隐性成本（implicit cost）又称隐含成本或隐成本。是厂商在生产或经营过程中使用的自有资源的价值，如资金、土地、厂房和劳动等应支付的费用。这部分成本是厂商支付给自己的利息、工资、租金等报酬，因无法在厂商的会计账目上反映出来，所以称为隐性成本。若这些生产要素在本企业得到的收益低于其他用途得到的收益，厂商就会把这些生产要素转移到能够获得更多收益的用途中，实现资源的重新配置。

以上各成本之间的关系可以用公式来表示，即：

$$会计成本 = 显性成本$$
$$经济成本 = 显性成本 + 隐性成本$$

二、短期成本

厂商的成本函数表示的是厂商的成本与产量之间的相互关系，分为短期成本函数和长期成本函数。

在生产中，伴随着生产要素的投入，有总产量、平均产量和边际产量，与之相对应的就有总成本、平均成本和边际成本。生产要素在短期内至少有一种是固定不变的，其余是可变的，因而厂商的成本又分为固定成本和可变成本。这两种成本与对应的产量相联系，又分为平均固定成本和平均可变成本。

在短期中，与成本相关的概念有七个：短期总成本、固定成本、可变成本、短期平均成本、平均固定成本、平均可变成本和短期边际成本。

（一）短期总成本、固定成本、可变成本

短期总成本（short total cost，STC）是指短期内厂商生产一定量产品所必须支付的成本之和，分为固定成本和可变成本。

固定成本（fixed cost，FC）是固定总成本的简称，指不随产量变化而变化的成本。它一般包括地租、利息、管理人员的工资、广告费、保险费、厂房和机器设备的折旧等项

目支出。这些支出在短期内与产量的变化无关,无论厂商采取什么决策,固定成本的数值都是不变的。或者说,即使厂商停止产品的生产,固定成本也必须支付。

可变成本(variable cost,VC)是可变总成本的简称,指随着产量的变化而变化的成本。它一般包括原材料、燃料支出和雇用工人的工资等。在短期内,当产量为零时,可变成本也为零;产量越高,可变成本的数值越大,即可变成本是随着产量的变化而变化的。

短期总成本是短期固定成本和可变成本之和,可用公式表示:

$$STC = FC + VC$$

（二）短期平均成本、平均固定成本、平均可变成本

短期平均成本(short average cost,SAC)是平均每单位产量需要支出的成本,其公式为:

$$SAC = TC/Q$$

由于短期总成本分为固定成本和可变成本,所以,短期平均成本也可以分解为平均固定成本(average fixed cost,AFC)和平均可变成本(average variable cost,AVC)。它们之间的关系可以用下面的公式表示:

$$SAC = AFC + AVC = FC/Q + VC/Q$$

（三）短期边际成本

短期边际成本(shot-run marginal cost,SMC)是指短期内商增加一单位产量时所增加的总成本,其公式为:

$$SMC = \Delta TC/\Delta Q = dTC/dQ$$

所以,在每个产量水平上的边际成本就是相应的总成本曲线的斜率。

三、长期成本

在长期内,由于厂商投入的所有生产要素都是可变的,因而就不存在固定成本和平均固定成本,可变成本就是总成本,平均可变成本就是平均成本。于是在长期分析中,长期成本函数就只有总成本、平均成本和边际成本三个成本函数。为了区分短期成本和长期成本,经常在短期成本前面加上"S",有时也省略,但长期成本前则必须加"L",如长期总成本为LTC。同短期成本分析一样,只要知道与任意产量相对应的总成本,即可以推导出任意产量相对应的平均成本和边际成本。

（一）长期总成本

长期意味着厂商对全部生产要素投入量的调整,也就是对企业的生产规模进行调整。在长期中,厂商总是可以在每个产量水平上选择最优的生产规模进行生产。长期总成本(long-run total cost,LTC)是指厂商在长期中,在每个产量水平上通过选择最优的生产规模所能达到的最低总成本。长期成本函数就是表示的产量与长期总成本之间的关系,其公式为:

$$LTC = f(Q)$$

(二) 长期平均成本

长期平均成本(long-run average cost, LAC)是厂商在长期内按产量平均计算的最低总成本,它等于长期总成本除以产量,其公式为:

$$LAC = LTC/Q$$

(三) 长期边际成本

长期边际成本(long-run marginal cost, LMC)是长期中增加一单位产量所增加的总成本,其公式为:

$$LMC = \Delta LTC/\Delta Q = dLTC/dQ$$

显然,每个产量水平上的LMC的值都是对应的LTC曲线的斜率。

第二章 竞争与垄断

知识目标

1. 掌握四种不同市场结构的含义与行业特征。
2. 理解市场结构的含义及划分依据。
3. 了解不同寡头竞争模型的区别及价格歧视的定义。
4. 熟悉垄断市场形成的原因。

能力目标

1. 能够运用市场结构的划分依据来将现实经济中不同行业的市场结构类型进行简单归类。
2. 能够运用寡头竞争模型来简单解释现实经济中寡头垄断市场的竞争策略。
3. 能够运用价格歧视理论来简单解释现实经济中出现的不同定价策略。
4. 能够运用市场结构理论来说明提高经济效率的有效途径。

经济管理情境

社会经济高速发展,很多商品都在涨价,但是很多人可能没有留意到,我国的普快列车已经20年没有涨过价了。以郑州开往北京的K180次列车为例,2005年的时候,该车硬座、硬卧、软卧票价分别是94元、175元、252元。而到2023年,这趟列车还在运行,硬座、硬卧、软卧票价分别是93元、163元、251元。之所以中国火车价格这么便宜,这都是国家铁路垄断所带来的好处,大家可能会疑惑,垄断不是一件不好的事情吗?的确是,但是如果要把垄断变成有益的事情,也有办法。从经济学方面来说,如果要让垄断成为一件对民众有益的事情,有两种方法:第一种是管制垄断者的行为,剥夺垄断者的定价资格;第二种是公有制。中国铁路就属于第二种情况。目前,在我国市场上绝大多数商品或者服务的价格已实现由市场调节定价,只有极少数资源紧缺、关系国计民生的商品或者服务,如水、天然气、电等基本生活公共品及相关公共服务,实行政府定价或政府指导定价,其中铁路业等公共运输类服务便属于此类型。

内容导航

案例导入

> 那么,你是否注意过我国普通列车票价情况?特别是现在高铁和动车越来越普及的情况下,你觉得普通列车票价是否应该上涨?动车和高铁的票价又是否应该上涨呢?如果中国铁路不再国有化,你觉得我国火车票价将如何变化?

第一节 完全竞争市场

一、市场结构及完全竞争市场

(一)厂商与企业

在经济学教科书中,一部分学者认为,厂商和企业是同一个概念,是指能够做出统一生产决策的单个经济单位;而另一部分学者则持相反的观点,认为厂商和企业是两个不同的概念。

经济学家科斯认为,企业是市场的一种替代,是出于交易费用的节约而对市场的一种替代,如果市场交易成本过高,可以将生产者与市场之间的交易转化成生产者内部的交易,从而可以将交易成本控制得更低。例如,生产者在生产过程中为了取得生产所需要的中间投入产品,往往要成立专门的采购部门,委派专业人员,寻找合适的中间产品供应商,而这一切都需要生产者付出相对较高的交易成本。相反,如果生产者能够扩大自己的生产活动范围,将中间产品的生产变成自己生产活动的一部分,生产者将不再关注以往这些中间产品对生产活动的影响,而是更关注自己生产中所需要的各种要素,那么生产者不仅可以节省原先中间商品在市场交易时所产生的费用,而且对生产的整体过程也可以主动把握,利于生产的顺利进行。因此,对企业来说,其生产过程涵盖着一个或者多个不同的环节,而每一个环节的生产过程都可能是一种(中间)产品产生的过程。知道了这一点,我们就对现实经济世界中既存在着力量单薄的各种小企业,又存在着许多跨产品、跨行业的大企业这种现象不足为奇了。

而关于厂商的概念,更多地出现在经济学的各种理论分析当中。经济学认为,厂商是指一切以获取利润为目的,独立进行生产和经营活动的经济主体。这一定义表明,厂商是以获取利润为目的,并具有独立决策权的生产和经营单位,其范围小到个体户,大到跨国公司。这种生产活动具有针对性,强调的是通过对生产要素进行有效组合而得到特定的产品。从这个角度来说,厂商是一个抽象的概念,它的界定是为了分析生产者的各种经济行为,从而揭示经济学中的一些基本原理,为企业复杂的生产决策提供基本的理论支持。

(二)市场与行业

与市场概念较为相近的一个概念是行业。行业是生产和提供同一种商品的所有厂商的集合。行业与市场是一对既有关联又有区别的概念。相关联的是,行业与市场是一一对应的,每一个市场就对应着一个行业。例如,家用轿车市场就必然对应着一个家用轿车的生产行业。市场与行业的区别也是显著的,市场体现的是供给者和需求者的相互作用,换句话说就是在市场的范畴内既有厂商也有消费者;而行业是生产类似商品厂商的集合,行业这一概念是不包含消费者群体的。通过对厂商、行业、市场三个概念的界定,我们可以总结出这样的一个脉络,即同一种商品的所有生产厂商的集合构成了该种商品的行业,而在行业的基础上,如果再考虑这种商品的需求群体的经济行为,那么对行业的研究就变成了对市场的研究。

(三)决定市场结构的因素

现实生活中不断地发生着各种各样的交易活动。我们每天早上到菜市场买菜,用货币换回我们需要的蔬菜,这是一种交易;周末逛超市,购买生活必需品,这是一种交易;钢铁公司从矿厂购入铁矿石等原材料,这也是一种交易;等等。生活中交易如此频繁,以至于我们未曾想过何为交易。同样地,几乎没有人能够具体说出我们的身边到底有多少种商品在进行着交易,但是每种商品都在买方和卖方集聚的市场中进行着交易。这些数不尽的市场有着共同之处,即每一个买方都希望以最低的价格买到自己满意的商品,而每一个卖方都希望以最高的价格售出自己的产品,买卖双方在博弈的过程中均以自愿为交易的前提条件。然而,这些市场的相似之处却也仅此而已。

当我们开始注意观察每种商品的交易行为时,会发现不同的商品是以截然不同的方式进行着交易。例如,我们每天都在漫天的商品广告中寻找自己满意的商品,然而当我们每天在打开水龙头时会突然意识到,我们从没有看到过自来水的广告,我们会发现不同商品之间销售方式的差别是如此之大,以至于我们不得不进一步考虑这些差别背后的原因——市场结构。

所谓市场结构,是指影响某种商品买卖双方交易行为的各种市场特征。交易行为随着买卖双方所在市场结构的不同而不同。正如我们所知道的,商品交易的性质和特征决定着该种商品交易市场的性质和特征。微观经济学以市场竞争程度来划分市场类型,影响市场竞争程度的具体因素主要有以下几个。

1. 市场上厂商的数目

厂商是指根据一定的目标为市场提供某种商品或劳务的独立经营单位。厂商可以做出独立的经营决策。市场中厂商数目的多少直接决定着该市场的竞争程度。市场上的厂商数目越少,甚至仅此一家时,厂商的垄断力量便会越强,市场竞争程度就会越弱。

2. 厂商所提供的产品的差别程度

同一市场上出售的产品或劳务可能是完全没有差别的,即产品同质,也可能具有某些自然或人为的差别。厂商越是提供了别的生产者所无法替代的产品,它的市场垄断力便会越强。各个厂商之所以在广告费上不惜血本,就是想让消费者形成该产品独一无二的印象。例如,榴莲根据果味、果核的大小等,可以分为不同的等级;同时人们冠以榴莲萨尔顿、金枕等不同的名称。很明显,前者的差异是自然差异,也就是实体差异,而后者的差异是人为差异,也就是品牌差异。

3.单个厂商对市场价格的控制程度

这其实是衡量厂商市场垄断力最全面和最权威的指标。如果个别厂商能够左右产品的市场价格,则说明其具有相当的市场力量。反之,如果厂商只是市场价格的接受者,不能控制市场价格,则说明其不具备市场力量。也就是说,厂商的定价能力越强,市场的竞争程度越弱。

4.厂商进入或退出该市场的难易程度

进入的壁垒越高,市场上现有的厂商数目越少;退出的沉没成本越高,厂商在决定进入时越谨慎。一般来说,生产成本较低、生产规模较小、政府管制少的行业容易进入,反之则较难进入。影响市场结构的因素在现实经济世界中所起的作用是不同的,相互之间既有联系又有区别。

根据影响因素作用的不同,经济学中将市场结构分为完全竞争市场、垄断竞争市场、寡头垄断市场、完全垄断市场四种类型,如图2.1所示。其中,完全竞争市场和完全垄断市场是两种极端形式:前者的厂商和消费者数目很多,产品没有任何差异,行业的进入或退出没有任何限制,厂商对商品价格没有丝毫的控制能力;而后者市场中只有一家厂商生产和销售该种商品,没有替代产品,行业的进入或退出壁垒很高,厂商对商品的价格具有完全的控制能力。在完全竞争和完全垄断两种极端市场结构之间,则是垄断竞争和寡头垄断两种市场结构。

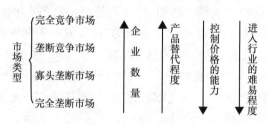

图 2.1 市场结构类型

二、完全竞争市场的条件

一个市场要成为完全竞争的市场,必须具备以下四个条件。

(一)市场上有大量买者和卖者

由于市场上存在无数买者和卖者,每一个买者的购买量和每一个卖者的销售量相对于这种产品的整个市场的总购买量或总销售量来说是微不足道的,任何一个买者买与不买或买多买少,以及任何一个卖者卖与不卖或卖多卖少,都不会对市场的价格水平产生任何影响。

(二)产品是同质的

这里的产品同质是指同一行业中的所有厂商提供的产品是完全无差别的。这不仅指产品的内在质量完全一样,包括商标、包装、购物环境、售前和售后服务等方面也是完全相同的。对消费者来说,他们无须过问产品是由哪家厂商生产的,只要价格相同就行。由于产品是同质的,所以若有某个厂商提高产品的售价,消费者就会马上去购买其他厂商的相同产品,使得提价厂商的产品卖不出去。

(三)所有资源具有完全流动性

这意味着厂商进入或退出一个行业是完全自由和毫无困难的,不存在任何特别的成本使厂商难以进入或退出某个行业。所有资源可以在各厂商之间和各行业之间完全自由地流动。如果新的厂商发现有盈利的潜在机会,它们能容易地进入这个行业。如果现有厂商开始亏损,它们则能轻易地退出这个行业。

(四)信息是完全的

完全竞争市场中的每一个买者和卖者,都对有关的经济和技术方面的信息有充分完整的了解,因而不会有任何买者以高于市场的价格进行购买,也不会有任何卖者以低于市场的价格进行销售。

满足上述四个条件的市场就是完全竞争市场,这是一个非个性化市场,市场中的每一个买者和卖者都是市场价格的被动接受者,他们中的任何一个成员既不会也没必要去改变市场价格;每个厂商生产的产品都是完全相同的,毫无自身的特点;所有的资源都可以完全自由地流动,不存在同种资源之间的报酬差距;市场上的信息是完全的,任何一个交易者都不具备信息优势。因此,完全竞争市场中不存在交易者的个性。完全竞争市场中厂商的数目是如此之多,以至于任何一家厂商无力影响产品的价格,也不在乎其他竞争对手的存在及其行为。因此,完全竞争市场是没有竞争、也没有必要进行竞争的市场,换言之,在完全竞争的条件下,经济运行主体之间不存在直接的、真正意义上的竞争。

在现实经济中很难找到同时具备上述四个条件的市场,只有农产品市场(如同一品种的大米、小麦、蔬菜等)的特征与完全竞争市场的特征比较接近。尽管完全竞争市场在现实经济中是一种几乎不存在的市场,但完全竞争市场模型既大大简化了现实经济的分析过程,又没有影响分析的合理性,通过分析完全竞争市场模型,可以得到关于市场机制及其资源配置的一些基本原理,而且该模型也可以为其他类型市场的经济效率分析和评价提供一个参照对比,这对很多市场研究都非常重要,如农产品、燃料、日用品、服务业、金融市场等。与完全竞争市场相对应的是不完全竞争市场。当个别卖者能影响某一市场的产品价格时,该市场就是不完全竞争市场。不完全竞争市场的类型主要有垄断竞争、寡头垄断和完全垄断。在接下来的小节中,我们将一一介绍。

第二节　垄断竞争市场

一、垄断竞争市场概述

(一)垄断竞争市场的含义

垄断竞争市场是既存在竞争又存在垄断的市场结构,是现实经济生活中极为常见的一种市场结构,该市场中有很多厂商生产和销售有差别的同种产品。垄断竞争市场中,许多厂商出售相近但非同质,而是具有差别的商品。这种市场结构既带有垄断的特征,又带有竞争的特征。其垄断的特征表现在产品非同质,即有差别,因此可以对价格具有某种程度的影响。

(二)垄断竞争市场的条件

(1)市场上有众多的消费者和厂商,每个厂商所占的市场份额较小。

(2)厂商生产的产品存在着差别,但仍然具有很大的替代性。这种差别的存在是垄断竞争形成的基本条件。产品的差别包括产品本身的差别和销售条件等方面的差别。正是由于这种差别,企业对自己的产品实行垄断成为可能,但产品替代性又促使市场上同类产品之间存在激烈竞争。

(3)从长期来看,厂商进入或退出一个行业是自由的。垄断竞争市场是一种常见的市场结构。例如,肥皂、洗发水、毛巾、服装、布匹等日用品市场,餐馆、旅馆、商店等服务业市场,牛奶、火腿等食品类市场,以及书籍、药品等市场,大都属于此类。

二、垄断竞争市场的非价格竞争

产品差异化是垄断竞争市场常见的一种现象,不同企业生产的产品或多或少都存在相互替代的关系,但是它们之间存在差异,并非完全可替代。垄断竞争厂商的产品差异包括产品本身的差异和人为的差异,后者包括方位的差异、服务的差异、包装的差异、营销手法的差异等。企业往往希望通过产品差异化等非价格方式来刺激产品的需求。非价格竞争是在不完全竞争市场上,资源企业通过改变产品品质、营销策略、广告等非价格方式来最大化地实现自己利润的竞争行为。

(一)非价格竞争的特点

1.单一因素竞争向多因素竞争转变

非价格竞争是一种产品单一因素竞争向多因素竞争的转变。在价格竞争阶段,产品竞争主要是通过产品自身的因素完成的,自由竞争阶段的压低价格和垄断竞争阶段的抬高价格都是如此。其原因在于,一方面,生产力的水平不高,产品十分有限,经济竞争只能是数量的竞争,往往通过提高产品的产量、增加产品的市场占有量相应地降低产品价格的竞争方式就能取得竞争的优势。从经济结构的特点来看,产品主要是技术含量低和附加值低的产品,企业没有必要花大力气树立名牌和企业形象,也不需要完善的服务。另一方面,人们手中的货币十分有限,社会的有效需求相对不足,同时人们了解商品信息的渠道也不够畅通,在没有其他条件可供选择的情况下,价格是唯一的选择目标。随着产品的逐渐丰富,同类产品之间的可选择性在不断增强,进而产品的质量也成了人们选择商品的主要标准。与此同时,商品的外观、形状、包装等可视性因素及延伸性因素(如服务)等都成了人们选择商品的依据。

2.产品内外因素相结合的竞争

非价格竞争是从注重产品内在因素竞争向产品内外因素相结合竞争的转化。当前是信息爆炸的时代,在数以万计的同类商品面前,消费者选择哪些商品,很大程度上依赖人们所掌握的信息的情况。现代社会的发展,特别是信息传播技术的大力发展也在客观上为人们多方面、多渠道地选择商品提供了保证。过去,产品的竞争主要靠产品的内在因素,即产品的性能、品质、贵贱等因素来完成,产品的宣传和传播主要靠人际传播来进行。而现在,随着同类产品的不断增多,人们不可能对每种产品都能有很清楚的了解,也不可能把所有的信息都掌握清楚。在这种情况下,企业或产品通过广告宣传就可以被广大公众所认知,公众也不像过去那样只认识产品而不认识生产者,或者只认识此产品而不认识彼产品了,而往往是通过产品了解企业,通过企业形象认识其产品或信赖其产品的。这也正是现代品牌战略和企业形象战略不断得到普及和推广的主要原因。

3.从推销观念向营销观念再向竞争观念转化

非价格竞争实现了销售方式从推销观念向营销观念再向竞争观念的转化。在早期的商品经济发展阶段,产品销售以推销为主,这种方式是企业为处理产品所做的工作。它是以产品为中心的销售方式。而营销则是注意观察消费者不断变化的需求,调整企业的产品、服务和分销方式,以适应市场新的需求的销售方法。这种方法以消费者为中心,从而实现了产品竞争中销售模式的改变。目前竞争观念又取代了营销观念。一些企业家认为,营销观念片面强调消费者导向而对竞争者的经营战略,特别是对竞争者即将采取的措施及其潜能重视不够,使企业生产的产品和提供的服务不能区别于其竞争对手,从而使相关企业面临的市场相对狭小,彼此都无法实现利润最大化,因此必须在考虑消费者需求满足的同时考虑竞争者的经营战略,这样才能在最小风险下实现利润的持续增加。因而,企业的差别潜能、产品的市场定位、产品开发、信息沟通与营销策略就和价格的制定成为生产者实现产品竞争不得不考虑的内容。这种营销方法的改变,也正是非价格竞争的主要表现方式之一。非价格竞争是比价格竞争更高层次的一种竞争方式,因为价格竞争主要是生产成本的竞争,即在尽可能减少生产成本条件下的竞争。而非价格竞争所涉及的方面更为广泛,层次更为深入,对生产者的技术、知识、信息及管理水平方面都提出了更高的要求。随着时代的进步,对市场营销者来说,产品的制造将不是一个最主要的问题。因此,非价格竞争是一种能够适应商品经济不断发展的要求并代表着市场营销竞争大趋势的竞争方式。

(二)非价格竞争的策略

1.产品创新策略

社会发展飞速前进,在今天知识经济时代的前提下,消费者对产品的要求越来越高,单一的产品品种、标准化产品、统一的营销方式和水准已经远远不能满足他们的需要,价格因素对竞争的影响降低,消费者开始关注产品的差异化及其更新换代的速度。

2.产品品牌个性化

每一种产品的不同质量、价格、外观、内涵不仅会给消费者带来不同的感受和理念,还会给消费者带来不同程度的心理上的满足,这些都是影响消费者购买产品的重要因素。现代生活水平在不断提高,高技术含量和高档次的产品在不断增加,产品的差异化、品牌的个性化倾向越来越显著。除了质量、价格、外观等理性方面,消费者越来越强调产品的文化内涵、个性等感性方面的影响因素,这种情感因素的增加也加深了消费者对产品及品牌的理解和依赖。

3. 产品服务竞争策略

美国著名市场营销学家莱维特曾指出：未来企业竞争的焦点不再是企业能为消费者生产出具有什么使用价值的产品，而是企业能为消费者提供什么样的附加价值——服务。因此，企业为了拥有竞争优势，必须实施产品服务竞争策略。产品服务竞争策略包括服务个性化、服务精细化、服务互动化、服务知识化。

4. 战略联盟

所谓战略联盟，就是指两家或两家以上公司为了达到某些共同的战略目标而结成的一种联盟，联盟成员各自发挥自己的竞争优势，相互合作，共担风险。在完成共同的战略目标后，这种联盟一般都会解散，其后为了新的战略目标，公司也可能与新的合作者结成新的联盟。战略联盟是一种适应市场环境变化的新型竞争观念，它以一种合作的态度来对待竞争者，形成商业联盟，通过建立双方的信任关系，在合作中竞争，实现优势互补，借助竞争者来加强各自的竞争力，在合作的基础上展开竞争，从而不断提高竞争水平，促进社会经济和技术的不断发展。

5. 广告策略

随着经济的不断发展，买方市场格局逐渐稳定，广告越来越显示出其不可替代的价值与作用。广告是以促进销售为目的，付出一定的费用，通过特定的媒体传播商品或劳务等有关经济信息的大众传播活动。广告宣传的基本功能在于向消费者传递商品的信息，加强生产者与消费者之间的沟通，以此促进商品销售。而广告之所以能在市场促销过程中起举足轻重的作用，这是由广告的功能所决定的。广告的功能特点是高度普及公开、渗透性强、富于表现力。广告促销既能用于树立企业形象，也能促进快速销售。

采用非价格手段竞争也会引起竞争者的反应，但这种反应比起价格竞争引起的反应要慢得多。这是因为非价格因素的变化一般不易被竞争者发觉，即使发觉，到有所反应也需要一个过程。一方面竞争者反应较慢，另一方面其效果又比较长久。

非价格竞争的效果集中到一点就是改善消费者对本企业产品的看法，使本企业的产品在消费者头脑中与别的企业的产品区别开来。显然，一旦企业在竞争中取得了这种效果，竞争者要把消费者重新夺回去是很不容易的，因为这需要把消费者对产品的看法再扭转过来。

第三节 寡头市场

一、寡头市场的概念

寡头市场，即寡头垄断市场。寡头垄断又称寡头、寡占，意指为数不多的销售者。在寡头垄断市场上，只有少数几家厂商供给该行业全部或大部分产品，每家厂商的产量占市场总量的相当份额，对市场价格和产量有举足轻重的影响。

（一）寡头垄断市场产生的原因

寡头是指在某一行业只存在少数几个销售者。产生寡头垄断的主要原因是规模经济。在某些行业中,只有产量达到相当大的水平时,才能使平均总成本最低,达到最好的经济效益,实现规模经济。为了达到相当高的产量水平,就必须有巨大的投资,小厂商无能力做到。同时,由于每家厂商的产量都非常大,所以,只要有几家这样的厂商,就可以满足全部的市场需求。这样,在该行业中就形成了寡头垄断的市场结构。产生寡头垄断的另一个原因是行业进入障碍。虽然寡头垄断市场并不存在任何自然或法律上的进入限制,但存在规模经济引起的限制。从理论上讲,任何厂商都可以进入寡头垄断市场,而实际上要进入该市场,就必须具有规模经济才能与原有的厂商进行竞争。但由于原有厂商已经控制了市场,并想方设法阻止新厂商进入,因此,进入寡头垄断市场是相当困难的。另外,对生产所需要的基本生产资源的供给由行业中几家厂商来控制及政府的扶植等也是寡头垄断市场形成的重要原因。

(二)寡头垄断市场的特征

寡头垄断市场的一个重要特征就是厂商之间的相互关联性。在完全竞争市场和垄断竞争市场上,厂商的数量很多,但相互之间在决策上没有依赖性,一家厂商的决策不会影响其他厂商,同时,也不会受其他厂商决策的影响。在完全垄断市场上,只有一家厂商,因此也不存在各厂商之间在决策上的相互影响。寡头垄断市场则不同,由于寡头垄断市场上厂商的数量很少,少数几家厂商生产一个行业的全部或绝大部分产品,因此每家厂商的行为都会对该市场产生举足轻重的影响。一家厂商通过产品降价或新产品的推出而扩大自己产品的市场,就会使消费者对其他寡头产品的需求量下降。因为一家厂商的行为会对本行业整个产品市场产生举足轻重的影响,所以,一家厂商采取某种对策扩大自己的产量,会遇到其对手的反对策行为。厂商之间的竞争行为是不确定的。一家厂商通过降价来扩大自己的市场份额可能会导致对手如法炮制。一家厂商通过广告战争夺市场,也会引起对手用相同的手法来遏止它的行为。例如,在一个寡头垄断市场上,有三家厂商,如果一家厂商降低价格,而其他两家并不降价,那么该厂商的销售量就会大大增加,而其他两家厂商的销售量就会大大减少,这样,其他两家厂商也不得不降价。如果其他两家厂商也降价,那么这家厂商的销售量就不会大大增加,利润也不会增加很多,甚至会减少。所以,每家厂商在降价之前,都要预测其他厂商会做出怎样的反应,并估算这种反应对自己利润的影响有多大。

二、寡头竞争模型

由于寡头之间对策的不确定,寡头垄断厂商价格和产量的决定变得很复杂,所以要建立一个解释寡头垄断市场价格和产量决定的理想模型是不可能的。实际上存在多种解释寡头行为的模型,模型的结论依赖对寡头行为的假设。对寡头行为做出的假设不同,模型的结论也就不同。接下来将介绍三种寡头竞争的经典模型。

(一)古诺模型

古诺模型是法国经济学家古诺于1838年提出的最早的双头寡头模型。古诺模型假设一个行业仅有两家厂商,生产者之间不存在任何形式的勾结,另外,考虑到竞争者之间的关联性,还假设每方都知道对方如何行动。古诺模型的假设条件如下:

(1) 每个寡头厂商的产品生产是无差别的;
(2) 每个寡头厂商的生产成本为零;
(3) 两家分享市场,市场总需求是线性的;
(4) 每个厂商都确切知道总需求的变化;
(5) 每个厂商都能根据对手采取的行动而相应地采取应对行动;
(6) 每个厂商都是通过调整产量来实现利润最大化。

假设A厂商和B厂商所生产的产量分别为Q_A和Q_B,则市场需求函数为:
$$P=90-Q$$
由于市场供给量是Q_A+Q_B,所以需求函数也可以写成:
$$P=90-Q_A-Q_B$$
由于成本为零,厂商A的利润可以写成:
$$\pi_A=P\cdot Q_A=(90-Q_A-Q_B)Q_A=90Q_A-Q_AQ_B-Q_A^2$$
假定厂商B的产量不变,则厂商A要实现利润最大化必须满足一些条件:
$$d\pi_A/dQ_A=90-Q_B-2Q_A=0$$
可以求出:
$$Q_A=45-0.5Q_B$$
该式称为厂商A的反应函数。它表示在厂商B的各种产量水平上,厂商A在最大利润原则下所要生产的产量组合。也可以说,对于厂商B的每一个产量Q_B,厂商A都会做出最优反应,确定自己能够带来最大利润的产量Q_A。

同样的方法,可以求得厂商B的反应函数为:
$$Q_B=45-0.5Q_A$$
可以看出,只要一个厂商变动产量,另一个厂商也必须跟着变动自己的产量。所以,市场实现均衡时就意味着两家厂商的产量引起对方的反应是相容的,这时两个厂商都没有变动产量的意愿,所以上述两个反应函数必须同时成立。将两个反应函数联立,可得厂商的均衡解为:
$$Q_A=Q_B=30$$
由于市场总容量是90,即两个厂商均衡的产量都是市场容量的1/3,两个寡头厂商的总产量实际只有市场总容量的2/3。剩余1/3的市场容量是寡头垄断的市场所无法满足的,因而可以看作是寡头垄断给社会所造成的损失。

由此可以得出,寡头厂商提供的产量=市场容量×1/(厂商数目+1)。

(二) 斯威齐模型

斯威齐模型又称折断的需求曲线模型,是美国经济学家保罗·斯威齐于1939年提出的一个假说,以解释一些寡头垄断市场产品价格存在的价格刚性现象。在寡头垄断市场中,厂商一旦决定了产品的价格和产量,就不会轻易改变,这种产品价格不轻易变动的现象称为价格刚性。

这一模型的基本假设如下:如果一家厂商提高价格,其他厂商不会追随,提价厂商的销售量将减少许多;如果一家厂商降低价格,其他厂商会同样降低价格,以避免销售份额的减少。所以,该厂商销售量的增加是有限的。如果这种假设正确,那么,这家厂商的需求曲线就会在某一价格水平上发生折断。图2.2解释了这一模型。

在图2.2中,当厂商的价格高于P_1时,即厂商提价时,由于其他厂商并不追随,则该厂商的销售量就会锐减,表现在需求曲线上,就是价格高于P_1时,需求曲线弹性较大,曲线比较平坦。当厂商价格低于P_1时,即厂商降价时,其他厂商也随之降价,共同降价的结果就是各厂商只是有限地增加了自己的销售量,表现在需求曲线上,就是当价格低于P_1时,需求曲线缺乏弹性,曲线比较陡峭。这种折断的需求曲线说明了寡头垄断市场的价格刚性。

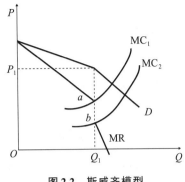

图2.2 斯威齐模型

需求曲线的折断引起了边际收益曲线MR的断开。为了实现利润最大化,厂商决定产量的原则仍然是边际收益等于边际成本。当产量为Q_1时,边际成本曲线有间断区(图中a点至b点之间)。如果边际成本在a点至b点之间波动,厂商既不会改变产品价格,也不会改变产量;只有当边际成本的波动超过了这个区间,厂商才会改变产品价格和产量。

斯威齐模型说明价格和产量对少量的成本变动反应不敏感,只对大幅度的成本变动反应敏感。该模型在一定程度上解释了寡头垄断市场上的价格刚性现象。

(三)斯塔克尔伯格模型

斯塔克尔伯格模型是德国经济学家斯塔克尔伯格在20世纪30年代提出的。在古诺模型里,竞争厂商在市场上的地位是平等的,因而它们的行为是相似的,而且它们的决策是同时的。当企业甲在做决策时,它并不知道企业乙的决策。但事实上,在有些市场,竞争厂商的地位并不是对称的,市场地位的不对称引起了决策次序的不对称。通常,小企业先观察到大企业的行为,再决定自己的对策。德国经济学家斯塔克尔伯格建立的模型就反映了这种不对称的竞争。

该模型的假定是,主导企业知道跟随企业一定会对它的产量做出反应,因而当它在确定产量时,把跟随企业的反应也考虑进去了。因此,这个模型也被称为主导企业模型。

斯塔克尔伯格模型的假设条件:假设厂商A先决定它的产量,然后厂商B知道厂商A的产量后再做出自己的产量决策。因此,在确定自己的产量时,厂商A必须考虑厂商B将如何做出反应。其他假设与古诺模型相同。

斯塔克尔伯格模型是一个价格领导模型,厂商之间存在着行动次序的区别。产量的决定依据以下次序:领导厂商决定一个产量,跟随厂商可以观察到这个产量,然后根据领导厂商的产量来决定自己的产量。需要注意的是,领导厂商在决定自己的产量的时候,充分了解跟随厂商会如何行动意味着领导厂商可以知道跟随厂商的反应函数,因此,领导厂商自然会预期自己决定的产量对跟随厂商的影响。正是在考虑这种影响的情况下,领导厂商所决定的产量将是一个以跟随厂商的反应函数为约束的利润最大化产量。在斯塔克尔伯格模型中,领导厂商的决策不再需要自己的反应函数。

第四节　完全垄断市场

一、完全垄断市场的特征及成因

完全垄断市场又称独占市场。在这种市场组织中,一种产品市场上只有一个卖主。对于完全垄断厂商出售的产品,市场上不存在相近的替代品。如果说完全竞争市场是市场组织的一种极端形式,那么完全垄断市场则是市场组织的另一种极端形式。在完全竞争市场上一种产品有多个厂商生产,在完全垄断市场上一种产品只有一个厂商生产。

由于完全垄断市场上只有一个卖主,因此完全垄断厂商面临的需求曲线是向右下方倾斜的,不同于完全竞争厂商面临的水平的需求曲线。这表明若完全垄断厂商想扩大产品销量,必须降低价格。

完全垄断厂商是产品价格的制定者,而不像完全竞争厂商那样是产品价格的接受者。但是,完全垄断厂商也不能盲目定价,而必须考虑市场的需求状况。完全垄断厂商不存在直接的竞争者,但并不是不存在潜在的竞争者。

(一)完全垄断市场的特征

完全垄断市场具有以下几个特征。

第一,在完全垄断市场中,存在着对新厂商进入的限制。完全垄断行业仅有一个厂商,并可以控制该行业的数量和价格,所以一个垄断厂商就是一个行业。例如,在许多地区,水、电、煤气等行业只有一个供给者,这就是只限于一定地区的垄断,很多国家的邮政、电信、铁路等部门也都处于垄断地位。

第二,完全垄断厂商生产和销售的商品,没有任何接近的替代品,需求交叉弹性为零,无竞争威胁。

第三,新厂商进入市场非常困难或不可能。

第四,独自定价并实行差别定价。完全垄断厂商既控制商品供给,又控制商品价格,保持垄断地位。

(二)完全垄断市场的成因

1.拥有对生产要素的完全控制权

如果某个厂商控制了生产既定产品所必需的生产要素的全部供给,它就可能成为生产该产品的完全垄断厂商。例如,第二次世界大战以前,美国制铝公司在相当长一段时间内占据制铝业的垄断地位,原因是该公司垄断了铝土矿。第二次世界大战以后,美国联邦法院有效地打破了美国制铝公司对制铝业的垄断。

2. 拥有专利权

专利权是政府赋予某种产品或劳务发明者的排他性权利,在专利权的有效期内,其他厂商不得仿造该产品或劳务。这种权利对排除竞争者起着非常重要的作用,使拥有专利权者能够成为完全垄断厂商。一旦某企业发明了某项制作技术,并且得到了专利保护,那么在某专利被保护期间该企业就有可能成为这一行业的完全垄断厂商。我们只是说获得某项专利保护的企业有可能成为完全垄断厂商,但并非一定会成为完全垄断厂商。专利权并不意味着必然会导致垄断,因为专利权并不能阻止替代品产生。

3. 规模经济

当某种商品的生产技术具有特殊的性质,一个大厂商能以较低且有利可图的价格供给全部商品,适应市场需要时,就会形成垄断。即一家企业可以以低于其他企业的价格来满足某种商品或劳务的全部需求时,这个行业就只有这一家企业能够存活下来。例如,城市公用事业,供电、供水、煤气等就带有垄断性质,该行业属于垄断行业。若由两家或两家以上厂商生产将产生较高的平均成本,造成社会资源的浪费。例如,铁路行业就属于此种类型的行业,由一家公司经营两地间的铁路就比由两家或两家以上的公司经营要经济得多。

4. 政府特许经营或许可证制度

出于某种原因,如便于管理和控制,政府往往会给予某厂商生产或经营某种产品或进入某行业的特权。获得特权的厂商,在一段时间内便拥有了垄断权,如烟酒的专营专卖、麻醉药品的生产和销售等。

二、价格歧视

在某些情况下,完全垄断厂商对于同样的产品向消费者收取不同的价格,这称为价格歧视。由于完全垄断厂商具有某种垄断力量,因此对于自己出售的相同的产品,完全垄断厂商可以收取不同的价格,以使自己获得最大利润。

(一)价格歧视的必要条件

并非所有的企业都可以实行价格歧视。一般而言,实行价格歧视需要具备以下三个条件。

1. 企业必须具有一定的市场势力,垄断厂商必须是价格的制定者

换句话说,厂商面临的是一条向右下方倾斜的需求曲线,厂商可以通过对产量的控制来决定产品的市场价格。在完全竞争市场中,厂商面临的需求曲线是一条水平线,价格是既定的因素,生产者无法改变产品价格,调高和调低都会使自己的收益受损。而在完全垄断市场中,即便垄断厂商提高产品的售价,产品的销售也仅会减少而已,不会面临零销售的窘境。因此,实施价格歧视的第一个必要条件就是厂商对价格的控制能力。

2. 企业必须了解或者能够推测消费者的购买意愿

价格歧视是针对不同消费者而制定不同的产品销售价格,所以清晰地了解消费者的需求和偏好是价格歧视的前提。但是在现实生活中,垄断企业不可能完全了解消费

者的需求信息。一般来说,如果某厂商试图采取价格歧视,对某些具有特殊偏好的消费者采用较高的产品价格,那么这部分具有特殊偏好的消费者绝不会主动承认自己的偏好,因为没有人会愿意承认自己的特殊偏好从而支付更高的价格,因此厂商必须通过更加间接的方法来识别消费者的偏好。

3. 企业必须能够阻止或限制转卖行为

转卖行为是指企业以低价购买再以高价出售给另外的消费者,或者说垄断厂商必须确保消费者不可能进行套利行为。转卖的可能性对于任何类型的价格歧视都是关键性因素。如果企业实行以价格歧视为手段的营销策略,就会刺激转卖行为,转卖行为则可能破坏或至少降低价格歧视的有效性。价格差别越大,对转卖行为的刺激就越强。那么,如何限制转卖就成了企业实行价格歧视成功与否的决定性因素。针对市场经济活动中不同的产品,一般有以下几种限制转卖的方法。

(1)提供不可转卖的服务。

由于服务领域中的生产和消费都是同时进行的,因此与生产和消费可以分离的实物形态领域相比,价格歧视形式更为普遍。比如,某些商店对于要发票的消费者收取的费用比不要发票的消费者高,而消费者难以将这种服务转卖给其他消费者。

(2)只对初次购买产品的消费者提供担保。

销售商可以宣布,如果产品被转卖,那么对它的各种担保就自动失效,这样就增加了买方向初次购买者购买的成本。

(3)增加转卖的交易成本。

任何经济活动必然都要考虑交易费用或交易成本的问题。在产品转卖过程中,通常需要花费一定的费用,如果这种费用较高,就会阻止或限制转卖。比如,关税和运输成本就是转卖过程中的交易费用。假设企业将同一产品销售到两个国家,并制定不同的价格,此时价格较低国家的产品就有可能被转卖到价格较高的国家。但在产品从价格较低国家转卖到价格较高国家的过程中,企业不仅需要支付运输费用,还可能被征收关税,这就会阻止或限制转卖行为。除了关税和运输成本,转卖过程中所花费的时间、精力、信息成本等都是阻止和限制转卖行为的交易费用。

(4)合同限制。

企业可以在合同中明确写出禁止转卖的条款,并将其作为销售的条件之一。这种行为是否可行,取决于法律的约束力和可操作性。例如,计算机经销商以低于市场价的优惠价格向学生出售计算机,但在购买之前,买方必须签下不得转卖的合同。

(5)纵向一体化。

企业可以较低的价格向其子公司或分公司出售产品,并通过控制后者而禁止它们将产品转卖给其他企业或者消费者。假设一家经营煤炭的企业出售煤炭时,想向焦炭生产商索取一个较低的价格,而向火力发电生产商索取一个较高的价格,如果煤炭销售商确实设定了两个不同的价格,那么焦炭生产商就会将煤炭转卖给火力发电生产商,为了制止转卖,煤炭销售商可以选择纵向一体化自行生产焦炭。

(6)政府干预。

政府可以通过制定法律,以及允许竞争性产业中的企业通过协议和集体行动来防止转卖。例如,目前我国城市居民住房中的"福利房"或"经济适用房"不可以随意转卖,但是市场价住房,即"商品房"可以自由转卖。

很明显,如果企业能够成功地限制转卖,它就可以实行多种类型的价格歧视了。

(二)价格歧视的分类

1.一级价格歧视

一级价格歧视是指完全垄断厂商对每单位产品都按消费者所愿意支付的最高价格出售。一级价格歧视可以分为不完全一级价格歧视与完全一级价格歧视。不完全一级价格歧视是指价格与销售量离散变动;完全一级价格歧视又称为纯十级价格歧视,是指价格与销售量连续变动。从理论上讲,如果完全垄断厂商能够对每个微小的销售量都收取不同的价格,即实行完全一级价格歧视,则可以满足资源有效配置的条件,使所出售的产品价格等于产品的边际成本。

2.二级价格歧视

二级价格歧视是指垄断厂商根据不同的消费数量段制定不同的价格。在日常生活中,二级价格歧视比较普遍。与一级价格歧视一样,通过二级价格歧视,垄断厂商从消费者那里获得了更多的消费者剩余。但是,二级价格歧视和一级价格歧视仍有所不同。首先,一级价格歧视的前提是垄断厂商能够清晰地确定消费者的偏好,据此方能执行一级价格歧视;而在二级价格歧视下,消费者的偏好就不再是前提条件,无论消费者的偏好如何,他们面对的都是相同的价格结构,即都是根据不同的消费数量支付不同的单位价格。其次,一级价格歧视中,垄断厂商获得了全部的消费者剩余;二级价格歧视是根据数量段制定价格而不是根据每个产品单独制定价格的,因此二级价格歧视只获得部分消费者剩余。

3.三级价格歧视

三级价格歧视是指完全垄断厂商对同一种商品在不同的市场上收取不同的价格,或者对不同的消费者收取不同的价格,但要保证每一市场上出售的产品的边际收益相等。实行三级价格歧视需要具备的重要条件是分隔的各个市场的需求价格弹性不同。如果分隔的各个市场的需求价格弹性相同,则最佳策略是对同一产品收取相同的价格。在国际贸易中通常存在价格歧视。例如,一国某一厂商的产品在国内与国外收取不同的价格,之所以如此,在于国内与国外市场是分隔的,而且两个市场的需求价格弹性不同。另外,某些商品与服务对不同的社会团体收取不同的价格。例如,对成年人与未成年人收取不同的价格,在城市市场和乡村市场收取不同的价格等。这些都属于三级价格歧视。

本章内容拓展

学习总结

本章习题

第三章
收入分配、效率与公平

知识目标

1. 掌握收入分配差距的定义、度量方法,了解我国收入分配差距的趋势和变化、造成我国收入分配差距的因素、收入分配差距对我国经济发展的影响。

2. 掌握效率与公平的概念,了解效率与公平的关系、不同经济学派对效率与公平的理解、公平与效率的实现与应用、效率与公平平衡的重要性。

3. 了解我国收入分配政策调整的背景和重要性、收入分配政策的起源和发展历程、影响收入分配政策演变的因素、缩小收入分配差距的相关政策工具、我国收入分配政策的成效与挑战。

能力目标

1. 总结和发现问题的能力。
2. 综合运用知识分析和解决问题的能力。
3. 强化案例学习和分析过程中的沟通能力,培养学生在学习过程中的表达能力和团队协作能力。

经济管理情境

共同富裕是社会主义的本质要求,是中国式现代化的重要特征。收入分配作为民生之源,对改善民生、实现发展成果由人民共享的影响极为重要和直接。党的二十大报告指出,要实现好、维护好、发展好最广大人民根本利益。完善分配制度,健全覆盖全民、统筹城乡、公平统一、安全规范、可持续的多层次社会保障体系,扩大社会保险覆盖面,是增进民生福祉、提高人民生活品质、不断实现人民对美好生活向往的题中应有之义。国家统计局公布的数据显示,近十年来中国居民收入的基尼系数基本维持在0.47左右,这意味着我国居民收入差距仍处于高位徘徊的阶段,收入差距扩大的基础仍然存在。从收入差距高位徘徊转为全体人民共同富裕,形成人人享有的合理分配格局,中国收入分配制度改革仍需坚定不移地推进下去。然而,依靠劳动力市场本身进行的初次分配,其收入调节作用有限,不能满足新发展阶段全体人民共享发展成果的制度需求,高质量、共享式发展需要再分配政策的优化与跟进。

内容导航

案例导入

第一节 收入分配差距

一、收入分配差距的定义

收入分配差距是指在一个经济体系中,个体或群体之间在收入获取方面存在的差异或不平等现象。它衡量了社会中个体或群体之间收入的不均衡程度。

具体而言,收入分配差距可以从以下几个维度进行详细定义。

(一)个体差距

个体差距是指不同个人或家庭之间的收入差异。这种差距由多个因素造成,包括教育水平、技能和能力、职业选择、工作经验等。

(二)群体差距

群体差距是指不同群体之间的收入差异。这些群体可以基于不同的标准进行分类,如社会阶层、种族、性别、地理区域等。

(三)财富不平等

收入分配差距通常与财富不平等密切相关。财富不平等是指个体或家庭在资产、财产和财富积累方面的差异。

(四)收入流动性

收入流动性是指个体或家庭在不同时间段内的收入变动情况。如果经济体系中存在较高的收入流动性,个体可以通过努力、教育和技能提升等方式改善其收入状况,从而缩小收入分配差距。相反,如果收入流动性较低,个体的社会经济地位和收入水平更容易固化,导致收入分配差距加大。

综上所述,收入分配差距是指个体或群体在收入获取方面存在的差异,可以从个体差距、群体差距、财富不平等和收入流动性等多个维度定义。了解和解决收入分配差距问题对于实现公平、可持续的社会经济发展至关重要。

二、收入分配差距的度量方法

(一)洛伦兹曲线

洛伦兹曲线(Lorenz curve)是经济学中用来描述收入分配不平等情况的一种图形工具。它以图形的方式展示了不同收入群体在总收入中所占比例的累积情况。为了绘制洛伦兹曲线，需要先收集关于个体或家庭收入的数据，并将其按照收入从低到高进行排序。按照排序后的顺序，计算每个个体或家庭的收入占总收入的累积比例。例如，假设有100个个体，按照收入排序后，前20%的个体收入占总收入的10%，则累积收入比例为10%。

在坐标系上绘制洛伦兹曲线，横轴表示个体或家庭的累积人口比例（从低到高），纵轴表示累积收入占总收入的比例。一般来说，洛伦兹曲线从原点开始，逐渐向右上方弯曲，最终接近对角线。洛伦兹曲线与对角线（45°斜线）之间的距离表示收入分配的不平等程度。曲线越接近对角线，表示收入分配越均衡；曲线越远离对角线，表示收入分配越不平等。绘制洛伦兹曲线的目的是帮助人们更直观地了解收入分配的不平等程度，并为制定相应的经济政策提供参考。同时，洛伦兹曲线也可以与基尼系数等指标一起使用，以全面评估收入分配的情况。

（二）基尼系数

基尼系数（Gini coefficient）是通过计算洛伦兹曲线与对角线之间的面积比例来衡量收入分配的不平等程度。对角线表示完全平等的收入分配，因此洛伦兹曲线与对角线之间的距离越大，基尼系数就越接近于1，表明收入分配不平等程度越高。基尼系数的计算公式为基尼系数＝$[A/(A+B)]\times 100\%$，其中A表示洛伦兹曲线与对角线之间的面积，B表示对角线以下的面积。换句话说，基尼系数就是洛伦兹曲线下的面积与对角线下的面积之比。

基尼系数的取值范围在0到1之间。当基尼系数为0时，表示完全平等的收入分配，即所有个体或群体获得的收入完全相等；当基尼系数为1时，表示最大的不平等，即只有一个个体或群体获得了所有的收入，其他个体或群体没有任何收入。需要注意的是，基尼系数是一个概括性的指标，只能提供一个整体上的收入不平等程度，无法详细说明不同收入分配区间内的差异情况。因此，在使用基尼系数时，应结合其他指标和数据进行综合分析，以全面了解收入分配的情况。

（三）平均收入比率

平均收入比率（average income ratio）是用来比较高收入群体与低收入群体之间平均收入的指标，它提供了衡量收入分配差距的一种方法。为了计算平均收入比率，需要收集不同收入群体的收入数据，并将其分为高收入群体和低收入群体。分别计算高收入群体和低收入群体的平均收入，将两个群体的平均收入进行比较。如果平均收入比率大于1，则表示高收入群体相对于低收入群体有更高的平均收入水平，存在收入分配差距；如果平均收入比率接近于1，表示高收入群体和低收入群体的平均收入水平相对接近，收入分配相对平等。平均收入比率是一个相对简单的指标，可以用来快速比较不同收入群体之间的收入差距。然而，它并没有提供收入分配差距的详细信息，因此在评估收入分配问题时，通常需要结合其他指标和数据进行综合分析。

（四）收入分位数比率

收入分位数比率（Income percentile ratio）是用来比较高收入群体和低收入群体之间收入水平的指标，它可以提供不同收入群体之间的收入差距信息。为了计算收入分位数比率,需要收集不同收入群体的收入数据,并将其按照收入从低到高排序。对于高收入群体和低收入群体,分别计算所选收入分位数的值。收入分位数是指在收入排序后,处于特定百分位位置的收入值。常用的收入分位数包括上四分位数(第75百分位数)、中位数(第50百分位数)和下四分位数(第25百分位数)。

将高收入群体的收入分位数与低收入群体的收入分位数进行比较,如果收入分位数比率大于1,则表示高收入群体在所选收入分位数上的收入水平相对较高,存在较大的收入差距。如果收入分位数比率接近于1,表示高收入群体和低收入群体在所选收入分位数上的水平相对接近,收入分配相对平等。通常情况下,收入分位数比率是一个较为直观和易于理解的指标,可以用来比较不同收入群体之间的收入差距。然而,它仅提供了某个特定分位数的比较,没有全面反映整个收入分布的差异。

三、我国收入分配差距的趋势和变化

(一)改革开放初期的趋势和变化

在改革开放初期,我国实施了一系列的市场经济改革政策,促进了经济增长和发展。这一阶段的改革措施导致了一些地区和行业的收入差距的扩大,因为某些地区和行业受益多于其他地区和行业。

(二)20世纪90年代至21世纪00年代初期的趋势和变化

在这个阶段,我国的经济增长加快,许多人从农村流向城市寻找更好的工作机会。城市地区的收入水平普遍高于农村地区,因此城乡收入差距扩大。同时,与工业和高技术产业相关的职业收入增长较快,而农业和传统行业的收入增速较慢。

(三)21世纪00年代中期至21世纪10年代的趋势和变化

在这个阶段,我国政府采取了一系列政策措施来应对不平等和收入差距的问题,包括提高最低工资标准、改善社会保障体系、加强教育和技能培训等,这些政策的实施有助于减缓收入差距的扩大。

(四)近年来的趋势和变化

近年来,我国政府继续致力于缩小收入差距,特别是城乡收入差距和区域收入差距。政府采取了一系列的措施,包括提高农民工工资、推进乡村振兴战略、加强社会保障制度等,以改善收入分配格局。

需要指出的是,尽管我国在减少收入差距方面取得了一些进展,但城乡收入差距、地区间收入差距和职业收入差距仍然存在。此外,由于我国经济的巨大规模和复杂性,收入差距的数据和趋势会因地区、城乡和不同群体而有所不同。因此,深入研究和进行具体的数据分析是理解我国收入差距问题的关键。

四、收入分配差距对经济的影响

(一)收入分配差距对消费和需求产生影响

当收入分配不平等时,高收入群体通常能够享受高水平的消费和财富积累,而低收入群体的消费能力受限。这可能导致整体需求的不足,特别是在低收入群体中。因为低收入群体在经济中扮演着重要的消费者角色,如果他们的收入水平较低,整体消费水平可能下降,从而对经济增长产生负面影响。

(二)收入分配差距对经济增长产生影响

一些研究表明,高度不平等的社会可能会抑制经济增长,而较平等的社会则有助于经济增长。这是因为收入分配不平等可能导致资源的浪费和低效分配,削弱创新和投资动力。相反,较为平等的收入分配有助于提高社会的生产力,促进经济的可持续发展。

(三)收入分配差距对社会流动性和机会公平性的影响

当收入差距过大时,社会流动性可能受到限制,较低收入群体难以改善自身经济状况,而富裕阶层更容易保持或扩大其优势地位。这可能导致社会的阶层固化和社会流动性的减少,限制了个人的经济机会和社会发展。

(四)收入分配差距过大可能导致社会不稳定

当收入差距扩大时,社会中的不满和不平等感增加,可能会引发社会动荡和不稳定。相反,较为平等的收入分配有助于维持社会的稳定与和谐发展。

(五)收入分配差距对社会福利和公共支出的影响

在收入分配不平等的情况下,政府可能需要增加社会福利和公共支出,以提供更多的社会保障和福利,从而确保弱势群体的基本生活需求得到满足。这可能会对财政稳定和可持续性产生压力。

综上所述,收入分配差距对经济产生广泛的影响。较大的收入差距可能限制消费和需求,抑制经济增长和生产力,增加社会不平等和不稳定性。因此,政府和社会各界应重视收入分配的公平性,采取适当的政策和措施来减少收入分配差距,促进可持续的经济发展和社会进步。

第二节 效率与公平

一、效率与公平的概念

(一)效率的概念

效率是指在有限的资源条件下,实现最优产出或最低成本的能力。它关注资源的最优配置和利用,以实现经济效益的最大化。在经济学中,效率包括生产效率和分配效率两个方面。

生产效率是指在给定的资源约束下,经济体能够产生尽可能多的产品或服务。生产效率的提高可以通过技术创新、生产要素的有效配置、生产过程的优化等方式实现。

经济学家使用生产可能性边界(production possibility frontier)来描述资源的最优配置和生产效率的概念。

分配效率是指资源在经济体内的分配是否达到了最优状态。分配效率要求资源按照市场机制和经济主体的偏好进行合理配置,使得整个经济体能够实现最大的总体福利。经济学通常使用边际效用理论(marginal utility theory)和边际成本理论(marginal cost theory)等工具来分析资源的最优分配和分配效率。

(二)公平的概念

公平是一个涉及伦理和道德价值观的概念,不同的人对公平有不同的理解和定义。在经济学中,公平通常包括两个方面:平等和正义。

平等强调资源和机会的平等分配,它关注每个人在经济和社会活动中享有平等的权利和机会。平等可以分为平等机会和平等结果两个方面:平等机会追求每个人在教育、就业、进步和发展等方面有平等的机会,它强调消除歧视,确保每个人根据个人才能和努力获得公正的机会;平等结果追求资源和福利的平等分配,它关注收入、财富和社会福利在社会成员之间的公平分配,以缩小贫富差距和减少不平等现象。

正义强调公正的道德和伦理基础,它关注人们的权利、义务和责任,以及社会成员之间的公正关系。正义可以分为分配正义和程序正义两个方面:分配正义追求资源和权益的公正分配,它关注资源、财富和收入在社会成员之间的合理分配,以确保每个人获得他们应得的份额;程序正义强调决策和分配过程的公正性,它关注决策的公正程序,以确保决策的透明、公开和公正,以及每个人在决策中都有平等的参与权和发言权。

平等和正义相互依存,共同构成了经济学中的公平概念。平等强调资源和机会的平等分配,而正义强调公正的道德和伦理基础。在经济学理论和政策制定过程中,需要综合考虑这两个方面,以促进社会的公平和可持续发展。

二、效率与公平的关系

(一)效率与公平之间存在一定的相互制约和权衡关系

在经济活动中,追求效率往往要求资源的最佳配置和利用,以实现最大化的生产和经济增长。这可能会导致资源和财富的不均衡分配,加剧社会的不平等。相反,追求公平往往要求资源和收益的平等分配,以减少社会的不平等。然而,这可能会对经济活动和资源配置产生限制,降低效率和经济增长的潜力。因此,在实践中需要权衡效率与公平,以实现经济和社会的双赢。

(二)效率与公平可以相互促进

一方面,公平的实现可以促进经济的发展。公平的机会均等和资源平等分配可以激发人们的创造力和积极性,提高劳动生产率和经济效益。当个体有平等的机会和资源时,他们更有动力去追求经济活动中的创新和优化,从而提高整体经济的效率。另一方面,效率的提高也可以为公平提供更多的资源基础。经济的高效运作可以增加财富和资源的总量,为社会提供更多的机会和资源,从而为公平分配提供更好的基础。

（三）效率与公平还和经济体系的制度和政策密切相关

良好的制度安排和公平的政策可以为效率与公平的实现提供支持。例如，透明的市场机制和公正的竞争环境可以提高资源配置的效率，同时公平的税收和福利制度可以促进财富的公平分配。因此，政府在制定经济政策时应综合考虑效率与公平的因素，制定适当的制度和政策措施，以实现经济和社会的双重目标。

三、不同经济学派对效率与公平的理解

古典经济学派（classical economics）注重经济效率，强调市场机制的作用和自由竞争的重要性。这一学派认为，通过自由市场的运作，资源可以有效地配置和分配，从而实现经济的最大效率。在古典经济学派中，公平的概念通常被较少强调，经济效率的实现将最终带来整体福利的提高，而个体的公平问题可以通过市场机制自行解决。

新古典经济学派（neoclassical economics）延续了古典经济学派的观点，强调经济效率和市场机制。这一学派认为，通过自由市场的竞争和供需的平衡，资源的配置可以实现效率。然而，新古典经济学派在一定程度上也关注公平问题，尤其是在市场失灵的情况下，可能倡导政府干预以促进公平和社会福利的提升。

凯恩斯主义经济学派（Keynesian economics）认为，市场机制并非总能实现有效的资源配置和公平的结果。这一学派强调政府在经济中的积极作用，主张通过财政政策和货币政策来调节经济活动，实现经济稳定和公平。凯恩斯主义经济学派认为，公平的实现对于经济稳定和持续增长至关重要。

制度经济学派（institutional economics）关注经济制度和规则对经济效率与公平的影响。他们认为，经济制度的设计和运行方式对资源配置和收入分配产生重要影响。制度经济学派强调，在效率与公平之间需要寻求一种平衡，即在确保资源有效利用的同时，关注社会公正和公平的问题。

四、效率的实现与应用

通过合理配置资源、提高生产过程效率、推动技术创新和鼓励市场竞争，可以实现经济效率的提高。

有效的资源配置是提高经济效率的基础。它涉及将有限的资源分配到最有利于实现经济目标的领域和部门。例如，将资金投到具有高增长潜力和高回报的领域，或将劳动力分配到适合其技能和专业的工作岗位。提高生产过程的效率是实现经济效率的关键。这可以通过优化生产流程、减少浪费、改进供应链和物流等方式来实现。

在实践中，有许多工具和方法可以帮助实现效率的提高，具体包括成本效益分析、生产过程优化、供应链管理、质量管理、项目管理和绩效评估等。这些工具和方法提供了一种系统和结构化的方式来识别和解决效率瓶颈问题，并优化资源配置和生产过程。不仅有助于提高企业和产业的竞争力，还可以促进经济增长和增进社会福祉。

五、公平的实现与应用

通过机会平等、资源分配公正、社会福利保障和教育平等等措施,可以推动公平的实现与应用。

机会平等是公平的基础,强调每个人都应该有平等的机会参与经济活动和获取资源。实现机会平等可以通过改善教育体制、职业培训、职业机会均等化、制定反歧视法律和政策等方式来实现。这样可以减少不公平的起点差距,使个人能够根据自身能力和努力来获得成功。资源的分配应该遵循一定的公正原则,确保弱势群体获得适当的资源支持,这包括公平的税收制度、福利政策和社会保障机制,以确保资源在社会中更加均衡地分配。例如,通过适度的财富再分配和社会福利计划,缩小贫富差距,为弱势群体提供基本的生活保障。实现公平还需要建立社会福利保障体系,以确保所有人都能够享受基本的福利和社会安全保障,这包括医疗保健、退休养老金、失业保险、社会救助等福利项目,以减少社会经济的不平等现象,并为弱势群休提供所需的支持。公平的实现还需要关注教育机会平等,通过提供质量高、可获得性广泛的教育,确保教育资源均等分配,可以减少教育机会的差距,提高个体的社会流动性和就业机会。此外,公平的实现还需要培养社会公正的意识和价值观,这包括教育、宣传和舆论引导,以推动社会对公平的认同和支持,促进公正观念的普及和实践,有助于减少社会不公平等,缩小贫富差距,提高社会的稳定与和谐。同时,公平的实现也为社会的可持续发展和共同繁荣奠定了基础。

六、效率与公平的平衡

(一)效率与公平之间的平衡关系

追求效率和追求公平都是重要的目标,但有时候它们可能存在冲突或相互制约的情况。因此,在实践中需要进行平衡,以兼顾效率与公平。以下是关于效率与公平的平衡的几个方面的介绍。

1. 资源分配的平衡

追求效率可能会使得资源向效益最大化的领域和部门集中。这可能导致收入差距扩大或弱势群体的利益受损。为了实现公平,需要进行资源分配的权衡,通过适当的财富再分配或社会福利支持,确保资源更加均衡地分配。

2. 市场与政府的平衡

市场机制可以有效地分配资源和提高效率,但也可能导致不公平现象的出现。政府的角色是通过制定合理的规则、法律和政策来平衡市场,以确保公平性和社会正义。政府可以通过税收政策、监管措施和社会福利计划来纠正市场失灵和促进公平。

3. 效率与公平的时间维度

在短期内,追求效率可能会导致一些社会群体的利益受损,但长期来看,提高效率可以带来更大的经济增长和福利改善。因此,需要在短期效率和长期公平之间进行平衡,采取适当的过渡措施,以确保短期利益的损失得到合理补偿,同时促进长期的公平和可持续发展。

4. 制度设计与社会共识

实现效率与公平的平衡需要建立合理的制度框架和政策措施。这需要广泛的社会共识和参与,以确保制度的公正性和可接受性。社会对公平价值观的认同和制度设计的合理性,可以促进效率与公平的平衡。

(二)效率与公平平衡的相关理论

1. 福利经济学

福利经济学(welfare economics)关注经济活动对社会福利的影响,并试图通过效用函数和福利函数的构建来衡量和比较不同政策或经济状态下的福利水平。福利经济学强调社会效用的最大化,即通过资源的有效配置来实现整体福利的最大化。在效率与公平的关系中,福利经济学提供了一种方法来衡量政策对整体社会福利的影响,并可以帮助决策者找到效率与公平之间的平衡点。

2. 社会选择理论

社会选择理论(social choice theory)研究了如何根据个体的偏好来做出社会集体决策。它探讨了在多个个体和多个选择之间进行决策时所面临的困难和限制。社会选择理论提供了一些规范性的准则,如阿罗-斯维涅定理(Arrow's impossibility theorem)指出,在一些条件下,不存在完美的社会决策机制。在效率与公平的关系中,社会选择理论强调了设计决策制度和制定公共政策时需要考虑多个个体的偏好和权益,以确保公平性和公正性。

3. 公共选择理论

公共选择理论(public choice theory)关注政府决策制定的经济学分析。它探讨政府行为和公共决策的动机和效果,强调政府决策制定者的自利行为和政治过程对资源分配和公共政策的影响。在效率与公平的关系中,公共选择理论提供了对政府决策的分析框架,使我们能够更好地理解政府行为对经济效率与公平的影响。它强调在决策过程中要考虑利益相关者的权力和利益,以确保政策制定的公平性和效率。

第三节 收入分配政策

一、收入分配政策的背景和重要性

1978年,我国启动了改革开放政策,旨在解放生产力、促进经济发展。这一政策的实施带来了我国经济的快速增长,同时也带来了收入分配不均的问题。从计划经济向社会主义市场经济转型,意味着资源配置和收入分配的主导方式从政府指导转向市场机制,在这一转型过程中,收入分配不均成为一个突出的社会问题。随着我国经济的快速发展,人们对更好的生活品质和公平正义的追求不断增强。收入分配不均对社会稳定和可持续发展构成威胁,因此有必要制定相应的政策来促进收入分配的公平和合理。

收入分配政策是实现社会公平的重要手段之一,通过调节收入分配,可以减少贫困和缩小贫富差距,促进社会公正和社会和谐。通过改善收入分配格局,可以缓解社会矛盾,维护社会稳定和政治安定。收入分配的合理调整有助于提高低收入人群的消费能力,进而促进市场需求的增长,推动经济发展。公平的收入分配政策可以促进市场经济的健康发展,适度的收入差距可以激发个人的工作动力和创造力,推动经济增长。收入分配政策的合理安排有助于实现可持续发展目标,通过提高弱势群体的收入水平,消除贫困,推动教育、医疗和社会福利等公共服务的均衡发展,促进社会的全面进步。

二、我国收入分配政策的起源和发展历程

(一)起源阶段(1949—1977年)

中华人民共和国成立后,实行了计划经济体制,收入分配主要由国家进行调控和分配。在这一时期,国家实行了按劳分配和物质福利相结合的原则,鼓励人们努力工作,并通过公共福利措施保障人民的基本生活需求。

(二)改革开放启动阶段(1978—1990年)

1978年改革开放以来,我国开始由计划经济体制转向社会主义市场经济体制。在这一时期,国家逐步引入了一系列经济改革措施,如农村家庭联产承包责任制和城市集体企业改革,鼓励农民和企业家创造财富。收入分配的主要原则仍然是按劳分配,但也出现了一定的收入差距。

(三)市场经济转轨阶段(1991—2000年)

在这一时期,我国进一步推进市场经济改革,发展开放型经济。市场化改革加速了经济增长,但也导致了收入分配不均的问题。城乡差距、地区差距和行业差距逐渐显现。国家出台了一系列政策措施,如建立城乡居民收入分配制度、改革企业工资分配制度等,以促进收入分配的合理化。

(四)社会主义市场经济体制建立阶段(2000年至今)

2000年后,我国进一步推进社会主义市场经济体制建设。国家出台了一系列法律法规和政策文件,如《中华人民共和国劳动法》等,以保护劳动者权益,完善社会保障体系。同时,我国加强了财税体制改革,通过税收调节和财政支出引导,优化收入分配结构,减少贫困和缩小贫富差距。当前,我国的收入分配政策注重促进共同富裕和社会公平。国家加大了对低收入群体的保障力度,提高最低工资标准,加强社会救助和扶贫工作。同时,我国还加强了税收制度改革,减轻中低收入者的税收负担,优化税收分配结构。

三、相关收入分配政策

(一)个人所得税改革

为了缩小收入分配差距,我国政府多次进行个人所得税改革,调整税率结构和税

收起征点,以确保更加公平合理的个人所得税制度。改革的目标是建立一个公平、合理、透明的税收制度。个人所得税改革的相关政策重点如下。

1. 调整税率结构

我国调整了个人所得税的税率结构,由9级调整为7级,取消了15%和40%两档税率,将最低的一档税率由5%降为3%。新税率结构实行渐进税率制度,高收入者税率相对较高,低收入者税率较低。

2. 调整税收起征点

我国提高了个人所得税的税收起征点,即免征额。根据改制后的税率结构,不同起征点适用于不同的纳税人群体,使得低收入群体可以享受更多的免税额度。

3. 扣除项和减免政策

我国增加了个人所得税的扣除项和减免政策,包括子女教育支出、赡养老人支出、住房贷款利息支出等。这些扣除项和减免政策有助于减轻纳税人的税负,并鼓励民众合理支出和消费。

4. 引入综合与分类相结合的个税征收模式

不同类型的收入,如工资薪金、个体工商户所得、资本利得等,采取相应的征收方式和税率。

5. 加强税收征管和个税信息化建设

我国加强了个人所得税的税收征管和个税信息化建设。通过加强纳税人身份认定、税务数据共享和信息技术支持,提高个人所得税的征管效率和精确度。

这些个人所得税改革措施旨在优化个人所得税制度,减轻低收入群体的税负,增强税收公平性,推动收入分配的公正和可持续发展。

(二)最低工资标准

我国实施了最低工资制度,各地根据经济发展水平和生活成本制定相应的最低工资标准,保障劳动者的基本收入,相关政策重点如下。

1. 标准制定机构

最低工资标准由当地人民政府劳动保障部门负责制定和发布。

2. 最低工资标准的调整

最低工资标准通常每年进行一次调整,具体调整时间由各地决定。调整时会考虑经济发展水平、物价变动、劳动力市场供需情况及生活成本等因素。

3. 区域差异

我国各地的经济发展水平和生活成本存在较大差异,因此最低工资标准会根据地区划分为不同档次或级别。通常,大城市和经济发达地区的最低工资标准较高,而经济欠发达地区的最低工资标准较低。最低工资标准的计算通常考虑到基本生活成本、就业人员的工资水平、劳动生产率和社会保障水平等因素。计算方法可以根据地方的实际情况有所不同。

4. 保障范围

最低工资标准适用于所有用人单位和劳动者,无论是国有企业、私营企业还是其他形式的就业单位。劳动者的工资待遇不能低于最低工资标准。

需要注意的是,最低工资标准只是收入分配政策中的一部分,还有其他政策和措施来促进收入公平和改善收入分配结构,如税收政策、社会保障制度等。此外,最低工资标准只是一个基本的底线,劳动者在实际工作中有权通过工会或劳动争议解决渠道争取更好的工资待遇。

(三)社会保障制度

党的十八大以来,中国不断发展民生保障事业,稳步推动社会保障体系建设和制度完善,国家在社会保障领域的财政投入不断增加,覆盖全民、统筹城乡、功能完备的多层次社会保障体系基本成型。社会保障制度发挥了重要的兜底减贫作用,其覆盖面的不断扩大,不同程度地惠及全民,保障待遇的逐步提升提高了全民共享国家发展成果的水平。

1.养老保险

我国建立了全国统一的养老保险制度,包括企业职工基本养老保险和城乡居民基本养老保险。通过企业和个人的缴费,参保人员达到退休年龄后可以享受基本养老金的领取。

2.医疗保险

我国实施了全民医疗保险制度,包括城镇职工基本医疗保险、城乡居民基本医疗保险和大病保险等。参保人员在就医时可以享受医疗费用的报销和补偿,减轻医疗负担。

3.失业保险

我国建立了失业保险制度,为失业人员提供失业救济金和再就业服务。参保人员在失业期间可以获得一定期限的经济补助,并得到就业培训和就业援助。

4.工伤保险

我国实施了工伤保险制度,为工伤或职业病患者提供医疗费用、伤残津贴和丧失劳动能力补助金等福利。用人单位需缴纳工伤保险费用,并为工伤职工提供相应的赔偿和保障。

5.生育保险

我国建立了生育保险制度,为符合条件的生育妇女提供生育津贴和产假保障。用人单位和个人共同缴纳生育保险费用,以支持生育妇女的生育和育儿权益。

这些社会保障建设措施在我国的不同地区和群体中有一定的差异和细节调整,以适应当地的实际情况和需求。政府通过法律法规、政策文件和资金支持等方式,推动社会保障建设,努力提高公民的社会保障水平和福利待遇。

(四)社会救助和最低生活保障制度

我国建立了社会救助和最低生活保障制度(以下简称低保),为特殊困难群体提供基本生活保障和救助。社会救助和低保资金由政府负责,以保障贫困人口的基本生活需求。相关政策重点如下。

1.最低生活保障制度

我国实行了城乡最低生活保障制度,旨在为经济困难的家庭提供基本的生活保障。根据当地的经济发展水平和物价水平,政府设定相应的低保标准,确保低收入家庭的基本生活需求得到满足。低保资金主要由中央和地方政府共同提供。

2. 临时救助

针对遭受突发灾害、重大疾病、意外事故等特殊困难的个人和家庭,我国政府实施临时救助制度。临时救助提供短期的经济援助,用于解决突发困难期间的基本生活问题。

3. 特困人员供养

特困人员供养制度针对无法自理或无法依靠劳动收入维持基本生活的特困人员,提供基本的生活救助和护理服务。特困人员供养由政府负责安排和提供相应的救助金、救助物资及医疗照顾。

4. 孤儿、残疾人和失能老年人救助

针对孤儿、残疾人和失能老年人等特殊群体,我国政府实施了相应的救助政策,如提供生活费用、医疗保障、康复服务等形式的救助,帮助他们改善生活状况。

5. 社会福利补贴

政府通过发放社会福利补贴,向特殊困难群体提供经济支持。补贴对象包括贫困家庭、残疾人、失业人员、退休人员等,帮助他们渡过困难时期,提高他们的生活品质。

这些社会救助和低保制度的实施,旨在构建一个更加公平和包容的社会,保障社会弱势群体的基本生活需求,减轻他们的经济负担,促进社会稳定和可持续发展。

(五)扶贫政策

我国实施了广泛的农村扶贫政策,通过资金投入、产业扶持、教育支持等方式,帮助贫困农民增加收入,改善生活条件,促进农村地区的发展和农民的脱贫致富。相关政策重点在于以下方面。

1. 精准扶贫

我国实施了精准扶贫战略,通过建立贫困人口数据库,精确识别贫困户及其贫困原因,确保扶贫政策和措施精确到人、到户、到项,避免了扶贫资源的浪费和错配。

2. 产业扶贫

我国政府鼓励贫困地区发展适应当地条件的产业,推动农村产业结构调整和转型升级,提高贫困地区农民的生产能力和收入水平。政府提供财政支持、技术培训、市场拓展等帮助,推动农产品加工及特色产业、旅游业等发展,增加贫困地区居民的就业机会和收入来源。

3. 教育扶贫

我国政府加大对贫困地区教育的支持力度,通过免费教育、助学金、教育补助等政策,确保贫困地区儿童和青少年有接受良好教育的机会,提升其综合素质和就业能力。

4. 医疗扶贫

我国政府推行医疗保障政策,为贫困地区居民提供基本医疗保险和大病保险。同时,加强贫困地区的医疗卫生服务体系建设,提高基层医疗机构的服务能力,确保贫困地区居民能够享受到基本医疗服务。

5. 生态扶贫

我国政府推进生态环境保护和修复,在贫困地区实施退耕还林还草、水土保持工程等生态恢复项目,提高贫困地区的生态资源价值,为当地居民提供生态产品和生态旅游发展的机会,改善他们的生活和增加他们的收入。

6. 移民搬迁扶贫

对于那些因自然灾害、生态恶化等原因难以在原地生存的贫困户,我国政府实施了搬迁扶贫政策。政府为贫困户提供安全的安置点,确保他们能够脱离贫困,并提供相应的就业和创业支持。

这些具体措施旨在通过多种手段保障贫困地区居民的基本生活需求,并帮助他们摆脱贫困陷阱,实现可持续发展。需要注意的是,我国的扶贫工作是一个长期而复杂的过程,政策的实施和调整需要结合实际情况进行。

(六)教育投入和改革

我国政府大力推进教育投入和改革,提高教育资源的均衡性,确保每个人都能接受良好的教育。教育的公平性和质量提升有助于打破贫困代际传递,增加人们的就业机会和提高收入水平。相关政策重点如下。

1. 义务教育

我国实行九年义务教育制度,对学龄期的儿童和青少年提供免费的基础教育,包括小学和初中阶段。政府通过财政投入和补助政策,确保学生能够接受基本的教育,减轻学生家庭的经济负担。

2. 助学金和奖学金

我国政府设立了各类助学金和奖学金,用于资助贫困家庭和优秀学生的学费、书本费等教育支出。这些资助项目旨在鼓励学生继续深造和提高学习成绩,提高他们的教育水平。

3. 职业培训和技能提升

我国政府积极推进职业培训和技能提升,提供各类培训机会,包括职业技能培训、创业培训、技术培训等。政府投入资金支持培训项目,帮助人们掌握实用技能,提高就业能力和创业能力。

4. 高等教育支持

我国政府提供财政资金支持高等教育发展,建设高水平大学和研究机构。同时,为了减轻家庭经济负担,政府设立了助学贷款和实行减免学费政策,帮助家庭经济困难的学生继续接受高等教育。

5. 职业教育与产业对接

我国政府鼓励职业教育与产业对接,与企业合作开展校企合作项目、实习实训基地建设等,以培养符合市场需求的技术人才,增加就业机会和收入。

6. 职业技能认证和评价

我国政府推行职业技能认证和评价制度,通过职业技能的评估和认证,提高劳动者的技能水平和职业素质,增加他们的就业机会和收入。

这些教育和培训扶持措施旨在提供平等的教育机会,提高人民的综合素质和就业能力,进而改善人民的收入状况和生活水平。同时,政府加大了对教育和培训领域的投入,以促进教育和培训资源的均衡发展。

本章内容拓展

学习总结

本章习题

第四章
国民经济的基本指标

知识目标

1. 掌握国民经济社会中的几个重要的经济指标的概念与内涵。
2. 了解一个国家的GDP的核算方式。
3. 了解人民群众关注的物价指数的计算方法,以及通货膨胀对经济社会的影响。
4. 掌握经济社会失业的表现与原因,了解失业对宏观经济的深远影响。
5. 领会宏观社会经济周期性波动的必然性,了解经济波动的原因。

能力目标

1. 培养发现问题与分析问题的能力。
2. 运用所学理论知识研究现实经济社会问题的能力。
3. 通过理论知识与实际经济现象的结合,做出科学判断与理性决策的能力。

经济管理情境

我们可以通过几个关键的宏观经济指标来观察宏观经济社会的整体运转情况,这些关键的宏观经济指标主要包括GDP、价格指数、失业率、经济周期等。我们只有通过这些经济指标对宏观经济的整体运转进行准确的判断,才能在经济生活中做出理性且科学的决策。仅仅了解这些经济指标的概念尚不足以深刻地了解宏观经济运行的状态,更不能对宏观经济未来的走势做出理性的预期判断。因此,除了了解相关概念,我们对于GDP还要了解其核算方法,对于价格指数还要了解其大幅波动对现实经济的影响,对于失业率还要了解不同类型的失业对经济社会产生的影响,对于经济周期还要了解任何宏观经济社会必然呈现周期性波动的现实。

第一节 GDP

一、GDP 的概念

GDP（国内生产总值）作为核算国民经济活动的核心指标，通常是指经济社会（一国或一地区）在一定时期内运用生产要素所生产的全部最终产品（物品和劳务）的市场价值总和。

要清楚了解 GDP 的概念，我们可以先从一个案例入手：一个生产家具的企业生产了一批价值 10000 元的家具。能否说这 10000 元产品价值都是这个企业生产的或者说创造的呢？不能，因为生产中必须消耗木材（为简单计，此企业生产家具不需要能源等其他材料）。假定购买生产家具的木材需要 4000 元，则该家具企业新生产的价值也只有 6000 元，这 6000 元的价值是该企业产品价值与采购木材 4000 元之间的差额。这个差额称为价值增值，这部分才被认为是该家具企业在该时期真正生产的、真正贡献给社会的。因此，企业在某年的产出是指价值增值。

弄清楚价值增值这一点十分重要，我们可以假定某个伐木工厂砍伐了一批价值 1500 元的原木，卖给木材加工厂，而后木材加工厂将此价值 1500 元的原木加工成价值 4000 元的板材，而后销售给前面说的家具企业，此后，该家具企业生产出价值 10000 元的家具。那么在此过程中，三个企业分别为最终家具的生产贡献自己的价值增值分别为：1500 元、2500 元、6000 元，加起来正好等于家具价值之和 10000 元。现在这批家具销售给消费者使用，不再发生价值增值。像这样一种在某一时期内生产并由最后使用者购买的产品和劳务称为最终产品，而原木、板材等则称为中间产品，中间产品是指用于再出售而供生产别种产品用的产品。

上面的例子说明，一件最终产品的价值等于整个生产过程中的价值增值之和。一个国家在一定时期内（通常指一年）生产千千万万种最终产品，这些最终产品的价值总和就等于生产这些最终产品的各行各业新创造的价值的总和。这便是某国在一段时间内生产的国内生产总值。当然要充分了解这一概念，还需要了解以下内容。

第一，GDP 是一个市场价值的概念。所有最终产品的价值都是用货币来衡量的。产品市场价值就是用这些最终产品的单位价格乘以产量获得的。比如 2022 年我国 GDP 为 121.02 万亿元，但是绝不能说我国某年 GDP 为 2000 多万辆汽车、几千万台冰箱及多少桶原油等。GDP 统一为货币概念便于国家或地区之间的横向比较，以及同一国家或地区历年的纵向比较。当然，国际上各国进行 GDP 比较时，通常换算为美元。

第二，GDP 核算的是最终产品的价值，中间产品价值不能入 GDP，否则就会造成重复计算。比如，如果把原木、板材及家具的价值都算作同一时期生产的价值，则其总价值将是：1500＋4000＋10000＝15500 元，而不再是 10000 元，但消费者真正使用到的家具价值只有 10000 元，所以绝不能把重复计算的价值计算在内。

第三，GDP的核算注重生产性原则。生产性原则就是GDP注重核算某地区某一时期所实际上生产的产品价值而非所销售的最终产品价值。若某企业年生产100万元产品，只卖掉80万元产品，所剩20万元产品可看作是企业自己买下来保存的存货投资，同样应计入GDP。相反，若另一年度生产100万元产品，却卖掉了120万元产品，则计入GDP的仍是100万元，只是存货投资为-20万元而已。

第四，GDP是核算某段时期的流量而不是存量。流量是一定时期内发生的变量，存量是一定时点上存在的变量。比如某人委托朋友在学校附近为自己购买了一套价值50万元的旧房子，为答谢朋友的帮助，付给朋友2000元酬金，则此50万元的房款不能计算入当年的GDP，因为该房产在修建当年已经计入当时年份的GDP，若现在再计算一次，则会造成同一套房产在不同年份的重复计算。但是2000元的酬金应该算入当年的GDP，因为朋友为其提供的劳务是在当年产生，其获得报酬属于当年的最终产品。

第五，GDP一般计算的仅指合法市场活动导致的价值。家务劳动、自给自足生产等非市场活动不计入GDP，非法商品或劳务交易导致的产值也不能计入GDP。此外，自有住房的当年服务价值应该计入GDP，因为居住者自己的房子在当年确实为自己提供了一定数量的价值，根据核算GDP的生产性原则，应该计入GDP。前面所说自给自足的家务劳动不计入GDP，是因为家庭范围内自给自足的价值难以衡量。

二、GDP的核算方法

核算一个国家或地区的GDP通常有四种方法，分别是生产法、价值增值加总法、支出法以及收入法。

其中生产法是将某经济社会在一定时期生产的所有最终产品的价值加总，但是在实际使用上，因为市场上的产品千差万别，此外一些产品在使用中很难清楚地界定是最终产品还是中间产品，所以实际操作上不可行。此外价值增值加总法是将经济社会所有生产性企业或个人在生产中产生的价值增值加起来，也可以得到GDP，但是因为具体操作上的困难，也不具有操作性。

用支出法核算GDP，就是通过核算在一定时期内整个社会购买最终产品的总支出即最终产品的总卖价来计量GDP。之所以可以这样核算GDP，是因为最终产品的购买者所支付的总支出正好是最终产品生产者所销售的产品的产值，因此将经济社会所有最终产品购买者在一定时期的支付之和加总便能得到某经济社会在该时期的总产值，即GDP。

同样，此支出也正好是生产最终产品企业的收入，该收入以不同方式转变为企业生产所需的各类生产要素所有者的回报，因此将经济社会所有生产要素的回报相加所得到的社会总收入便是社会总支出，也就是经济社会总产出。因此核算某经济社会的GDP，既可以将所有社会最终产品的支出相加得到总支出来核算GDP，也可以将经济社会所有生产要素所有者在一段时期所获得收入相加得到总收入来核算GDP。这两种方法分别是核算GDP的支出法与收入法。

下面我们重点介绍核算GDP的支出法与收入法。

（一）支出法

在使用支出法核算某经济社会的GDP时，首先要搞清楚谁是最终产品的购买者，其实只要看谁是产品和劳务的最后使用者。在现实生活中,产品和劳务的最后使用者只有四类经济主体,分别是居民、企业、政府及出口,其各自对应的支出分别是居民消费支出、企业投资支出、政府购买支出及净出口。因此,用支出法核算GDP,就是核算经济社会(一个国家或一个地区)在一定时期内消费、投资、政府购买以及净出口这四方面支出的总和。

消费支出包括购买耐用消费品(如汽车、电视机、洗衣机、冰箱等)、非耐用消费品(如食物、衣服等)和劳务(如医疗、旅游、咨询等)的支出,通常用C表示。居民建造或购买新住房的支出不包括在消费支出内,而应该计算在投资内,因为居民的住房价值是在未来居住的若干年里逐渐消耗掉的,这与一般的居民消费品具有不同的特征,同时与企业投资购买的厂房设备等具有相似的价值消耗特点。

投资支出指增加或更换资本资产的支出,具体包括厂房、住宅、机械设备及存货等的支出,通常用I表示。企业用于投资的物品是最终产品,原因在于资本设备看似像中间物品一样是用来生产别的产品,但是资本物品(如厂房、机械设备等)和中间物品是有重大区别的。中间物品在生产别的产品时全部被消耗掉,资本物品在生产别的产品过程中只是部分被消耗,其外在的物质形态并未消失。一个机械设备若使用10年,则该设备的价值是在10年里逐渐消耗掉的,其外在的物质形态在10年里一直存在,并未消失。资本物品由于损耗造成的价值减少称为折旧。折旧不仅包括生产中资本物品的物质磨损,还包括技术革新、资本老化带来的精神磨损。例如,一台设备使用年限虽然未到,但因为技术的革新,新的设备出现,显得过时了,其价值也要折损。

投资包括固定资产投资和存货投资两大类。固定资产投资指新厂房、新设备、新商业用房及新住宅的增加。存货投资是企业掌握的存货价值的增加(或减少)。如果年初全国企业存货为1000亿元而年末为1200亿元,则存货投资200亿元。相反若全国企业存货年初为1000亿元而年末为800亿元,则存货投资为−200亿元。

投资是一定时期内增加到资本存量中的资本流量,而资本存量则是经济社会在某一时点上的资本总量,假定某国家在2022年的投资是20000亿元,同时该国当年由于机器厂房设备的不断磨损,若当年要消耗折旧5000亿元,则上述20000亿元投资中就有5000亿元要用来弥补资本消耗,净增加的投资只有15000亿元,这5000亿元因是用于重置资本设备的,故称重置投资。净投资加重置投资称为总投资。用支出法计算GDP时的投资,指的是总投资。

政府购买支出是指各级政府购买物品和劳务的支出,如政府在建设国防、铺设道路、疏通河道及开办学校等方面的支出,通常用G表示。政府支出通常由政府购买支出与政府转移支付这两部分构成。注意,政府转移支付不计入GDP,理由是政府购买时雇请公务人员及教师、建立公共设施、建造舰队等产生了产品或劳务的交易,而政府转移支付只是简单的财产权利转移,比如把收入从一些人或一些组织转移到另一些人或另一些组织,没有相应的产品或劳务的交换发生。例如,政府给残疾人发放救济金、给贫困学生发放助学金、给关系国计民生的企业发放投资补贴等,政府转移支付只是将资金简单地转移给这些人或企业,而这些人或企业并不需要为政府提供任何产品与劳务,没有发生生产性行为,所以不能算入GDP。

净出口是指进出口的差额,通常用NX表示。其中,X表示出口,用M表示进口,则X－M就是净出口。进口应从本国总购买中减去,因为进口表示收入流到国外,不是用于购买本国产品的支出,前面的消费支出C、投资支出I、政府购买支出G这三项对最终产品支出的计算并没有说只计算本国消费者、企业、政府对本国最终产品的支出,有可能是包含这三类经济主体对外国产品支出的,所以在计算净出口时一并扣除本国经济主体对外国最终产品的支出;出口则应加进本国总购买量之中,因为出口表示收入从外国流入,是外国经济主体用于购买本国产品的支出。因此,只有净出口才应计入总支出,它可能是正值,也可能是负值。

把上述四个项目加总,用支出法计算GDP,其公式为：
$$GDP = C + I + G + NX = C + I + G + (X - M)$$

(二) 收入法

收入法是用要素收入亦即企业生产成本核算国内生产总值。严格说来,最终产品市场价值除了生产要素收入构成的成本,还有间接税、折旧、公司未分配利润等内容,因此用收入法核算的国内生产总值应包括以下项目。

1. 工资、利息和租金等生产要素的报酬

工资包括所有工作的酬金、津贴和福利费,还包括工资收入者必须缴纳的所得税及社会保险税。利息在这里指人们给企业所提供的货币资金所得的利息收入,如银行存款利息、企业债券利息等,但政府公债利息及消费信贷利息不包括在内。租金包括出租土地、房屋等的收入及专利费、版权费等收入。

2. 非公司企业主收入

例如,医生、律师、农民和小店铺主的收入等,他们使用自己的资金,自我雇佣,其工资、利息、利润、租金常混在一起作为非公司企业主收入。

3. 公司税前利润

公司税前利润包括公司所得税、社会保险税、股东红利及公司未分配利润等。

4. 企业转移支付及企业间接税

这些虽然不是生产要素创造的收入,但要通过产品价格转嫁给购买者,故也应视为成本。企业转移支付包括对非营利组织的社会慈善捐款和消费者呆账,企业间接税包括货物税或销售税、周转税。

5. 资本折旧

资本折旧虽不是要素收入,但包括在应回收的投资成本中,故也应计入GDP。

这样,按收入法计算的国内生产总值＝工资＋利息＋利润＋租金＋间接税和企业转移支付＋折旧。它和支出法得到的国内生产总值从理论上说是相等的。

三、GDP与GNP的关系

如前文所述,GDP是一国范围内生产的最终产品的市场价值,而GNP也是表述一个国家总产出的概念,但是二者有显著的区别:前者是一个地域的概念,后者是一个国民的概念。也就是说GDP表述的是一国国土(当然也包括该国的领海)范围以内所有生产要素在一定时期内所生产的全部最终产品价值之和,GNP表述的是一国国民所有生产要素在一定时期内所生产的全部最终产品价值之和。

如前所述,一个在我国工作的美国人所获得收入要计入美国的GNP,但是要计入我国的GDP。相反,一个在欧洲某国投资的中国人创造的产值应该计入欧洲该国的GDP,但是要计入我国的GNP。一般而言,越是发达的国家对外资本的输出相对吸引外资就越多,越是欠发达的国家吸引的外资相对于资本输出就可能越多,故发达国家的GNP往往大于GDP,而发展中国家的GDP往往要大于GNP。但是我们也要明白,这不是说发展中国家的投资环境或获得的外商投资总量就一定比发达国家要好或更多,事实上我国虽然是发展中国家,改革开放以来一直积极吸引外资,但是近些年以来,我国很多企业也一直在走出国门,在海外其他国家积极投资,尤其是党的十八大以来,很多国内企业在其他国家投资,以有效利用国际市场上的优质资源。

GDP与GNP虽然是两种不同的表述国家总产值的概念,但是二者还是有一定的关系。GNP等于GDP减去外国在本国生产要素所获得的收入再加上本国在国外生产要素所获得的收入,也可以用公式表示如下:

GNP＝GDP＋(本国在国外的要素收入－外国在本国的要素收入)
　　＝GDP＋国外净要素收入

历史上GDP和GNP都曾被世界上某些国家作为表述一个国家总产值的指标,但是自1992年后,越来越多的国家将GDP作为衡量一个国家经济总量的指标。原因有三:一是世界上绝大多数国家都用GDP;二是国外净要素收入数据不好搜集,而GDP相对较为容易测量;三是GDP相对于GNP来说更容易与国内的就业相联系,能更加直观地反映这个国家的就业情况,因为本国使用外资时解决的是本国的就业问题,而对外的投资解决的是外国的就业问题。

由于GDP确实代表了一国或一个地区所有经济单位和个人在一定时期内全部生产活动(包括产品和劳务)的最终成果,可以对一国总体经济运行表现做出概括性衡量,反映出一国或一个地区的经济实力,便于国际之间和地区之间做比较,为制定国家和地区经济发展战略、分析经济运行状况,以及政府调控和管理经济提供重要依据和参考。但是GDP作为核算国民经济活动的核心指标也是有局限性的,其主要表现在三个方面。

一是GDP不能反映为了经济增长而付出的代价。例如,只顾经济总量和速度的增长而不顾环境污染和生态破坏,那么,经济可能增长了,但环境可能严重污染了。近年来,很多国家提出了绿色GDP(EDP)的概念,绿色GDP是综合环境经济核算体系中的核心指标,在现在的GDP基础上融入资源和环境的因素,具体而言,绿色GDP是从GDP中扣除由于环境污染、自然资源退化、教育水平低下、人口数量失控、管理不善等因素引起的经济损失成本后的生产总值,这个指标实质上体现了国民经济增长的净正效应。

二是GDP不能反映人们的真实生活质量。例如,两个国家GDP相同,如果一国国民十分健康、人均寿命很长、工作时间也较短,而另一国国民疲于奔命、人均寿命短、工作时间长,那么,前一国国民显然比后一国国民幸福得多。

三是GDP不能反映社会收入和财富分配的状况。例如,即使两国人均GDP水平相同,但一国贫富差距比另一国大得多,显然,一国的社会总福利要比另一国差得多。

四、名义GDP与实际GDP

一个国家或地区GDP的变动通常可能由两个因素造成：一是这个国家或地区实际生产能力的提高，表现在其生产的产品产量的提高上；二是这个国家或地区的物品劳务价格提高。通常这两个因素会同时变动，当然对于这个国家或地区来说，实际生产能力的提高才是该国家或地区实际财富的上升，而物品劳务价格的提高所导致的GDP增长并没有任何实际意义。因此，为弄清GDP变动究竟是由生产能力引起的还是由价格变动引起的，需要区分名义GDP和实际GDP。

名义GDP也称为货币GDP，是用生产物品和劳务的当年价格计算的全部最终产品的市场价值。实际GDP是用从前某一年作为基期价格计算出来的全部最终产品的市场价值。

假设某国最终产品以食品和陶瓷为代表，两种物品在2022年（现期）和2012年（基期）的价格和产量分别如表4.1所示，则以2012年价格计算的2022年的实际国内生产总值为260万美元。

表4.1　名义GDP与实际GDP

	2012年名义GDP	2022年名义GDP	2012年实际GDP
食品	15万单位×1元＝15万元	20万单位×1.5元＝30万元	20万单位×1元＝20万元
陶瓷	5万单位×40元＝200万元	6万单位×50元＝300万元	6万单位×40元＝240万元
合计	215万元	330万元	260万元

表4-1可见，2022年名义国内生产总值和实际国内生产总值的差别，可以反映出这一时期和基期相比价格变动的程度。在上例中，330÷260＝126.9%，说明从2012年到2022年该国价格水平上升了26.9%。在这里，126.9%称为GDP折算指数。可见，GDP折算指数是名义GDP和实际GDP的比率。如果知道了GDP折算指数，就可以将名义GDP折算为实际GDP，其公式为：

$$实际GDP＝名义GDP÷GDP折算指数$$

在上例中，从2012年到2022年，GDP名义上（即从货币价值看）从215万元增加到330万元，实际只增加到260万元，即如果扣除物价变动因素，GDP只增长20.9%[(260－215)÷215＝20.9%]，而名义上却增长了53.5%[(330－215)÷215＝53.5%]。

由于价格变动，名义GDP并不反映实际产出的变动。

第二节　价格指数

一、价格指数与通货膨胀

价格指数是表述宏观经济形势的重要指标，它不仅关系到经济社会运行状态，也关系到普通百姓的实际生活水平。一般我们将价格指数与通货膨胀联系在一起，如果某一时期内一个国家或地区价格指数发生明显的持续上升或下降,我们就称这一经济社会正在或将要经历通货膨胀或通货紧缩。

描述通货膨胀的主要工具就是价格指数。在经济社会中,价格指数主要有三个,分别是消费者价格指数、生产者价格指数及GDP折算指数。这三个价格指数并不是指某一种特定的商品价格的波动,而是对整个经济社会中所有商品价格进行的总体评价。当然实际经济社会中的商品千差万别,不可能所有的商品价格都在同一时间内向同一方向同比例变动,这些不同的商品总是在同一时间内,表现为一些商品价格上涨,另一些商品价格却在下跌,那么到底应该怎样来概括经济社会各种不同商品价格波动的呢?

要了解经济学中的价格指数,我们不妨先来看看大家比较熟悉的股票市场。在股票市场上,开市期间有许多股票在同时交易,而且所交易的股票的价格各异,它们均处于不断变化之中。有些股票价格上涨,有些股票价格下跌,而且各种股票的涨跌幅度也不相同。在这种市场中,若仅仅使用某一种股票价格的变化来描述整个股票市场的整体价格变动情况显然是不合适的。随后,人们提出了股票价格指数的概念。股票价格指数是股票市场上各种股票价格的一种平均数,通过股票价格指数及其变化,人们就可以衡量和描述整个股票市场的价格变化情况。

与股票市场的情形类似,经济学也用价格指数来描述整个经济中的各种商品和劳务价格的总体变动情况,也就是经济中的价格水平。如上所述,消费者价格指数、生产者价格指数及GDP折算指数成为三个重要的指标。

消费者价格指数(CPI)是用来描述消费者日常生活中所消费的一篮子商品价格波动的情况。它告诉人们的是,对普通家庭的支出来说,购买这一篮子商品,在今天要比在过去某一时间多花费多少,也就是比较它们按当期价格购买的花费和按基期价格购买的花费。用公式表示就是:

$$CPI = (一组消费品按当期价格计算的价值 \div 一组消费品按基期价格计算的价值) \times 100$$

例如,设2012年为基期年份,如果该年某国普通家庭每个月购买一组消费品的费用为500元,2022年购买同样一组消费品的费用是700元,那么该国2022年的CPI为:

$$CPI = (700 \div 500) \times 100 = 140$$

同样的,如果在2002年相同的一组消费品的价格为300元,那么2002年的消费者价格指数(仍以2012年为基年)是这一数值与2012年购买相同一组消费品价格比较的结果:

$$CPI = (300 \div 500) \times 100 = 60$$

可见,2022年及2002年这两个年份相对于2012年的这个基期年份的CPI分别为140及60。

生产者价格指数(PPI)是用来衡量生产中所使用的原材料、资源和中间产品等价格波动的指数。PPI对于现实经济的意义在于能准确地说明作为使用这些原材料、资源及中间产品的企业在生产中所面临的成本变动趋势。对企业来说,PPI变动就意味着企业生产的成本变动,随后CPI也会发生相应的变动,因此,PPI通常被当作CPI的一个先行指标。我们在关注价格指数的时候,不能仅仅关注与我们生活密切相关的消费者价格指数,还要关注生产者价格指数,因为PPI的变动通常会在3个月之后影响CPI。

PPI的计算方法与CPI相似,区别仅仅在于计算的对象是一组固定的生产所需投入的原材料、资源及中间产品。

GDP折算指数的计算方法也与CPI、PPI的计算方法相似,只是该指数是名义GDP与实际GDP的比值。

结合表4.1,我们可以很容易得到2022年相对于2012年的GDP折算指数:

GDP折算指数＝(2022年名义GDP÷2012年实际GDP)×100
　　　　　＝(330÷260)×100
　　　　　＝126.9

可见相较于2012年,2022年整体价格指数上涨了26.9%。

通过这三个价格指数的比较,我们很容易发现,GDP折算指数是能全面反映一个国家物价波动的指数,CPI则直接关系着我们每一个人的实际生活水平,而PPI直接影响着CPI。因此,这三个价格指数对我们都有着十分重要的意义。正是因为有了这三个价格指数,我们就可以像前面一样将通货膨胀描述为经济社会在一定时间内一般物价水平持续而显著地上升,反之经济社会在一定时间里一般物价水平持续而显著地下降就是通货紧缩。

二、通货膨胀的成因

通货膨胀产生的原因十分复杂,主要有四大原因:其一是货币供给不当引起的;其二是社会需求过于旺盛,即需求拉动引起的;其三是企业生产成本的提高,即成本推动引起的;其四是社会不同结构的经济效率不同,即结构型通货膨胀所引起的。下面分别进行解释。

(一)货币供给不当引起的通货膨胀

这种观点主要认为经济社会之所以会出现通货膨胀,就是国家中央银行向社会投放的货币过多引起的,为了说明这一点,可以借助下面的公式来说明:

$$MV = PQ$$

式中:M为经济社会的货币总量;V为货币流通速度,即全部货币平均每一元在一年里被交易的次数;P为价格指数;Q为全部产量。

这一方程左右两边处于恒等的状态,左边表示总货币量在一定时期可以完成的经济交易总量,右边表示全社会一定时期实现的经济总量。一般来说,货币流通速度(V)不太容易频繁地发生较大的变动,社会总体生产能力(Q)也不会发生大幅度起落。那么M的变动与P的变动就具有直接联系,也就是说,一个经济社会只要M的供给量发生波动,就必然导致P的波动。

由此可知,通货膨胀的产生主要是货币供给增加导致货币总量增加;反之,若货币供给不足或下降会导致通货紧缩。

（二）需求拉动的通货膨胀

需求拉动的通货膨胀又称超额需求通货膨胀，是指当一个社会对产品的需求总量大于整个社会对产品的供给时，就会出现一般物价水平持续显著地上升。

对现代经济社会而言，资源是相对稀缺的，因此如何有效地配置资源使经济社会处于潜在增长状态十分重要，但是经济社会经常因为经济危机而出现低于潜在增长率的情况。当这种资源没有被充分合理使用的时候，整个社会对社会产品的需求不会拉动一般物价水平的提高，因为在这种状态下，资源并没有得到充分合理的使用，对社会产品需求的增加可以很容易地从还没有得到充分合理使用的资源中获取，而不会抬高一般物价水平。

但是当资源已经得到相对充分合理的使用之后，如果整个社会对社会产品的需求持续增加，就会使得生产产品的企业继续增加对资源的需求，但是资源已经实现了充分合理的使用，此时要增加产品，必须使用在当前技术条件下难以低成本开采的资源，使得资源使用成本大幅攀升，进而导致企业生产成本大幅增加，最终一般物价水平持续上升，此时需求拉动型通货膨胀出现。当然社会产品的需求持续增长既可能来自居民的消费需求和企业的投资需求，也有可能来自政府拉动经济增长的扩张性财政政策和国际经济的整体复苏。

（三）成本推动的通货膨胀

成本推动的通货膨胀，又称成本通货膨胀或供给通货膨胀，是指经济社会没有出现对社会产品的超额需求的情况下由于供给方面成本的提高所引起的一般价格水平持续而显著地上涨。这种通货膨胀通常分为两类：工资推动型通货膨胀和利润推动型通货膨胀。

工资推动型通货膨胀就是指劳动市场劳动者工资水平不合理的过快提高而引发的一般物价水平的持续显著上涨。劳动者工资是由劳动市场的供求决定的，若劳动市场属于完全竞争的状态，则工资会处于与其劳动效率相匹配的水平，故而不会导致企业劳动成本的不正常上升，企业生产的产品价格也不会不合理上涨，通货膨胀不会出现。但是随着普通劳动者在劳动市场的地位日益提升（可能是劳动力的短缺或工会力量的强大），劳动者工资的超常增长成为一种可能，但是劳动者的生产效率没有同幅度增长，就会导致企业生产成本提高，进而使得经济社会出现通货膨胀。当然，一旦这种工资推动型通货膨胀出现，劳动者工资虽然增长，但是随后通货膨胀的出现会使得劳动者提高后的工资实际购买力下降，进而劳动者有可能进一步要求提高名义工资待遇，则第二轮的工资推动型通货膨胀出现，而后劳动者又一次要求提高工资待遇。就这样，工资上涨与物价上涨之间形成了一个反复交替上升的运动，这就是工资—价格螺旋。

利润推动型通货膨胀是指垄断企业和寡头企业利用自己在卖方市场的垄断地位制定高价格以获取高利润所引起的一般价格指数的上涨。在完全竞争的市场中，每个企业均不能对市场的价格进行控制，因为每个企业的产量在整个市场上均只占据较小的市场份额，不能有效影响市场价格，但是具有较强市场控制力量的垄断企业和寡头企业则可以利用自己对市场的控制来影响价格，进而获取更大利润。

当然，任何一次通货膨胀的发生都不能仅仅从需求或供给的单方面来分析其成因，而应该从需求与供给两个方面以及二者之间的相互影响来分析通货膨胀。有人认为，若从需求和供给两方面的相互影响来分析通货膨胀的成因，就是混合通货膨胀理论。

（四）结构型通货膨胀

结构型通货膨胀是指在没有需求拉动和成本推动因素影响下，因为经济结构变动的原因导致的一般物价水平持续而显著的提升。

结构型通货膨胀的理论前提是经济社会的生产部门大约可以分为两部门：一个部门生产效率较高，较为开放，其与外界联系较为紧密，属于迅速上升发展的产业；另一个部门生产效率较低，较为封闭，其与外界联系较少，故步自封，属于逐渐衰落的夕阳产业。

这样的两个部门各自的生产效率提高的速度有较大区别，前者生产效率提高较快的部门劳动者要求获取与其所在部门增长速度一样的工资是合理的，但是后者也要求获得与前一部门劳动者一样的工资待遇，这一部门本身生产效率提高速度没有他们所要求的工资增长速度快，进而导致两个部门放在一起分析出现了经济社会整个工资增长速度快于整个生产效率的增长速度，最终导致了一般物价水平的持续上涨。

一般认为两个生产效率提高速度不同的部门劳动者的工资增长的快慢也应当有所区别。但是，生产效率提高较慢的部门要求工资增长速度向生产效率提高较快的部门看齐，结果使全社会工资增长速度超过生产率增长速度，从而引起通货膨胀。

三、通货膨胀的影响

通货膨胀是我们生活中所需要时刻关注的重要经济指标，因为一旦通货膨胀出现，就将对我们的生活产生重大影响，其主要表现在以下两个方面。

（一）通货膨胀的再分配影响

在现实经济中，产出和价格水平是一起变动的，通货膨胀常常伴随着扩大的实际产出，只有在较少的一些场合，通货膨胀的发生伴随着实际产出的收缩。为了独立地考察价格变动对收入分配的影响，假定实际收入是固定的，然后去研究通货膨胀如何影响分得收入的所有者实际得到收入的多少。在分析之前，还要区分货币收入和实际收入：货币收入就是一个人所获得的货币数量；实际收入是一个消费者用他的货币收入所能买到的商品和劳务的数量。

那么，通货膨胀的再分配影响是怎样的呢？

首先，通货膨胀不利于靠固定的货币收入维持生活的人。对于固定收入阶层来说，其收入是固定的货币数额，落后于上升的物价水平。其实际收入因通货膨胀而减少，他们每一元收入的购买力将随价格的上升而下降。而且，由于他们的货币收入没有变化，他们的生活水平必然相应地降低。

哪些人属于固定收入阶层呢？最为明显的就是那些领取最低生活保障金、退休金的人,那些工薪阶层、公务员及靠福利和其他转移支付维持生活的人,他们在相当长时间内所获得的收入是不变的。特别是那些只获得少量救济金的老年人,遇到这种经济灾难,苦不堪言,他们是通货膨胀的牺牲品。

相反,那些靠变动收入维持生活的人,则会从通货膨胀中得益,这些人的货币收入会走在价格水平和生活费用上涨之前。例如,在扩张中的行业工作并有强大的工会支持的工人就是这样。他们的工资合同中订有工资随生活费用的上涨而提高的条款,或是有强有力的工会代表他们进行谈判,在每个新合同中都能得到大幅度的工资增长。那些从利润中得到收入的企业主也能从通货膨胀中获利,如果产品价格比资源价格上升得快的话,则企业的收益将比它的成本增长得快。

其次,通货膨胀对储蓄者不利。随着价格上涨,存款的实际价值或购买力就会降低,那些口袋中有闲置货币和存款在银行的人会受到严重的打击。同样,像保险金、养老金及其他固定价值的证券财产等,它们本来是防患未然和储蓄养老的,在通货膨胀中,其实际价值也会下降。

再次,通货膨胀还可以在债务人和债权人之间发挥收入再分配的作用。具体来说,通货膨胀靠牺牲债权人的利益而使债务人获利。假如甲向乙借款1万元,一年后归还,而这段时间内价格水平上升一倍,那么一年后甲归还给乙的1万元相当于借时的一半。这里假定借贷双方没有预期到通货膨胀的影响。但是,如果一旦预期到通货膨胀,则上述的再分配就会改变。所以通货膨胀有利于债务人,而通货紧缩有利于债权人。

如果借贷的名义利率为10%,而通货膨胀率为20%,则实际利率为−10%。实际利率为名义利率和通货膨胀率的差额,若名义利率为10%,通货膨胀率为5%,则实际利率为5%,只要通货膨胀率大于名义利率,实际利率就是负值。

实际研究表明,第二次世界大战以来,西方国家的通货膨胀从居民手中把大量分配的财富带到公共经济部门。其原因有两点:第一,政府已经负债累累,而大量的债券是掌握在居民手中的,也就是说政府是债务人,而居民是债权人。于是,战后的通货膨胀就经常将财富从居民那里转移到政府方面。第二,一般政府所得税是累进的,所以,在通货膨胀期间,人们会多缴税。这不仅因为他们的货币收入提高了,还由于他们进入较高的纳税级别。因此,要支付他们收入的较大百分比给政府,必然出现这样的收入再分配结果。所以,甚至有西方学者指出很难希望政府会努力去制止通货膨胀。

最后,还必须补充两点:一是由于居民往往同时是收入获得者、金融证券的持有者和实际财产(不动产)的所有者,因而通货膨胀对他们的影响可以互相抵消。例如,某家庭既有固定价值的货币资产,如储蓄、债券、保险等,会因通货膨胀而削减其实际价值,但同时这一通货膨胀又会增加他的财富,如增加房产、土地的价值。总之,许多居民因通货膨胀得益,同时又因通货膨胀受损。二是通货膨胀的再分配效应是自发的,它本身并未存心从谁手中拿点收入给其他人。

(二) 通货膨胀的产出影响

上面假定国民经济的实际产出固定,但实际上,国民经济的产出水平是随着价格水平的变化而变化的。下面考虑可能出现的三种情况。

第一种情况：随着通货膨胀出现，产出增加，收入增加。这就是需求拉动的通货膨胀的刺激，促进了产出水平的提高。许多经济学家长期以来坚持这样的看法，即较为缓和的需求拉动通货膨胀对产出和就业将有扩大的效应。假设社会需求增加，经济复苏，造成一定程度的需求拉动的通货膨胀，在这种情况下，产品的价格会跑到工资和其他资源价格的前面，由此而增加了企业的利润。利润的增加就会刺激企业扩大生产，从而产生减少失业、增加国民产出的效果。这种情况意味着通货膨胀的再分配后果会由更多的就业、增加产出所获得的收益所抵消。例如，对一个失业工人来说，如果他唯有在通货膨胀条件之下才能得到就业机会，显然，这受益于通货膨胀。

第二种情况：成本推动的通货膨胀会使收入或产量减少，从而引致失业。这里讲的是由通货膨胀引起的产出和就业的下降。假定在原社会需求水平下，实现了充分就业和物价稳定，如果发生成本推动的通货膨胀，则原社会需求所能购买的实际产品的数量将会减少。也就是说，当成本推动的压力抬高物价水平时，既定的总需求只能在市场上支持一个较小的实际产出。所以，实际产出会下降，失业会上升。

第三种情况：严重的通货膨胀将导致经济崩溃。第一，随着价格持续上升，居民和企业会产生通货膨胀预期，即估计物价会再度升高。人们就不会让自己的储蓄和现行的收入贬值，而宁愿在价格上升前把它花掉，从而产生过度的消费购买。这样，储蓄和投资都会减少，使经济增长率下降。第二，随着通货膨胀而来的生活费用的上升，劳动者会要求提高工资，不但会要求增加工资以抵消过去价格水平的上升，而且要求补偿下次工资谈判前可以预料到的通货膨胀带来的损失。于是企业增加生产和扩大就业的积极性就会逐渐丧失。第三，企业在通货膨胀率上升时会力求增加存货，以便在稍后按高价出售以增加利润，这种通货膨胀预期除了会鼓励企业增加存货，还可能鼓励企业增加新设备。企业的这些行为直到无法筹措到必需的资金时就会停止，银行会在适当时机拒绝继续为企业扩大信贷，银行利率也会上升，企业得到贷款会越来越难。企业被迫要减少存货，生产就会收缩。第四，当出现恶性通货膨胀时，情况会变得更糟。当人们完全丧失对货币的信心时，货币就再不能行使它作为交换手段和储藏手段的职能。这时，任何一个有理智的人将不愿再花精力去从事财富的生产和正当的经营，而会把更多的精力用在如何尽快把钱花出去，或进行种种投机活动。市场上的正常买卖、经济合同的签订和履行、经营单位的经济核算，以及银行的结算和信贷活动等，都无法再实现，市场经济机制也无法再正常运行，别说经济增长不可能了，甚至大规模的经济混乱也不可避免。

第三节 失 业 率

一、失业率的概念

就业是各国政府及民众普遍关注的重点，经济学界通常使用失业率来间接描述经济社会的就业情况。那么失业率应该怎么计算呢？失业率指失业者人数与劳动力人数的比率。而不是简单地用没有工作的人口数量与人口总量的比重来表示。

劳动力是指在一定年龄范围内有劳动能力并且想找工作的人，未成年人及老年人即便有参与劳动的愿望，也不能算作劳动人口。这些劳动人口与人口总数的比值便是劳动参与率。劳动人口中没有工作的人口才是真正的失业人口，这部分失业人口与劳动人口的比值便是失业率。当然劳动人口中有劳动能力的人放弃寻找工作便不再被视为劳动人口。

失业率的波动反映了就业的波动，当一个经济社会失业率上升，就业率自然就下降。失业率上升的时候，经济社会一般处于经济衰退或经济低迷之中。失业率降低的时候，对应着经济社会就业率上升的时候，此时经济社会处于经济复苏或经济快速增长之中。所以失业率的高低不仅仅体现了劳动市场的就业问题，还是体现着一个经济社会经济发展的好坏状态，故而失业率的高低受到社会各界的高度关注。国内外的很多媒体通过对官方及民间的各种数据收集，发现在经济不景气的时候，失业率的关注度极高。

二、失业的分类

由前可知，失业率作为经济社会经济发展状态的重要衡量指标而被社会各界广泛关注，那么失业到底是由哪些原因引起的呢？

失业的分类是多方面的，比如摩擦性失业、结构性失业、周期性失业、自愿失业及非自愿失业等。

摩擦性失业是指在生产过程中由于难以避免的摩擦而造成的短期、局部性失业。这种失业在性质上表现出过渡性或短期性。它通常起源于劳动力的供给方，比如人们更换工作或找新工作但是一时之间还没有找到工作便是这种类型的失业，因为工作岗位和寻找工作的人员并不总能顺利地匹配，结果部分劳动者可能在一定时期内没有工作。摩擦性失业被认为是可以容忍的失业现象，因为它具有过渡性，通常是劳动人员为了获得更好的工作机会或工作环境而出现的短期、局部失业。

结构性失业是指劳动力的供给和企业对劳动力的需求不能有效匹配所造成的失业，表现为经济社会既有失业，又有职位空缺，失业者要么没有相应的技能，要么居住地点不合适，因此无法填补现有的职位空缺。结构性失业在性质上表现出长期性，而且通常起源于劳动力的需求方。结构性失业是由经济变化导致的，这些经济变化引起特定市场和区域中的特定类型劳动力的需求相对低于其供给。在特定市场中，劳动力的需求相对较低可能由于以下原因。一是技术变化。尽管技术变化被认为能减少成本，扩大整个经济的生产能力，但它可能也会给某些特定市场（或产业）带来破坏性极大的影响。二是消费者偏好的变化。消费者产品偏好的改变在某些地区扩大了生产，增加了就业，但在其他地区减少了生产和就业。三是劳动力的不流动性。这种不流动性延长了由于技术变化或消费者偏好改变而造成的失业时间。工作机会的减少本应引起失业者流动，但不流动性却没有使这种情况发生。

周期性失业是指当经济社会处于经济周期中的衰退或萧条阶段时，因为消费者对社会产品的需求下降导致了企业经营困难或破产，因此导致失业人口增加。失业率的上升会进一步导致消费者需求的下降,更多的企业减产或破产,进而失业人口进一步增加,其消费能力降低,社会需求再次降低,如此反复,经济社会陷入恶性循环之中,周期性失业问题愈发严重。当然经济复苏或经济高速增长时,周期性失业自然减少,人们收入上升,消费能力得到恢复,生产企业产品得以顺利销售,就业进一步增加,如此反复,经济进入向上通道之中,周期性失业得以有效缓解。当然任何经济社会一定处于经济周期之中,所以周期性失业是我们必然要面对的社会现象。

自愿失业与非自愿失业是相对的,自愿失业是指一些劳动者因对当前工资或工作环境不满意等,自愿放弃工作机会而形成的失业。非自愿失业是指劳动者对相当工资及工作环境满意,但是得不到工作机会所产生的失业。

上述几种失业的成因并不一定是孤立的,通常一个经济社会的失业是由多种原因同时引起的。比如属于朝阳产业的高新技术行业产生了新的岗位,同时一些夕阳产业逐渐消失产生了失业人口,但是这些失业人员的技术水平一时之间达不到高新技术产业的岗位要求,便出现了结构性失业。同时全球经济的低迷可能导致出口型企业的破产,经济陷入低迷,则周期性失业出现。结构性失业与周期性失业可能同时成为导致失业率居高不下的原因。

三、失业的影响

过高的失业率对经济社会无疑具有负面的影响,这些影响主要分为两类。

一类是社会影响,主要表现在两方面。其一,失业威胁着作为社会单位和经济单位的家庭的稳定。失去了原有收入,家庭的要求和需要得不到满足,生活质量下降,失业人员家庭地位降低将使得家庭关系受到损害,而且高失业率常常与吸毒、高离婚率及高犯罪率联系在一起。其二,失业也会影响失业人群与家庭之外人群的人际关系。一个失业人员相对于就业人员,面临着拒绝和排斥的可能性,进而失业人员会丧失自尊和自信,严重者甚至会影响社会的稳定。很多资料显示,经济危机导致大量人口失业的时候,也是各类案件尤其是刑事案件高发的时候。

另一类是经济影响。当失业率上升时,经济中本可由失业工人生产出来的产品和劳务就损失了。衰退期间的损失,表现为原本能被生产出来的大量商品与劳务消失,致使可供人们消费的财富减少。

为了充分说明失业对经济社会的经济影响,美国经济学家阿瑟·奥肯于20世纪60年代根据美国的实际经济数据得到了一个经济规律,即失业率每高于社会自然失业率1%,实际GDP增长率将低于社会潜在增长率2%。在这里自然失业率是指能够被经济社会容忍的最高失业率,GDP潜在增长率是指经济社会所有经济资源得到合理充分使用时的GDP增长率。后人为了纪念奥肯的贡献,称这一定律为奥肯定律。

奥肯定律告诉我们,实际GDP增长率必须保持和潜在增长率相一致的水平,否则失业率将会出现波动,尤其是实际GDP低于潜在增长率时,失业率高于自然失业率时,政府必须采取有效措施提升经济增长速度,以降低失业率。

第四节 经济周期

经济发展的历史表明,任何一个经济社会从来就没有一成不变的经济增长。虽然一个经济社会有可能获得一个长期的经济繁荣,但是随之而来的一定是一次经济衰退,甚至是严重的经济萧条。于是,经济的总产出下降,利润和实际收入减少,大批工人失业。当经济衰退逐渐落至谷底,便开始复苏,复苏的步伐可能快也可能慢,有可能恢复不到原先的经济状况,也有可能强劲得足以启动下一轮的经济扩张。简言之,经济在沿着经济发展的总体趋势增长的过程中,常常伴随着经济活动的上下波动,且呈现出周期性变动的特征。本节将论述经济周期理论。

一、经济周期的含义

所谓经济周期,是指国民总产出、总收入和总就业的波动。这种波动以经济中的许多成分普遍而同期的扩张或收缩为特征,持续时间通常为2~10年,在现代社会中,经济周期发生在实际GDP相对于潜在GDP上升(扩张)或下降(收缩或衰退)的时候。

从长期来看,几乎所有的经济社会总是处于经济增长之中,但是具体到较短的一个时间周期内,而是交替出现经济增长与收缩两阶段。处于经济增长与经济收缩之间的是经济发展所达到的经济峰顶及谷底,这种峰顶与谷底在经济向前发展中交相出现。

经济增长阶段,大致可以分为复苏与繁荣两阶段;经济收缩阶段,又可分为衰退与萧条两阶段。经济在谷底徘徊一段时间以后得到复苏,但是也有可能出现经济的再次触底甚至多次触底。

当然经济周期的形式是不规则的。没有两个完全相同的经济周期,也不可能有像测定行星或钟摆那样的精确公式可用来预测经济周期的发生时间和持续时间。从人类的经济发展史来看,一次经济周期的年限越来越短,"第二次世界大战"以前,一次经济周期可能是20年甚至半个世纪,但是"第二次世界大战"结束后,时至今日,经济周期缩短,甚至每十年以内便有一个周期,上一次经济衰退是2008年美国次贷危机引发金融海啸导致的全球经济衰退,直到2020年疫情暴发以来,全球经济始终处于低迷之中,甚至引发了以美国为首的部分国家新一轮贸易保护主义的抬头。因此,经济社会的波动比以前变得更为频繁,人们也能更经常地感受到经济周期给我们带来的影响。

二、经济周期的特征

经济周期可以分为两个主要阶段,即衰退阶段和扩张阶段。

衰退阶段的特征有如下四个方面。

第一,经济产出水平下滑。通常伴随着失业人口的增长,人们的消费购买力急剧下降,各种商品的存货会迅速增加,进而大量厂商减产甚至破产,所以实际GDP会下降,紧随其后,对工厂和设备的企业投资也急剧下降,从而生产资源的生产厂商也被迫减产甚至破产。

第二,对劳动的需求下降。伴随着大量生产资源、消费资源生产厂商的减产甚至破产,大量劳动力的工作时间大幅缩短甚至失业,他们的收入水平大幅下滑,其购买力大幅降低,生活水平也大幅下降,社会整体失业率明显上升。

第三,产出下降,导致通货膨胀步伐放慢。对原材料的需求下降,导致其价格跌落。工资和服务的价格下降的可能性比较小,但在经济衰退期它们的增长趋势会放缓。

第四,企业利润在衰退中急剧下滑。由于预期到这种情况,普通股票的价格一般都会下跌,同时,由于对贷款的需求减少,利率在衰退时期一般也会下降。

经济周期扩张阶段的表现正好与衰退阶段相反,上述所有特征呈现相反方向的变动。

三、经济周期现象的解释

自从人类经济社会进入资本主义社会,随着商品经济对自然经济的替代,经济周期便表现为一种必然的存在。几百年来,经济学家对经济周期产生的原因进行了深入的研究并得出了各种不同的解释,下面介绍一些较为流行的与经济周期产生原因相关的理论。

(一)纯货币理论

这种理论认为,经济周期是一种纯货币现象,经济周期性的波动完全是银行体系交替地扩大和紧缩信用所造成的。在发达的资本主义社会,流通工具主要是银行信用。商人运用的资本主要来自银行信用。当银行降低利率、扩大信用时,商人就会向银行增加借款,从而增加向生产者的订货。这样就引起生产的扩张和收入的增加,而收入的增加又引起对商品需求的增加和物价上升,经济活动继续扩大,经济进入繁荣阶段。但是,银行扩大信用的能力并不是无限的。当银行被迫停止信用扩张,转而紧缩信用时,商人得不到贷款,就减少订货,由此出现生产过剩的危机,经济进入萧条阶段。在萧条时期,资金逐渐回到银行,银行可以通过某些途径来扩大信用,促进经济复苏。根据这一理论,其他非货币因素也会引起局部的萧条,但只有货币因素才能引起普遍的萧条。

(二)投资过度理论

一种用生产资料的投资过多来解释经济周期的理论,这种理论认为,无论是什么原因引起了投资的增加,这种增加都会引起经济繁荣。这种繁荣首先表现在对投资品(生产资料)需求的增加及投资品价格的上升上。这就更加刺激了对资本品的投资,资本品的生产过度发展引起了消费品生产的减少,从而形成经济结构的失衡。而资本品生产过多必将引起资本品过剩,于是出现生产过剩危机,经济进入萧条。

（三）创新理论

这是一种用技术创新来解释经济周期的理论，由熊彼特提出，属于外生经济周期理论。创新是对生产要素的重新组合，例如，采用新的生产技术、新的企业组织形式，开发新产品和开辟新市场等。这种理论首先用创新来解释繁荣和衰退，创新提高了生产效率，为创新者带来了盈利，引起其他企业仿效，形成创新浪潮。创新浪潮使银行信用扩大，对资本品的需求增加，引起经济繁荣。随着创新的普及，盈利机会消失，银行信用紧缩，对资本品的需求减少，这就引起了经济衰退。直至另一次创新出现，经济才再次繁荣。

（四）消费不足理论

这种理论主要用于解释经济周期中危机阶段的出现及生产过剩的原因，并没有形成为解释经济周期整个过程的理论。经济中出现萧条与危机是因为社会对消费品的需求赶不上消费品的增长，而消费品需求不足又引起对资本品需求不足，进而使整个经济出现生产过剩危机。消费不足的根源主要是国民收入分配不公平等所造成的穷人购买力不足和富人储蓄过度。

（五）心理周期理论

这种理论强调心理预期对经济周期各个阶段形成的决定作用。这种理论认为，预期对人们的经济行为有决定性的影响，乐观与悲观预期的交替引起了经济周期中繁荣与萧条的交替。当任何一种原因刺激了投资活动，引起高涨之后，人们对未来预期的乐观程度一般总会超过合理的经济考虑下应有的程度。这就导致过多的投资，形成经济过度繁荣。而当这种过度乐观的情绪所造成的错误被觉察以后，又会变成不合理的过分悲观的预期。由此过度减少投资，引起经济萧条。

此外，还有太阳黑子理论、货币主义经济周期理论、乘数－加速数模型、政治性周期理论、实际经济周期理论等多种关于经济周期波动的解释理论，由于篇幅限制，本书在此不再一一赘述。

纵观上面所罗列的各种经济周期理论，可以将关于经济周期根源的论述划分为两类，即外因论和内因论。外因论是在经济体系之外的某些要素的波动中寻找经济周期的根源，如战争、革命、发现金矿、移民，科学突破和技术创新，甚至太阳黑子和天气等。与外因论不同，内因论则在经济体系内部寻找经济周期的机制和原因。这种理论认为，任何一次扩张都孕育着新的衰退和收缩，任何一次收缩也都包含着可能的复苏和扩张。

本章内容拓展

学习总结

本章习题

第五章
宏微观经济政策

知识目标
1. 掌握微观经济政策和宏观经济政策的基本原理、政策工具及实践应用。
2. 促使学生关注经济热点问题、社会民生问题及政府的职能,为后续的学习打下扎实的基础。

能力目标
1. 初步培养学生运用微宏观经济政策的基本理论分析和解决我国市场经济运行中存在的各种经济问题的能力。
2. 使学生逐步建立经济学的基础知识框架,为进一步学习经济学及其相关课程提供必要的知识和能力储备。

经济管理情境
在马克思主义思想和习近平新时代中国特色社会主义思想的引领下,学习和理解掌握课程内容重点,引入我国政府参与经济运行取得的成效,把社会主义核心价值观内容融入教学内容,开展课堂教学,增强学生对社会主义制度和国家经济政策实施的认同感,帮助学生树立民族自尊心、自信心和自豪感,增强作为社会主义爱国青年责任感、使命感,增强他们的凝聚力和向心力,并为进一步的理论学习打下扎实的专业基础,最终达到专业育人和育才的统一。

第一节 市场失灵和微观经济政策

一、垄断与政府管制

(一)垄断与效率损失

对于垄断的利弊得失,人们具有不同的看法。有些看法其实是可以统一起来的。那就是,有些行业,尤其是自然垄断行业,实行垄断经营是必要的,但有些行业,主要是竞争性行业,实行垄断可能弊大于利,其弊病通常被认为会降低效率。主要原因如下。

第一,与竞争性厂商相比,垄断厂商的产量低而价格高,因为垄断厂商可通过限制产量抬高价格的方式在消费者身上榨取高额垄断利润。垄断厂商按边际成本等于边际收益原则定价时,价格高了,产量低了,消费者福利因此受到了损失。

第二,在竞争市场上,厂商只能通过改进技术和管理来降低成本、提高产品质量,以获取尽可能多的利润,而垄断厂商却可以依仗其垄断地位稳拿高额利润,从而会使改进技术和管理的动力大大降低。

第三,在一些国家,垄断权力的取得,往往靠政府有关部门赋予特权,因此,一些垄断厂商为维持自己的垄断地位,常常会用贿赂或变相贿赂的方式把垄断所得高额利润的一部分塞进有关行政部门尤其是其领导人的腰包。这种所谓的寻租行为不仅破坏了公平竞争,干扰了市场秩序,还使许多经济资源浪费在非生产性活动上。

所有这些,都是垄断损失效率的表现。为了保护竞争,增进效率,减少垄断的危害和带来的损失,一些国家实行反垄断政策。

(二)反托拉斯法

反垄断政策是通过反托拉斯法实现的。美国是最早制定和实施反托拉斯法的国家。19世纪末以来,先后采取了一系列反托拉斯的政策和措施。这些政策和措施包括议会立法、司法部执行法律、法院根据法律对违法行为进行裁判等。美国国会曾通过一系列重要的反托拉斯法案作为联邦政府执行反托拉斯政策的依据。反托拉斯法是对这些法律条文及其修正条款的总称。

《中华人民共和国反垄断法》于2008年8月1日正式施行。我国反垄断制度以"打破行政性垄断,防止市场垄断"为维护市场竞争秩序的着力点,既规范经营者行为又规范政府行为,通过维护良好的市场秩序保障市场主体合法权益,激励各类市场主体平等参与经济活动,维护全国统一大市场。《中华人民共和国反垄断法》实行以来,符合我国国情的反垄断制度和体制机制逐步形成并日益完善。在实体制度上,它吸收了全球反垄断法的普遍共识,包括禁止垄断协议、禁止滥用市场支配地位行为、经营者集中审查;并根据我国的实际情况,增加了"制止滥用行政权力排除、限制竞争"规则,作为一类独立的垄断行为予以规制,充分体现出尊重规律、实事求是、客观务实的态度;执法与司法双轨并行,对预防和制止垄断行为,塑造自由、公平的市场竞争秩序发挥了积极作用。

(三)自然垄断和政府管制

上述反托拉斯政策所反对的一般是由商标、专利、垄断原料来源等原因造成的垄断。这种垄断是抑制竞争的、反社会的、弊大于利的。然而经济生活中存在着另一类垄断,如铁路、航空、邮电、煤气、供电等部门的经营也常常是由一个公司垄断经营,这种垄断是由技术条件和需求条件共同作用而形成的市场结构。对上述这些部门来说,其技术上都要求有大规模生产才会有效率,需求上属全部消费者共同使用的性质。因此,由一家公司来经营最为经济与合理。试想如在同一城市或同一地区有两家电厂或水厂供电供水,相邻两户居民分别由不同电厂和水厂来供电供水,势必安装两套线路和管道,这难道不是极大的浪费?

内容导航

案例导入

可见,这种垄断是由技术条件和需求条件共同作用而形成的,故称为自然垄断。自然垄断不属于反托拉斯范围,但需要政府管理。管理中非常重要的问题之一是收费标准问题。那么,电、煤气、水等公用事业如何收费才是合理公平的?一般来说,政府的公用事业管理机构制定的价格应当能补偿平均成本。一个受管制的自然垄断企业的费率调整如图5.1所示。

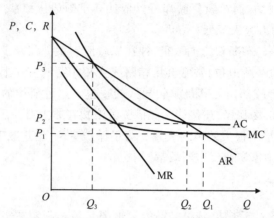

图5.1 一个受管制的自然垄断企业的费率调整

图5.1中,AR表示需求曲线,MR是边际收益曲线,MC是边际成本曲线,AC是平均成本曲线。由于自然垄断厂商产品的平均成本和边际成本会随产量增加而下降,且边际成本总低于平均成本(边际成本低于平均成本时,平均成本才下降),因此,如果让垄断厂商自行定价,它会把价格和产量定在 P_3 和 Q_3 的水平上(因为有需求,有可收回成本),显然,这是定价高而产量低的决策。假定公用事业管理者要求按价格等于边际成本的原则定价,则费率应定在 P_1 上、产量定在 Q_1 上,这看起来是符合经济效率标准的,因为实现了资源的最佳利用。然而,如果这样的话,则该企业就会连正常的投资报酬也赚不到,因为正常利润是包含在平均成本之中的,而现在的价格 P_1 低于平均成本,在这种情况下,要使该公用事业能继续经营下去,只能由政府对公用事业进行补贴,但补贴费用只能来自税收,这就形成纳税人向此公用事业的消费者转移收入。

为了使公用事业不亏本,管理者的做法通常是根据平均成本定价,即把价格定于 P_2,产量定于 Q_2,但这又会提高价格,降低产量。为了不限制产量,又尽可能做到不亏本,公用事业管理者往往实行差别定价,即根据不同销售量,收取不同费用。如在高峰时期通信费用标准高些,其他时期则收费低些。一方面调节供求,另一方面用高价来弥补低价给该事业经营带来的损失。再如在电力充裕时,可对第一单元用电收费低些,超过此单元收费高些,低价不能补偿平均成本的损失,可由高价来补偿。

按平均成本定价是对自然垄断管制的一个较好的办法。然而,它同样会产生问题:由于是按平均成本定价,厂商失去了为降低成本而进行创新的动力,甚至有可能过多使用设备和人力而形成浪费。

二、外部影响及其应对

(一) 外部影响

外部影响和外部效用是指消费者或生产者在自己的活动中对他人或别的厂商产生了一种有利影响或不利影响,这种有利影响带来的利益(或者说收益)或不利影响带来的损失(或者说成本)都不是消费者和生产者本人所获得或承担的。例如,一个养蜂场使邻近的果园获得更大的丰收,丰收的果园主人并不是养蜂人,这就是积极的外部影响(positive externalities)。相反,假定一个工厂花费一定成本生产产品,这种生产给周围造成污染,如果政府不加干预,工厂一般不会将污染带来的损害计入成本。这就是工厂的生产活动给社会带来了不利影响,这是消极的外部影响(negative externalities)。消极的外部影响导致私人成本(private cost)和社会成本(social cost)之间的差别。厂商为生产而必须直接投入的费用是私人成本,而工厂排出的有毒气体和其他废料带来的损害,不计入工厂成本,但却使别人受害,从社会角度看,这种损害应该算作成本的一部分。这部分成本加上私人成本,才构成社会成本。

如果只考虑私人成本,不考虑社会成本,就会过分刺激具有消极外部影响的活动。例如,某化工产品如果仅仅从原材料、设备、能源消耗及人工等耗费考虑,可能成本很低,每单位产品带来的利润很高,从而会扩大生产。但由于它造成了严重污染,给社会带来了很大负担,因而从社会成本考虑,生产就不宜如此扩大,这可用图5.2来表示。边际成本曲线就是供给曲线,因为供给是由成本决定的。D代表需求曲线,如不考虑社会成本,则均衡产量将是Q_1,价格是P_1,若要考虑社会成本,则产量

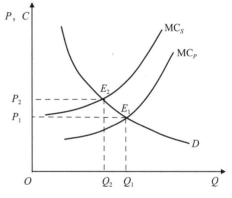

图5-2 私人成本与社会成本考虑下产量的决定

就要减少到Q_2,价格上升到P_2。这就是说,如果工厂要承担污染处理费用,则成本将从边际私人成本(增加一单位产品所增加的私人成本)转变为边际社会成本(增加一单位产品所增加的社会成本),即成本要上升,因而对此产品的需求量减少可见,如果化工产品生产者不承担污染处理费用的话,则它们会按私人成本将生产扩大到Q_1,给环境造成严重影响。这种情况表明,从社会的观点看,资源没有达到最佳配置。从社会角度看,化工品产量只应是Q_2,价格应是P_2,这样,就能对化工生产造成的污染作出正确处理。

应当看到,外部影响不仅在环境污染问题上表现出来,而且在许多经济活动中都存在。克服消极的外部影响给社会带来的影响,可以提高社会经济活动的效率。

（二）外部影响的应对

上例中，当工厂在生产中产生消极的外部影响时，化工产品的价格将低于边际社会成本，工厂产量将多到变成无效率的境地。反之，若厂商在生产中产生积极的外部影响时，厂商产品的价格将高于边际社会成本，其产量却会少到变成无效率的境地。这种情况表明，外部影响的存在，使市场机制不能有效率地配置资源。解决外部影响，特别是消极的外部影响对社会影响的措施之一是实行政府干预。政府可以通过税收和补贴两种方法来抵消外部影响对社会的影响，即对产生消极的外部影响的厂商征税或罚款，使这些厂商向政府支付由于污染等导致的社会成本增加的部分，把厂商造成的外部成本内部化，促使它们消灭或减少消极的外部影响。必要的时候，政府也可采用行政或法律手段，要求厂商限期整治。这类政策虽然在一定程度上能够解决消极的外部影响问题，但是，这类政策不能完全杜绝消极的外部影响，而且它的实施需要相当高的机会成本。

对于产生积极的外部影响的机构或单位，政府应该进行补贴。例如，教育事业不但有助于提高公民的素质，为他们提供参与平等竞争的机会，而且会产生巨大的积极的外部影响。如果要求这些单位（如科研事业单位）都成为营利机构，那么，它们提供的有利服务必将减少到变成无效率的境地。

内部化的合并也是解决外部性的一种途径。如甲企业的生产污染了乙企业的环境，给乙企业带来了损失，若能把两个企业合并成一个企业，则合并后的企业为了自身利益就自然会考虑污染造成的损失，把生产定在边际成本等于边际收益的水平上。因为这时候本来污染给乙企业造成的损失（社会成本）现在成了自己的损失即社会成本内部化为私人成本的一部分了。

解决外部影响对社会影响问题的另一种措施是确定所有权。这种措施是由经济学家科斯提出来的，其理论被称为科斯定理（Coase theorem）。这里，所有权是指通过法律程序确定某主体享有某种权利。科斯定理强调了明晰所有权的重要性，认为只要所有权是明确的，而且交易成本极低或等于零，则不管所有权的最初配置状态如何，都可以达到资源的有效配置。根据这一理论，当某个厂商的生产活动危害到其他厂商的利益时，在谈判成本较小和每个企业具有明确的所有权的情况下，两个企业可以通过谈判或法律诉讼程序，来解决消极的外部影响问题。例如，在所有权不明确的情况下，化工厂的排出物可能污染周围的农田，造成农作物的减产，从而产生消极的外部影响。这种消极的外部影响可以通过确定化工厂和农场主的所有权来消除。假如农场主具有禁止污染的权利，如果化工厂污染了周围的农田，那么，农场主可以通过谈判或法律程序，向化工厂索取污染农田造成的经济损失。在这种情况下，化工厂自然会在生产中考虑其污染农田的机会成本；反之，如果化工厂具有污染的权利，这时，化工厂污染农田的机会成本是农田未被污染时能为化工厂带来的最大收益，只要这种收益超过污染给化工厂带来的收益，化工厂就会愿意为保护农田不受污染而付出代价。显然，这只是理论上的一种分析，现实生活中想通过明确产权来解决外部影响问题不是一件容易之事。

三、公共物品和政府政策

（一）公共物品和政府

公共物品（public goods）是指供整个社会共同享用的物品，如国防、警察、消防、公共道路、教育、公共卫生等方面的物品。与公共物品相对，私人物品（private goods）是指由市场提供给个人享用的物品，如商店里出售的衣服、电视机等。公共物品一般由政府提供。在提供公共物品方面，市场往往无能为力。因为，一方面公共物品具有的非排他性，使每个人都能够免费从这类物品的消费中享受到好处，或者只需为此付出很少代价，但所享受到的利益却要多得多，每个人都想做一个"免费乘客"（free rider），于是，私人企业决不肯生产这类物品；另一方面，公共物品的非竞争性，使得增加一个公共物品使用者的边际成本为零，因此，不应当排斥任何需要此物品的消费者，否则社会福利就会下降。如果公共物品由政府生产，政府一方面可通过税收获得生产公共物品的经费，这等于免费乘客无形中被迫买了票，另一方面可免费将此物品提供给全体社会成员，使这种物品得到最大限度的利用。

（二）准公共物品及其供给

在现实生活中，消费上具有完全非排他性和非竞争性的纯公共物品并不多。有些物品，如球场、游泳池、电影院、不拥挤的收费道路等，在消费上具有排他性，即消费者只有付了费才能进入消费。但就非竞争性而言，只有在一定范围内才有非竞争性，即增加消费者并不增加使用成本，不构成对其他消费者的威胁，而消费者增加到一定数量后，消费就有了竞争性。例如，当游泳池里人满为患时，每一个游泳者都会对他人游泳造成障碍。这样的物品不是纯公共物品，只能算准公共物品，也称为俱乐部物品，就是说，这类物品好比俱乐部里的东西，对于支付了俱乐部费用加入俱乐部的成员来说，是公共物品，但对非俱乐部成员来说，就不是公共物品。

（三）公共资源及其保护

和上述准公共物品不同，有些物品如江河湖海中的鱼虾、公共牧场上的草、十分拥挤的公路及我们周围的生活环境等，在消费上没有排他性，但有竞争性，尤其当使用者人数足够多时，竞争性很大，这类物品称为公共资源。由于是公共的，使用权、收益权归谁是模糊的，谁都有权使用，就产生了过度消费的问题。例如，公共江河湖海中的鱼被过度捕捞，公共山林被过度砍伐，公共矿源被掠夺性开采，公共草地被过度放牧，野生动物被灭绝性猎杀，等等，这些情况就是所谓的公地悲剧。

公地悲剧的产生与公共资源消费上的非排他性和竞争性是分不开的。消费上的竞争性说明每个在公地上消费的人的活动都有负外部性，例如每个家庭的牲畜在公有地上吃草时都会降低其他家庭可以得到的草地的质量，只考虑自己利益的家庭在放牧时不可能考虑这种负外部性，而公地消费的非排他性又无法抑制每个消费者的这种负外部性，结果，公地上放牧的牲畜数量必然迅速超出公地的承受力，从而公地悲剧必然产生。如果当地政府认识到这种悲剧,就可采取一些办法加以解决。例如,可以限制每个家庭的放牧数量,或按放牧数量递增地征收放牧费税,或干脆把公地划成若干小块分配给每个家庭使用,但最后这一途径实际上是把公地变成了私地。

第二节 宏观经济政策之财政政策

一、财政政策和自动稳定器

1. 财政政策

财政政策是指为了减轻经济波动而造成失业和通货膨胀并实现经济稳定增长而对政府的收入和支出所做的决策,也就是国家通过变动政府收支来干预和影响社会经济运行的政策。经济萧条时,政府采用减税措施来刺激消费和投资,或者增加政府购买和转移支付来增加总需求。相反,经济过热、通货膨胀严重时,政府也可以采用增税、减少政府支出等措施来给经济降温,以控制通货膨胀。前者是扩张性财政政策,后者是紧缩性财政政策。

2. 自动稳定器

西方经济学家认为,由于财政制度本身的特点,政府一些收入和支出制度本身就具有某种自动调整经济的灵活性,这种灵活性有助于经济的稳定,这些财政制度就是自动的或内在的稳定器。自动稳定器(automatic stabilizers)是指国家财政预算中根据经济状况而自动发生变化的收入和支出项目,如税收、政府转移支付和农产品价格维持制度等。

(1)税收。经济衰退时,企业和个人收入减少,所得税自动会减少,留给人们的可支配收入也会自动地少减少一些,从而使消费和投资相应地少下降一些。在实行累进税制的情况下,情况更是如此,因为衰退会使纳税人收入自动进入较低纳税档次,这使税收下降幅度超过收入下降幅度,从而起到抑制衰退的作用。相反,经济繁荣或过热时,情况就会反过来,税收会多增加一些,使人们可支配收入和消费需求都少增加一些,从而起到抑制通货膨胀的作用。

(2)政府转移支付。当经济出现衰退和萧条时,失业人数增加,有条件领取失业救济金和其他福利费的人数增加,这就可以抑制人们可支配收入下降,进而抑制消费需求下降。当经济繁荣时,失业人数减少,失业救济金和其他福利费支出自然减少,因而就抑制了可支配收入和消费的增长。

(3)农产品价格维持制度。经济萧条时,国民收入下降,农产品价格也会下降,政府依照农产品价格维持制度,按支持价格收购农产品,可使农民收入和消费维持在一定水平上;经济繁荣时情况相反。这样就有助于减轻社会总需求的波动。

二、财政政策工具及其运用

上述财政政策在应对经济波动方面虽然有一定作用,但这种作用还是有限的,难以应对剧烈的经济波动。消除经济波动，仅靠自动稳定器不够，还要靠政府审时度势主动采取变更收入或支出的财政政策。

1. 主要财政政策工具

政府若要用财政政策干预经济，必须有工具可供操作。财政政策工具是政府为实现既定的政策目标所选择的操作手段。西方政府为实现既定的经济政策目标，调整支出和收入的财政政策工具主要是变动政府购买支出、改变政府转移支付、变动税收和公债。

政府购买是决定国民收入大小的主要因素之一，其规模直接关系到社会总需求的增减。政府购买支出对整个社会总支出水平具有十分重要的调节作用。在总支出水平不足时，政府可以提高购买支出水平，如举办公共工程，提高社会整体需求水平，以此同衰退进行斗争；反之，当总支出水平过高时，政府可以采取减少购买支出的政策，降低社会总体需求，以此来抑制通货膨胀。因此，变动政府购买支出水平是财政政策的有力手段。

政府转移支付也是一项重要的政策工具。一般来讲，在总支出不足时，失业会增加，这时政府应增加社会福利费用，提高转移支付水平，从而增加人们的可支配收入和消费支出，社会有效需求因而增加；在总支出水平过高时，通货膨胀率上升，政府应减少福利支出，降低转移支付水平，从而降低人们的可支配收入和社会总需求。除失业救济、养老金等福利费用外，其他转移支付项目（如农产品价格补贴等）也应随经济风向而改变。

税收作为政府收入手段，既是国家财政收入的主要来源，也是国家实施财政政策的一个手段。税收作为政策工具，既可以通过改变税率来实现，也可以通过变动税收总量来实现，如以一次性减税来达到刺激社会总需求增加的目的。对税率而言，所得税是税收的主要来源，因此改变税率主要是改变所得税的税率。一般来说，降低税率、减少税收都会导致社会总需求增加和国民产出的增长；反之则完全相反。因此在需求不足时，可采用减税措施来抑制经济衰退；在需求过旺时，可采用增税措施来抑制通货膨胀。

公债也是一种有效的财政政策工具。公债的发行，既可以筹集财政资金，弥补财政赤字，又可以通过公债发行和流通来影响货币的供求，从而调节社会的总需求水平，产生扩张性或抑制性效应。因此，公债也是实现财政政策目标的工具之一。

2. 相机抉择的财政政策

上述财政政策工具的运用反映了凯恩斯主义斟酌使用的财政政策的观点。凯恩斯主义经济学家认为，斟酌使用的财政政策要针对经济风向行事。当政府认为总需求水平过低，即经济出现衰退时，政府应通过削减税收、增加支出或双管齐下来刺激经济；反之，当政府认为总需求水平过高，出现严重通货膨胀时，政府应增加税收或减少支出，以抑制过热的经济势头。前者称扩张型财政政策（expansionary fiscal policy），后者称紧缩型财政政策（contractionary fiscal policy）。这种交替使用的扩张型和紧缩型财政政策，称为补偿型财政政策，即斟酌使用的或相机抉择的财政政策。究竟什么时候采用扩张型财政政策，什么时候采用紧缩型财政政策，应由政府对经济形势加以分析权衡，相机抉择，以逆经济风向行事。这样一套经济政策就是凯恩斯主义"逆经济风向行事"所谓的需求管理。

三、中国财政政策的演变

中国财政政策同样是政府实施宏观调控的重要工具之一，主要是通过税收、贴补、赤字、国债、收入分配和转移支付手段对经济运行进行调节，既要作为平抑经济波动的工具，又要发挥资源配置，发展经济的作用。

本着上述宗旨，我国自改革开放以来，针对各个时期国民经济的变化的需要，相继出台了各种不同的财政政策。这些政策有这样几个特点：一方面，我国财政政策同样具有"逆经济风向行事"的味道，即经济偏冷时实施积极财政政策，经济过热时实施"从紧"或"稳健"的政策，主要是调节经济增长速度和通货膨胀幅度；另一方面，政策调控手段和方式上，逐渐放弃以行政手段为主的直接调控，转向适应市场经济体制的以经济手段为主的间接调控体系。

根据以往社会和经济发展情况和当前特点，作为宏观经济调控的重要工具，估计今后相当长一段时间内，我国财政政策演变可能会有以下几个特点。

一是，牢牢把握不同时期经济发展中的主要矛盾，妥善处理稳定经济增长、调整经济结构和管理通货膨胀预期三者的关系。哪一方面矛盾更加突出，财政政策的重点可能更倾向哪一方面。

二是，围绕落实深化经济体制改革、调整经济结构和转变发展方式这些方面迈开更大的步伐，包括完善结构性减税（如降低能源、先进设备和关键零部件进口税，减轻小微企业税费负担等）；降低流通成本以支持商贸流通体系建设；健全社会救助和保障标准与物价上涨挂钩的联动机制，落实好对困难群体生活的帮助；着力优化投资结构和财政支出结构，支持保障性安居工程、水利建设、科教文卫基础建设、节能减排、生态建设和自主创新能力建设，以及促进新疆、西藏等少数民族地区的经济发展；加大科技投入，加强重点节能工程建设，大力支持战略性新兴产业和现代服务业发展，加强生态保护建设等。

三是，改革和完善政府预算收支制度建设，进一步提高财政收支的透明度和效率，包括严格控制"三公消费"的支出并透明公开，严格控制各种会议和差旅支出以降低行政成本。

第三节　宏观经济政策之货币政策

一、货币需求

（一）货币的重要性

货币是财富价值的代表。历史上曾有不少人设想是否能消灭货币，用消灭货币来消除人间许多罪恶和不平等现象。但人类历史证明，只要人类社会有商品交换，就无法消灭货币。货币的形态可以改变，比如古代用金银货币，现代用纸币、电子货币等，但货币不能消除。商品离不开货币，市场经济离不开货币流通。

同样,老百姓每天过日子需要货币;企业的正常运转、生存、发展都离不开一定数量的货币;工程项目的兴建,首先得考虑所需资金问题,因为土地、原材料、人工等都需要货币去购买。也就是说,有了货币,企业才能生产,人们才能创造财富。总之,货币对发展市场经济非常重要。

(二)货币的需求动机

货币本身不能用来吃和穿,为什么人们手上总需要有一定数量的货币呢?

1.交易的需要

人们需要货币是为了交易或者说支付。就个人或家庭而言,一般是定期取得收入,经常需要支出。为购买日常需要的生活资料,他们经常要在手边保持一定数量的货币。就厂商而言,为应付日常开支,如购买原材料或者发放员工工资,也需要持有一定数量的货币。可见,货币交易需求的产生,是由于人们收入和支出的非同步性。

2.预防的需要

人们需要货币的目的是以备不时之需。无论个人还是厂商,尽管对未来收入和支出总有一个大致估计,但这种预测不一定完全合乎实际,遇到不测之需是常事。为此,人们总需要持有一部分货币以防万一。可见,预防需求的产生是由于人们未来收入和支出的不确定性。

出于上述两个动机,货币的需求量主要取决于人们的实际收入,实际收入越高的家庭,支出水平也越高,因而货币的需求量也越大。可见,这些方面的货币需求和实际收入水平是同方向变化的。

3.投机的需要

由于未来资产收益率或者说利率的不确定,人们为避免资产损失或增加资本收益,需及时调整资产结构因而形成对货币的需求。暂时不使用的财富可采用货币形式保存,也可以借给别人使用以取得利息。假定用购买债券取得借给别人使用的债权,那么债券价格和利率(即收益率)相关。假定一张每年取得10元利息的债券,价格为100元时,利率就是10%;价格为200元时,利率就是5%。当现行利率过高,即债券价格过低时,人们估计利率会下降,即债券价格会上升,于是,他们就会买进债券,以待日后债券价格上涨时卖出以获利。这样,人们对货币的需求就会下降;反之,利率过低即债券价格过高时,人们会认为买债券有很大风险(因为其价格估计会跌),于是人们宁愿将货币留在身边也不愿去多买债券,从而货币需求就会增加。这种为避免资产损失或增加资产收益而及时调整货币和债券数量而形成的对货币的投机需求,通常与利率呈反方向变动。需要指出的是,上面所讲的货币需求是名义需求,将名义需求除以价格水平,就是用购买力表示的货币实际需求。

二、银行体系与货币供给

(一)货币的计算口径

了解货币供给,先要弄清货币的计算口径与银行体系问题。根据资产的流动性,可把货币供应量划分为不同的层次。各国中央银行发行的钞票最有流动性,这些现钞货币就是通货。通货（或者说现金）加上商业银行的活期存款，称为狭义的货币，通常用M1表示。活期存款之所以也是狭义的货币，是因为它随时可用来支付。狭义的货币具有直接、迅速、没有限制等特点，流动性高。

除了狭义的货币，储蓄存款和定期存款也可看作货币。这是因为，储蓄存款和定期存款虽然比狭义的货币的流动性要差，不能像活期存款那样作为支付手段，然而，储蓄存款和定期存款很容易转变为活期存款而成为支付手段，因而这些都被称为准货币。这种准货币加上M1称为M2。这样，就使货币的范围扩大了，如果再加上其他流动性资产或货币近似物（如个人及厂商所持有的债券等），则构成更广义的货币，称为M3。

（二）电子货币

在货币供给中还有电子货币，即用电子信息作工具的货币，人们使用的信用卡、储蓄卡、借记卡、IC卡、消费卡、电话卡、交通卡、电子支票、电子钱包、网络货币、智能卡及支付宝等，都属于电子货币。电子货币说到底不过是观念化的货币信息，它实际上是由一组有关信息的数据构成的特殊信息，也可称为数字货币。人们使用电子货币交易时（如刷卡购物、用餐、乘车等），实际上是交换相关信息，这些信息输送到开设这种业务的商家后，交易双方进行更方便、快捷的结算。

电子货币是信息技术和加密技术高度发展的产物，是电子商务需求时代金融机构追求最大利润的一种业务创新。电子货币的使用可提高货币流通效率，节省货币流通费用和商品交易费用。

各种各样电子货币的发展，会不会取代现有的现金或存款等而成为独立的交易货币？至少目前还不可能，因为这些电子货币都必须在现金或存款基础上才能发行使用。例如，人们的电话充值卡或交通卡里必须存储一定的金额，否则只是空卡。人们用借记卡购物支付，卡里也要存有一定的金额，即使是透支也有额度限制，透支了必须连本加利及时归还。可见，电子货币并非独立通货形式，电子货币必须同比例兑换成传统货币（现金或存款）才能完成借贷和支付。电子货币不是独立的通货形式，不能独立发行，只能将传统货币作为发行和流通的基础，因此，至少目前它还只是在传统货币支持下流通的二次货币形式。尽管如此，但其发行与流通对现有货币供给还是有影响的。

（三）银行体系

现代市场经济国家的银行体系主要是由中央银行（简称央行）、商业银行和其他金融机构所组成。

之所以称为商业银行，是因为早先向银行借款者大都经营商业。银行把给商人的贷款加到他的活期存款账户上，商人则给银行一张期票（期票是一种信用凭证，由债务人签发，载有一定金额，承诺在约定的期限由自己无条件地将所载金额支付给债权人的票据），并以货物作担保。但是随着商品、货币经济的发展，出现了两个新的情况：一是除了商业以外，工业、农业、建筑业也日益依赖银行的资金融通；二是商业及其他行业要求银行提供的服务越来越多样化了，除了存款、贷款、结算以外，还有证券经销、票据承兑、保险、担保、外汇咨询等业务,而存款、贷款又各有不同的期限和条件。为了适应这些变化,商业银行不只是面向商业融通资金的机构,其对象遍及国民经济的各个部门,业务多种多样,名称仍旧冠以"商业银行"字样,不过是沿用旧习罢了。

中央银行是一个国家的最高金融管理机构,它统筹管理全国的金融活动,实施货币政策以影响经济。当今社会除了少数地区和国家,几乎所有国家都设立了中央银行,如美国的联邦储备局、英国的英格兰银行、法国的法兰西银行、日本的日本银行等。

一般中央银行具有以下三个职能。

(1)中央银行作为发行的银行,发行国家的硬币、纸币。但美国、日本、德国等的硬币和辅币由财政部发行。此外,中央银行还管理国家的黄金和外汇储备。

(2)中央银行作为银行的银行,为商业银行开户,吸收它们的存款。中央银行最大的存款来源是各商业银行交存的存款准备金。中央银行通过贷款、贴现公开市场操作,为各银行提供资金支持。它是银行的最后贷款者,为各银行之间的交易办理非现金结算。

(3)中央银行作为政府的银行,代办政府预算收支。在现代金融体系中,还有许多非金融机构,如保险公司、信托投资公司、邮政储蓄机构等。

(四)存款创造和货币供给

商业银行吸收的存款不管是否为活期存款,银行都负有随时给客户提取的义务,即使是定期存款,客户也可以在一定条件下(如放弃原来存款利率)变成活期存款。尽管如此,很少会出现所有储户在同一时间里取走全部存款的现象,因此银行可以把绝大部分存款用来从事贷款或购买短期债券等营利活动。但是,银行每日接受的存款未必能应付提取的需要,银行必须经常保持一定数量的货币,为随时支付做准备,这种经常保留的供支付存款提取用的一定货币数额,就是存款准备金。在现代银行制度中,这种准备金在存款中的应占比率是由政府(具体由中央银行代表)规定的,称为法定准备金率。准备金一部分以通货(钞票和铸币)保留在商业银行以应付日常需要,另一部分存入中央银行,由于所有商业银行都想赚取尽可能多的利润,它们就会把法定准备金以上的那部分存款当作超额准备金贷款放出去。正是这种以较小的比率的准备金来支持活期存款的能力,使得银行体系能够创造货币。下面举个例子来说明这个问题。

假定法定准备金率为20%,现假定某银行客户将100万元以活期存款形式存入甲银行,使银行系统增加了100万元。甲银行保留20%的钱(20万元)作为法定准备金仔放到中央银行账户上,其余80万元全部贷出。假定80万元贷给一家公司用来购买机器,机器制造商得到这80万元支票存款后全部存入与自己往来的乙银行,乙银行扣除16万准备金后又可放贷出去64万元,得到这笔贷款的客户又会将它存入丙银行,丙银行得到这笔支票存款后,又可贷出51.2万元由此不断存贷下去,各银行的存款总和为:

$$100+80+64+51.2+\cdots=100\times(1+0.8+0.8^2+0.8^3+\cdots)=\frac{100}{1-0.8}=500(万元)$$

其中,贷款总和为:

$$80+64+51.2+\cdots=100\times(1+0.8+0.8+0.8+\cdots)=400(万元)$$

从以上例子可以看出，存款总和(用D表示)同原始存款(用R表示)及法定准备金率(用r表示)之间的关系为$D=\dfrac{R}{r}$，贷款总和(用L表示)与活期存款之间的关系为$L=D-R$。这样，当中央银行增加一笔货币供应流入公众手中时，货币供应量(活期存款总和)将扩大为新增货币的一倍。在上例中就是5倍。这$1/r$就是货币创造的乘数，简称货币乘数(用K表示)，它是法定准备金率的倒数。货币乘数(亦称货币创造乘数、信用乘数)，它是准备金变动所引起的货币存量(存款)变动与该项准备金变动之间的比率。

这里说明的问题是：①研究货币的供给不能只看到中央银行发放的货币，而必须更为重视派生的存款，即由于乘数的作用而使货币供给量的增加，这种增加称为货币的创造；②货币创造量的大小，不仅取决于中央银行投放的货币量，而且取决于存款准备率。存款准备率越大，货币创造的乘数就越小，反之就越大。

同时也应看到，以上所说的货币乘数为法定准备金率的倒数是有条件的。①商业银行没有超额储备，即商业银行得到的存款扣除法定准备金以后，都会贷出去。但是，如果银行找不到可靠的贷款对象，或厂商由于预期利润率太低而不愿贷款，或银行认为给客户贷款风险太大而不愿贷款，诸如此类原因使银行的实际贷款低于其本身的贷款能力。这样，实际准备率就会提高，这超过法定准备金的部分就是超额储备，也称超额准备(用ER表示)，这对于活期存款就是一种漏出。用α表示超额准备率，即超额准备(ER)对存款(D)的比率，则存款总额$D=\dfrac{R}{r+\alpha}$。例如，上述这笔100万元的原始存款，扣除法定准备金20万元(按20%的法定准备金率)以后，本来银行应有80万元的贷款能力，却实际只贷出75万元。如此，银行的ER就是5万元，α为$\dfrac{5}{100}$即0.05，实际准备金率为$(0.2+0.05)\times 100\%=25\%$，则存款总额$D=\dfrac{100}{25\%}=400$万元。由此我们看出，正是由于有了5万元的漏出，才使得100万元原始存款只能产生400万元的存款总额。②银行客户将所有货币存入银行，支付完全以支票进行。假若客户将得到的贷款不全部存入银行，而抽出一定比例的现金，这也是一种漏出。在这种情况下，存款总额减少的情况将和上述第一种情况一样。假设现金占存款的比率$\beta=\dfrac{Cu}{D}$(Cu表示非银行部门持有通货)，于是存款总额$D=\dfrac{R}{r+\beta}$，在有法定准备、超额准备和现金漏出情况下，货币乘数为$k=\dfrac{D}{R}=\dfrac{1}{r+\alpha+\beta}$。

显然，非银行部门(个人或企业)将其持有的货币存入银行时，商业银行的超额储备金就会增加。这就为存款扩张和货币创造提供了基础。商业银行的储备总额(包括法定和超额的)加上非银行部门持有的货币(称为基础货币)是存款扩张的基础，这是一种活动力强大的货币，具有高能量，故又称为高能货币(用H表示)，如果用Cu表示非银行部门持有通货，RR表示法定储备，ER表示银行的超额准备，则$H=Cu+RR+ER$这就是商业银行借以扩大货币供给量的基础。考虑到货币供给$M=Cu+D$，则

$\frac{M}{H} = \frac{Cu+D}{Cu+RR+ER}$,再将等式右边的分子分母除以$D$,则得$\frac{M}{H} = \frac{Cu/D+1}{Cu/D+RR/D+ER/D}$,其中$Cu/D$是现金对存款的比率$\beta$,$RR/D$是法定准备金率$r$,$ER/D$是超额储备率$\alpha$,则上式可写成$\frac{M}{H} = \frac{\beta+1}{\beta+r+\alpha}$。

以上介绍的货币创造的道理很重要。它告诉我们:中央银行增加一笔货币,例如在债券市场上买进1000万元债券这笔投放到市场的1000万元货币,将成为存款扩张的基础,即这笔货币如果为商业银行掌握,就成为超额储备,如果为企业和个人所掌握,就可成为他们到商业银行进行活期存款的新来源。假定法定准备金率$r=20\%$,没有现金和超额准备金漏出,则$\frac{M}{H}=\frac{1}{r}$,即$M=\frac{1}{r}H$,货币供给量将扩大新增货币量的$\frac{1}{r}$倍。这样,中央银行通过增加和减少基础货币H就能达到控制货币供应量的目的。然而,如上所述,由于非银行部门手持通货和商业银行的超额储备一般不可能等于零,因此中央银行又不能完全控制$\frac{M}{H}$中的M,即不能完全通过增加或减少一笔基础货币H来按法定准备金率决定的货币乘数有效控制货币供应量M。例如,政府为了降低利率,假定必须增加货币供给量500亿元。若法定准备金率$r=20\%$,则无漏出时中央银行只要增加100亿元(H)就行了,然而,如有货币漏出,其漏出比率若为5%,则增加100亿元只能使货币供给增加400亿元。

尽管如此,货币供给基本上还是由银行储备量决定的,而商业银行的储备量从根本上说又是中央银行和财政部的活动决定的。因此,货币供给一般被认为由政府政策决定。扩张性政策必须增加货币供给,紧缩性政策必须减少货币供给,并进而影响投资以及整个国民收入。

三、货币政策及其工具

货币政策指中央银行通过控制货币供应量来调节利率进而影响投资和整个经济以达到一定经济目标的经济政策。中央银行可以运用哪些工具来改变货币供给量呢?中央银行要想控制货币供应量,可通过两个途径:一是改变货币乘数;二是改变货币基数。货币政策一般也分为扩张性的和紧缩性的。前者是通过增加货币供给来带动总需求的增长。货币供给增加时,利息率会降低,取得信贷更为容易,因此经济萧条时多采用扩张性货币政策。反之,紧缩性货币政策是通过削减货币供给的增长来降低总需求水平,在这种情况下,取得信贷比较困难,利率也随之提高,因此,在通货膨胀严重时,多采用紧缩性货币政策。中央银行运用哪些工具来调节货币供给量呢?

(一)再贴现率政策

再贴现是中央银行对商业银行及其他金融机构的放款。再贴现率是中央银行对商业银行及其他金融机构的放款利率。本来,这种贴现是指商业银行将商业票据出售给当地的中央银行,中央银行按贴现率扣除一定利息后再把贷款加到商业银行的准备金账户上作为增加的准备金。商业银行也可以将自己持有的政府债券作为担保向中央银行借款,所以现在都把中央银行给商业银行的借款称为贴现。中央银行作为最后贷款者,主要是为了协助商业银行及其他金融机构对存款备有足够的准备金。如果一家存款机构(主要指商业银行)的准备金临时感到不足,比方说某一银行客户出乎意料地要把一大笔存款转到其他银行时,就会出现临时的准备金不足的困难,这时该银行就可用它持有的政府债券或合格的客户票据到中央银行的贴现窗口办理再贴现申请借款。当这种再贴现增加时,意味着商业银行准备金增加,进而引起货币供给量多倍增加。当这种贴现减少时,会引起货币供给量多倍减少。贴现率政策是中央银行通过调节给商业银行及其他金融机构的贷款利率来调节货币供应量的。贴现率提高,商业银行向中央银行借款就会减少;贴现率降低,商业银行向中央银行借贷就会增加,准备金和货币供给量就会增加。

(二)公开市场业务

这是目前中央银行控制货币供给量最重要也是最常用的工具。公开市场业务是指中央银行在金融市场上公开买卖政府证券以控制货币供给和利率的政策行为。政府证券是政府为筹措弥补财政赤字资金而发行支付利息的国库券、债券,这些被初次卖出的证券在普通居民、厂商银行、养老基金等单位之间不断地被买卖。中央银行可参与这种交易,在这种交易中扩大或收缩货币供给。中央银行买进证券时对有价证券的市场需求就增加,证券价格会上升即利率下降,反之亦然。显然,中央银行买进证券就是"创造"货币,比方从某银行买进100万元的证券时,只要通知那家已卖出证券的银行,说明准备金存款账户上已增加100万元即可。因此,央行可根据自己的意愿"创造"货币。现在常听到一种量化宽松货币政策的说法,实际上就是一种扩张性货币政策。量化宽松货币政策俗称"印钞票",2001年由日本央行提出,指一国央行通过大量印钞、购买国债或企业债券等方式向市场注入超额资金,以降低市场利率并刺激经济。当次贷危机及疫情给经济带来严重影响时,美国也实行了量化宽松货币政策。

(三)调节法定准备金率

中央银行有权决定商业银行和其他金融机构的法定准备金率。如果中央银行认为需要增加货币供给,就可以降低法定准备金率,使所有金融机构对每一笔客户的存款只要留出更少的准备金,或反过来说,让每单位货币的准备金可支撑更多的存款。假定原来法定准备金率为20%,则100元存款必须留出20元准备金,可贷金额为80元,这样,增加1万元的准备金就可以派生出5万元的存款。若中央银行把法定准备金率降低到10%则100元存款只需10元准备金就行了,可贷金额为90元,这样,增加1万元的准备金就可以派生出10万元的存款,货币供给就因此增加了一倍。可见,降低法定准备金率,实际上等于增加了银行准备金;而提高法定准备金率,就等于减少了银行准备金。从理论上说,调节法定准备金率是中央银行调整货币供给最简单的办法,然而,中央银行一般不愿轻易使用调节法定准备金率这一手段。这是因为商业银行向中央银行报告它们的准备金和存款状况时有时滞,而调节准备金率的作用十分猛烈,一旦准备金率变动,所有银行的信用都必须扩张或收缩。因此,这一政策手段很少使用,一般几年才改变一次准备金率。如果准备金率变动频繁,会使商业银行甚至所有金融机构的正常信贷业务因受到干扰而感到无所适从。

四、西方的货币政策实践

货币政策既然是通过调节货币供给量来调节利率进而影响投资和国民收入的,那么,影响货币政策效果的因素就可概括为以下两个方面。

一是,如果货币需求对利率变动反应很灵敏,即利率稍有变动,货币需求就会有大幅度变动,比方说,利率稍有一点下降,货币需求就增加很多,在这样的情况下,中央银行增加货币供给量时,利率就只会有很小幅度的下跌,从而投资增加幅度就不大,国民收入增加也不多,即货币政策效果小。反之,中央银行增加货币供给时,利率会大幅度下降的话,货币政策效果就大。

二是,如果投资对利率变动反应很灵敏,即利率稍有降低,投资就会增加很多的话,则中央银行调节货币供给量对投资和国民收入变化的影响就大,即货币政策的效果就大。反之,则政策的效果就小。

五、中国的货币政策

(一)货币政策类型及目标

在西方市场经济国家,货币政策和财政政策一样,一般只有三类:扩张性、紧缩性及既不扩张又不紧缩性的中性。在我国,实质上也是有这几大类。但文件上、媒体上却有更多的称呼,如稳健的货币政策、适度从紧的货币政策、适度宽松的货币政策和从紧的货币政策等。

所谓稳健的货币政策,是指在货币供给方面,正确处理防范金融风险和支持经济增长的关系,在提高贷款质量前提下,保持货币供应量适度增长,以支持国民经济持续快速健康发展。这种提法具有中国特色,是制定货币政策的指导思想和方针,它不同于经济学教科书关于货币政策操作层面的提法(如上述扩张的、紧缩的和中性的货币政策提法)。稳健的货币政策与稳定货币目标相联系,包括既防止通货紧缩又防止通货膨胀的要求,根据经济形势需要对货币政策实行适度扩张或紧缩的操作。

如果说"稳健的"提法是从货币政策制定的指导思想和方针角度出发的,那么,"从紧""宽松""适度从紧"和"适度宽松"都是货币政策操作层面上的提法。"从紧"和"紧缩","宽松"和"扩张",其基本意思差不多,而"适度从紧"和"适度宽松"只不过是"从紧"和"宽松"的尺度适当一些而已,意思是略"从紧"或略"宽松"一些。

不论什么提法的货币政策,也不管是从货币政策的指导思想还是操作层面,都要服从和服务于我国货币政策的目标。我国货币政策目标是什么?对此,一些人根据世界上很多国家经验,认为央行的货币政策目标应当主要是控制通货膨胀,防止货币贬值。的确,虽然西方发达国家的货币政策和财政政策一样有着控制失业率和通胀、促进经济适度增长和平衡国际收支等目标,但货币政策主要是用来对付通货膨胀的,因为通货膨胀说到底是一个货币现象。然而,就中国的实际情况看,目前中国还处在经济运行转轨阶段,市场化取向的经济改革的重要任务就是要实现资源优化配置,而要达到这一点,必须有一个合理的价格体系。由于我国价格改革任务至今尚未完成,包括水资源价格、劳动力价格、能源价格、公共交通和公用事业服务等的价格关系都要进一步理顺,这就会推动我国物价上涨。如果货币政策不允许有这一类成本推动的通货膨胀,就等于要抵制优化资源配置的经济改革,这是其一。其二,中国的经济必须有适度增长,但只要有增长就一定会伴随适度的物价上涨。货币政策也应当允许有一点这种上涨。其三,国际收支基本平衡也要求货币政策相应起作用。

(二)货币政策工具

在我国,中国人民银行(中央银行)可运用的货币政策工具主要有:①商业银行要按规定比例交存款准备金;②确定中央银行基准利率;③为在中央银行开列账户的商业银行办理再贴现业务;④向商业银行提供贷款;⑤在公开市场上买卖国债、其他政府债券和金融债券及外汇;⑥国务院确定的其他货币政策工具。下面仅对①、⑤和⑥进行说明。

调节法定准备金率本来就是重要的货币政策工具,但是如果普遍降低法定准备金率,许多商业银行可能会把资金用于国家不希望支持的行业或者再进一步吹大资产泡沫。为了能够将货币政策变动和调整经济结构和转变发展方式相结合,我国实行了一种定向降准的货币政策。例如,为了支持"三农"和小微企业发展,中央银行规定,凡是"三农"和小微企业贷款达到一定比例的银行,可以降低法定准备金率,并且要求降准而来的资金真正用于进一步支持"三农"和小微企业发展。

关于在公开市场上买卖国债、其他政府债券、金融证券及外汇,就是公开市场操作,这是中央银行的一项主要业务,也是货币政策的一种基本工具。中央银行买进这些有价证券时,就是向社会投入一笔基础货币;卖出有价证券时则是收进一笔基础货币。中国人民银行公开市场操作的工具是国债、其他政府债券、金融债券和外汇。通过这种买卖,可以调整基础货币。前面已讲过,公开市场操作之所以能成为货币政策最重要的工具,是由于该政策及其效果的主动权掌握在中央银行手中。中央银行可以独立地选择在金融市场上买卖各种债券的时间、地点、种类和数量,无须考虑商业银行配合与否,比较灵活机动。

关于国务院确定的其他货币政策工具,由于目前我国还处于向市场经济体制转轨过程中,中央银行有必要根据难以预料的经济形势变化而采取一些其他政策措施,如贷款限额(中央银行用指令性计划对商业银行贷款总额加以限定)、信贷收支计划(中央银行利用计划机制对全社会信贷资金来源、运用数量和构成作综合平衡控制)、现金收支计划(中央银行对全社会现金收支运动的计划控制)、窗口指导(中央银行与商业银行行长联席会议制度以加强对商业银行信贷业务等的管理)、货币发行(中央银行适当控制货币发行,有计划地注入基础货币)。

我国经济发展进入新常态后,主要任务是要推动创新驱动,促进经济结构调整,转变经济增长方式,因此,我国在今后相当长一段历史时期内的货币政策需要有一个十分有效的政策组合。

本章内容拓展

学习总结

本章习题

第六章
管理职能

知识目标

1. 理解计划的概念和重要性,掌握制订计划的步骤与方法。
2. 了解组织的内涵和组织工作的基本内容,熟悉组织工作的逻辑过程,掌握管理幅度的影响因素。
3. 掌握管理与领导的异同,理解领导力的来源,掌握激励的基本理论和过程。
4. 掌握控制的概念和控制的过程。

能力目标

1. 会编制简单的计划书。
2. 判断组织的权力构架,能够根据各种情况确定管理幅度。
3. 懂得基本的激励方法与手段。
4. 正确认识领导者的影响力。
5. 了解控制的意义、会运用控制方法对组织管理活动进行控制。

经济管理情境

我们生活的社会由无数的组织组成,如国家、军队、医院、学校,还有各种企业、团体等。这些组织是基于一个共同的目标,由两个或者两个以上的人组成的有机整体。为了达到既定的目标,就需要对组织进行管理。古今中外无数实例证明,不管是一个企业、军队还是一个国家,没有科学的管理,其发展会受到严重的制约,甚至是面临覆灭。中华人民共和国成立前,由于领导集团的无能,民不聊生、经济萧条、社会动荡。中华人民共和国成立后,中国共产党从人民的利益出发,充分调动广大人民的积极性、创造性,经过几十年的努力,取得了令人瞩目的伟大成就,当今中国,社会稳定,人民生活幸福,国际地位飞速提高。同一个国家,为什么前后会有如此大的差异?归根到底就是政府管理水平与能力的差异。由此可见,管理的重要性与巨大作用。

第一节　管理的计划职能

一、计划工作的概述

（一）计划的概念

人们平时所讲的计划，实际上有两种含义：第一种含义是指计划工作，即如何确定未来的目标和实现目标方案的工作过程；第二种含义是指计划方案，即计划工作的结果。

第一种含义的计划，是指组织的管理者对过去的和现在的资料进行分析，对将来可能发生的情况进行估计，以确定能实现组织目标的行动方案的一种活动。

第二种含义的计划，是指组织计划工作的结果。它确定了组织未来要做什么、如何做和由谁做等问题。

现在，各种各样的组织，无论是以营利为目标的经济组织，还是非营利性质的行政、公益、服务组织，都认识到计划的重要性，认识到计划与组织成效之间存在着一种线性关系。当然，影响组织成效的因素众多，计划只是其中非常重要的因素之一。

（二）计划的重要性

1. 使组织能对未来的变化作出积极的反应

未来都是复杂多变的，为了使组织对未来环境的变化作出积极的反应，就应对未来的变化进行预先估计，并在此基础上，设想出各种变化的相应对策。

2. 使组织集中全力于目标

通过组织的计划工作，为组织制定出了未来的行动方案，这样就能使组织的各项活动都围绕着组织的目标进行。在组织未来的行动方案中，要把组织的整体目标分解成各个部门、各个环节的目标，以在组织中形成以组织的整体目标为龙头的目标体系，同时还要根据各个部门、各个环节的目标制订各个部门、各环节相应的计划方案。这些计划方案之间要相互配合、协调，以保证组织整体目标的实现。

3. 有利于提高组织各项活动的工作效率

组织的计划工作强调平衡与协调，强调优化，从而能提高组织各项活动的工作效率。它用共同的目标、明确的努力来代替不协调的、分散的活动，用均匀的工作流程代替不均匀的工作流程，用深思熟虑的决策代替仓促草率的判断。组织如果没有计划工作，就不可能使组织内部的各个部门、各个环节之间取得平衡与协调，不可能为未来的变化设想出最好的行动方案，也不可能为未来的变化进行有意识的准备。这些都会给组织带来混乱与浪费，影响组织各项活动的工作效率，影响组织目标的有效实现。

4. 有利于对组织各项工作的控制

组织的各项活动都是围绕着计划方案进行的。组织各项活动的结果可能达到了组织预期的目标,也可能与预期目标存在着一定的偏差。这时,组织就需要发挥管理的控制职能来消除这种偏差。要进行控制就要有标准,组织进行控制的标准就是计划工作所确定的计划目标。没有计划目标,就无所谓控制,所以说计划为组织的控制提供了根据。

二、计划工作的原则、方法

(一) 计划工作的原则

计划工作的原则是指编制计划所必须遵循的基本准则,遵循这些有效的计划工作原则,有利于提高计划职能的工作成效和计划工作的可靠性。

1. 综合平衡原则

该原则有两层含义:第一,计划工作与组织层次、组织部门的关系。组织的计划工作要有利于组织整体目标的实现,因此,它要使组织中各个部门、各个环节的目标服从于组织的整体目标,使组织各个部门、各个环节计划的执行能保证组织整体计划的落实。第二,短期计划与长期计划的平衡与协调。离开长期计划制订短期计划,或者是短期计划的实施无助于有关长期计划的实现,甚至短期计划阻碍、不利于长期计划的实现,或甚至要求改变长期计划来适应短期计划,都是不科学、不合理的。

2. 承诺原则

承诺原则也称投入原则,主要是对计划工作时限的规定。它用于组织编制计划、完成计划所涉及的期限应多久等问题的决策,选择合理的计划期限的标准就是承诺原则。

3. 灵活性原则

计划意味着承诺,是一种约束,它规范了组织的发展方向、组织的行为、组织成员的行为等。因此,计划一旦确定,就使组织失去了一定程度的适应外部环境变化而变化的能力,而组织的计划期限越长,不确定性也就会增加,而且即使是最精准的预测,也免不了存在未来的不确定性和可能出现的差错,所以理想的计划工作是具有灵活性的——当出现意外情况时,有能力改变方向而不需要花费太多的投入。

4. 改变航道原则

计划本身可能存在缺陷,管理人员可以根据未来的实际情况随时对计划中不合理的部分进行修改,甚至重新制订计划。改变航道原则是当计划的灵活性无法解决计划执行中的难题时对计划的一种修正。改变航道的原则是为了弥补灵活性的原则而提出的。灵活性原则是使计划本身具有适应性,但这种适应性是有一定限度的,因为我们不能总是以推迟决策的时间来确保决策的正确性,计划灵活性所需要的费用和客观实际情况限制了计划本身的灵活性。因此,无论怎样,计划本身的灵活性还不能解决真正的计划难题,自然而然地,需要在计划的执行过程中按照实际情况修正计划,也就是说使计划工作过程具有灵活性——改变航道。

5.限定因素原则

限定因素是指妨碍目标得以实现的决定性因素,又称战略因素。限定因素分为两类:第一类称为制约因素,第二类称为补充因素。主管人员越能清楚地了解、认识并解决对实现预期目标起限定或关键作用的因素,就越能准确和明确地选择最有利于目标实现的方案。

(二)计划工作的方法

1.滚动计划法

滚动计划法是一种定期修订未来计划的方法,按照"近细远粗"的原则制订一定时期内的计划,然后按照计划的执行情况和环境变化,调整和修订未来的计划,并逐期向前移动,把短期计划和中期计划结合起来的一种计划方法。滚动计划法的具体方法如下:在制订计划时遵循"远粗近细"的原则,同时制订未来若干期的计划,把详细计划和远期的粗略计划结合在一起。在计划期第一阶段完成后,根据该阶段的执行情况和内外部环境变化情况,对原计划进行修正和细化,并将整个计划向前移动一个阶段,以后根据同样的原则逐期向前移动。

2.目标管理法

目标管理是管理学大师彼得·德鲁克于1954年提出的,这是一种以建立目标体系为基础的管理方式,特别强调员工与上级共同参与设定具体切实又能客观衡量成果的目标。目标管理是将组织整体目标通过参与管理,逐层转化为各阶层与各单位的子目标,形成目标体系,同时以制定的目标作为激励员工的工具,定期回馈上级共同讨论进行绩效评估,实现规划与控制功能。

(1)基本思想。

①企业任务必须转化为目标,企业管理人员必须通过这些目标对下级进行领导并以此保证企业总目标的实现;②目标管理是一种程序,使一个组织中的上下各级管理人员共同来制定目标,确定彼此之间的成果责任,并以此项责任作为指导业务和衡量各自贡献的准则;③每个组织员工的分目标就是企业总目标对他的要求;④组织的管理依靠目标来进行;⑤管理者对员工考核的依据也是分目标。

(2)目标管理的过程。

①明确组织的作用;②制定目标;③执行目标;④评价成果;⑤实行奖惩;⑥制定新目标并开始新的目标管理循环。

(3)目标管理的五个要素。

①目标是什么——实现目标的中心思想、项目名称;②达到什么程度——达到的质、量、状态;③怎么办——为了完成目标,应采取的措施、手段、方法;④什么时候完成目标——期限、预定计划表、日程表;⑤是否达成了既定目标——完成成果的评价。

(4)制定目标时应遵循SMART原则。

①specific,指目标应是具体的、明确的,不能模糊不清;②measurable,指目标是可测量的;③attained,指目标是可实现的;④relevant,指目标与其他目标具有一定的相关性;⑤timed,指目标必须具有明确的期限。

第二节　管理的组织职能

一、组织工作的性质

（一）组织的概念

对于组织，我们可以从两个方面来理解。一是作为一个实体的组织，通常称为组织结构；另一个是作为一个过程的组织，通常称为组织工作。前者可以说是从名词的角度所理解的组织，而后者是从动词的角度所理解的组织。

作为一个实体的组织，是指"人们有意识地形成的各种职务或职位的系统"。在这个定义中，有下面两点需要注意。第一，组织是由各种职务或职位所形成的系统。它说明了组织是一个由人所形成的社会系统，在这个系统中，人们按照工作的分工，担任着各种各样的职务，这些职务或职位又相互联系地形成一个系统，为了实现一个共同的目标分工、协作地工作着。第二，组织系统是人们为了实现某一个目标而有意识地形成的。当人们认识到单独的个人不可能实现某个目标而需要多个人进行协作时，就会产生组织。因此可以说，组织是人们实现某个目标的手段。

作为一个过程的组织，是指在组织目标已经确定的情况下，将实现组织目标所必须进行的各项业务活动加以分类组合，并根据管理宽度原理，划分出不同的管理层次和部门，将监督各类活动所必需的职权授予各层次和部门主管人员，以及规定这些层次和部门间的相互配合关系。这里要注意以下几个问题。第一，组织工作是一个过程，是一个设计、建立并维持一种科学的、合理的组织机构，为成功地实现组织目标而采取行动的一个连续的过程。第二，组织工作是动态的。通过组织工作建立起来的组织结构不是一成不变的，而是随着组织内外部要素的变化而变化的。由于任何组织都是社会系统中的一个子系统，它在不断地与外部环境进行能量、信息、材料等的输入和输出，而这种输入和输出一般都会影响组织目标。第三，要重视非正式组织的作用，在组织工作职能的实施过程中随着组织结构的建立，一个正式组织就形成了。但是任何正式组织都伴随着非正式组织。非正式组织是在组织成员之间感情相投的基础上，由现实观点、爱好、兴趣、习惯、志向等一致而自发形成的结伙关系。关于非正式组织为什么能够存在及怎样存在等问题的研究属于社会心理学研究范围，但了解一些非正式群体的特点，对主管人员来说则是非常重要的。

（二）组织工作的基本内容

管理者通过从事组织工作活动，主要要解决以下几个问题。

(1) 根据实现组织目标的要求，应设置哪些工作岗位？
(2) 应该如何确定组织中的管理幅度？如何确定管理层次？
(3) 如何进行组织中的部门划分？

(4) 在组织中如何处理直线与参谋之间的关系？
(5) 对一个组织来说，根据什么来决定该集权还是分权？
(6) 委员会这种机构在组织中处于什么地位？有什么作用？
(7) 如何根据各个组织的具体情况确定具体的组织结构形式？
(8) 如何进行组织的变革与发展工作？

（三）组织工作的逻辑过程

各个组织开展组织工作有其不同的具体过程与步骤。但从逻辑过程来看，组织工作的开展有以下几个基本步骤。

1. 明确组织工作的目标

组织工作的目标是根据计划工作确定的组织整体的目标来确定的。对于一个新建的组织来说，组织工作的目标要根据组织的宗旨，结合组织当前所处的具体环境和组织的发展规划来确定。对于一个已经运转的组织，组织工作的目标要根据组织的计划目标、组织运转过程中所出现的问题、组织所处的具体环境和组织未来发展的需要来确定。

2. 确定工作分工

根据组织计划目标和组织工作目标的要求，明确完成组织计划目标所需要的分工，如办一所学校要有教师、教辅人员，办一所医院要有医生和护士等，这是根据完成目标的需要所进行的客观分工。

3. 确定管理幅度和管理层次

根据组织工作的目标要求，在客观分工的基础上，确定组织中的管理幅度，同时也就确定了组织中的管理层次。这是管理者根据提高管理效率的要求所进行的主观设计。

4. 部门划分

管理幅度的有限性使得组织要按照一定的方法把组织中的人和事划分成若干个可管理的单位或部门，这也是管理者根据组织工作的目标要求所进行的主观设计。

5. 确定管理和业务工作的联系

这是根据实现组织目标的要求，找出组织中各个部门、各个管理层次之间在管理和业务工作上的联系，这是实现组织目标的客观要求。

6. 确定上下左右的工作程序

根据各个部门、各个管理层次之间联系的客观要求，通过职权关系和各种规章制度把这种客观要求具体确定下来，使组织中的各个部门和各个管理层次能围绕着组织目标的实现而成为一个整体，共同运转和工作，这是对业务工作联系所进行的主观设计。

7. 调整

这是控制职能在组织工作中的应用，即针对组织在运转过程中所存在的问题进行调整。调整实际上就是进行新一轮的组织工作。

（四）权变组织观

管理者在组织工作过程中,应该树立权变组织观,要认识到没有最好的组织结构形式,没有最好的部门划分方法,也没有统一的管理幅度标准,组织的集权与分权取决于各种因素。管理者应该根据组织的目标、组织所处的外部环境、组织内部成员的特点、组织的工艺技术特点和组织的发展规划等来开展组织工作。要树立权变组织观,首先要树立系统组织观,即要把组织看成一个系统,这个系统既是由许多个子系统组成,它本身又是更大的环境系统的一个分系统。因此,组织的生存与发展不仅取决于组织内部各个子系统的相互配合与协调,还取决于组织内部系统与外部系统之间的各种要素的交换关系。

二、管理幅度与管理层次

（一）管理幅度与管理层次的概念

管理幅度是指上级管理者能直接有效管理的下级人员的数量。这里要注意两点:一是在组织所形成的不中断的等级系列中直接上级对直接下级的管辖人数;二是有效管辖的下级人员数。

与管理幅度有关的还有一个概念,即管理层次。管理层次是指在组织中所形成的不中断的等级系列的环节数。在组织规模一定的条件下,管理幅度与管理层次呈反比例的关系。管理幅度越大,则管理层次越少,这种类型的组织结构就称为扁平型结构;管理幅度越小,管理层次就越多,这种类型的组织结构称为高长型结构。

（二）管理幅度与管理层次的确定对组织管理效率的影响

对一个组织来说,管理幅度是大些好还是小些好?是扁平型结构比较有利于提高组织的管理效率,还是高长型结构比较有利于提高组织的管理效率?在这里,我们以扁平型和高长型这两种极端的组织结构为代表,分析管理幅度过宽和管理层次过多对组织管理效率的正负影响。

1.扁平型组织与管理效率

扁平型组织是指当组织的管理幅度较大而组织的管理层次比较少时的情况。从组织整体来说,它有利于组织高层管理者对整个组织的控制,也有利于组织中的纵向信息沟通。但是,从每个管理者的情况来看,如果管理幅度过宽,管理人员协调下属的工作及与下属的联系方面就会遇到很大困难,由于管理幅度过大,而管理者的时间、精力和能力有限,这样管理者很难对较多的下级人员进行有效管理,这就限制了管理者的管理宽度。

总结来说,扁平型组织对组织整体效率的提高是有帮助的,但是对具体的某个部门的管理者来说,工作量会大大增加,管理效率就会受到影响。

2.高长型组织与管理效率

管理幅度小是不是好些?组织的管理幅度较小,组织中形成的管理层次就会较多,就形成高长型组织结构。从每个管理者的角度看,由于管理幅度小,则有利于上下级之间的沟通与协调,这样能提高每个管理者的管理效率。

但是从组织的整体看,由于管理幅度小,形成了较多的管理层次,这就可能产生以下几个问题。

第一,管理层次多,会造成组织中的管理费用支出的增加。因为较多的管理层次必然要增加管理人员以及协助其工作的参谋人员。

第二,较多管理层次会造成组织中信息传递失真。有人形象地形容管理层次是"信息过滤器",因为较多的管理层次使信息在组织内的传递过程中,有较多的机会被遗漏或被歪曲,每一层次的信息传递者根据自己对信息的理解,有意识或无意识地选择信息,从而造成信息在传递过程中的失真。

第三,较多的管理层次使高层管理者很难实现对组织的控制。因为管理层次越多,高层管理者对处于组织基层的人员的影响力就会越小,就会增加高层管理者对整个组织控制的难度。组织中明确和完整的计划,经过层层分解和加工可能会变得面目全非,从而失去了明确性和一致性。

(三) 影响管理幅度的因素

其实,管理幅度并没有一个统一的标准,而应该根据不同的情况来确定管理者的管理幅度。按照权变理论的观点,管理幅度是各种影响因素的结果。这些因素具体如下。

1. 上下级管理者的管理能力

上级管理者的管理能力越强,其管辖的下级人员数量就可以越多。如果下级管理者的管理能力越强,则上级管理者的管理幅度就可以越大。对于后一种情况,主要是因为当下级人员的能力越强时,就越是可以独立地工作,从而可以减少上级管理者协调下级人员活动的工作量,上级管理者就能有更多的时间和精力来管理更多的下级人员。

2. 职权的授予

上级管理者对下级人员的授权越是明确,下级管理人员在运用职权履行其职责时就可以较少地向上级管理者汇报和请示,这样,上级管理者可以有更大的管理幅度。当上级管理者只进行含蓄的授权时,下级管理者在运用其职权时,可能会因为不明确其权限的范围而要经常向上级管理者请示和汇报,从而增加了上级管理者的工作量,限制了其管理幅度。

3. 上级管理者必须承担的非管理职责

上级管理者在其工作期间往往要承担一些非管理方面的职责,比如说会见客人、参加一些仪式或典礼等,这些方面工作的增加会占用上级管理者的时间和精力,从而限制上级管理者的管理幅度。

4. 下级管理人员管理活动的相似程度

下级人员的工作或活动的内容越是相似,上级管理者协调下级人员活动的工作就越可以制度化、标准化和程序化,从而可以节省上级管理者的时间和精力,增加其管理的幅度。

5.组织中新问题的发生率

组织如果处在一个比较稳定的外部环境中,比如组织成员所从事的是一些技术水平比较低的工作,组织的发展变化速度比较慢,则上级管理者就可以有比较大的管理幅度。因为在这种组织中,新问题的发生率较低,使上级管理者能更多地实行程序化和制度化的管理,从而节省其时间和精力。

6.下级人员地域上的分散程度

下级人员在地域上越是集中,上级管理者就越是可以节省协调和沟通下级人员的时间和精力,从而可以增加其管理的幅度,反之亦然。

7.信息沟通的方法

上下级之间进行信息沟通时,如果上级管理者通过设置参谋、助理等职位来协助上级管理者进行信息的沟通工作,如协助处理信件、起草文件、接转电话等,就可以使上级管理者有更多的时间和精力管理更多的下级人员。

8.管理者的指导思想

如果下级管理者的指导思想是集权,不想更多地发挥下级人员的积极性,要求对下级人员进行严格的控制与管理,则只能有一个比较小的管理幅度。

9.管理者所在的管理层次

管理者所在的管理层次也会影响管理者的管理幅度。在较低的管理层次,工作比较标准化,因此采用一个较宽的管理幅度是可行的。但这种幅度会随着管理层次的提高而逐渐变窄,因为随着管理层次的提高,工作逐渐变得较少标准化了,另外,与下属人员频繁联系的需要也增加了。

第三节 管理的领导职能

一、领导与管理

在中文里,领导有两个含义:一个是名词,指的是领导者,是从事领导活动的人;另一个是动词,即领导行为和过程。管理学中的领导主要指的是后者。关于领导的含义很多,它们都围绕着几个关键因素:人(领导者和被领导者)、影响及目标。因此,可以这样认为:领导就是在组织中引导、影响他人去实现组织目标的过程。而领导者就是实施这种行为的人。

一般人很容易把管理与领导混淆在一起,所以,我们要区分领导与管理这两个概念,通常认为,领导与管理存在以下差异。

(一)两者的职能范围不同

从管理过程理论来说,领导是管理的一部分,管理除了领导职能,还包括计划、组织、决策与控制。

（二）两者的权力来源不同

管理的权力来自组织结构，建立在合法的和强制性的权力基础之上；领导的权力可以来源于其所在职位，即组织结构的权力，也可以来源于其个人，如专家的权威性或个人魅力等。

（三）两者的直接目的不同

领导为社会组织的活动指明方向、创造态势、开拓局面，管理为社会组织的活动选择方法、建立秩序、维持运转。

二、领导影响力的来源

领导者之所以能引导、影响他人去实现组织的目标，是因为领导者对组织中的其他成员具有影响力，使组织中的其他成员能追随其去完成组织的目标。这种影响力的主要来源如下。

（一）奖赏权力

这是一种能够对他人进行奖赏的权力，奖赏的力量随着下属认为领导可以给予奖励或去除负面影响而增强。这些奖赏包括发奖金、提升职位等正式的奖励方式，也包含转换工作环境、表扬等非正式的奖励方式。最重要的是领导给予的奖赏要与下属的需求相一致。

（二）强制权力

这是一种惩罚的权力。虽然强制权力也来自下属的预期，但与奖赏权力相反，假如下属工作无法达到要求，将会被领导者处罚。组织中的处罚包括扣薪水、降职、分派不喜欢的工作，甚至解雇等。强制权力利用下属对可能遭受的惩罚的在意和恐惧对其产生影响力，但往往会带来不满与对抗，需要谨慎使用。

（三）法定权力

这种权力是指特定职位和角色被法定的、公认的正式权力。法定权力之所以存在，是由于下属内化的价值观，下属接受领导有一种合法的权力来影响他，而且他有义务去接受这一影响。文化价值观、接受社会结构和合法化的任命是法定权力的基础，对组织任命的部门主管，下属必须听从其安排与指挥。

以上三种权力是与领导者的职位相关的，其在组织中的职位赋予了他们奖赏、惩罚与指挥下属的权力，因此被统称为职位权力。

（四）参照权力

这种权力源于领导者个人的特征，包括行为方式、魅力、经历、背景等，其基础是下属对于领导者这些特征的认同，或是一种对认同的渴望，此时下属会期望自己的行为、感觉或信仰能够像领导者一样。当领导者对下属非常有吸引力时，下属就会渴望与领导者有关联，有了关联又会希望关系更加密切并能够保持，此时领导者就对下属有影响力。领导者个人特征对下属的吸引力越大，下属的认同感就越高，参照权力就越大。

（五）专家权力

这种权力产生于领导者个人的专业知识或技能。专家权力的大小取决于领导者知识的完备程度，或下属对于领导者具备特定的知识的知觉。下属可能以自我知识以及一个绝对标准评估领导者的专业知识，领导者需要能够运用自己的特定知识和技能对下属的工作加以指导，得到其尊敬和依赖。因此，当领导者是相关领域的专家，拥有更多的知识和经验时，下属会更为信服。

参照权力和专家权力与职位无关，而与领导者个人的魅力或专业知识有关，因此被称为个人权力。当个人权力发挥影响时，下属不是因为希望获得奖赏、害怕惩罚或者屈从法定权威而不得不服从，而是出于发自内心的尊重与认同，产生归属感，自愿与领导者一起为组织工作，在面对风险和变革时，更能团结一心。因此，有效的领导者不仅要依靠职位权力，而且要具有一定的个人权力。

三、领导的三要素

领导行为或过程包含三个要素：领导者、被领导者和情境。系统论告诉我们，组织是一个开放的系统，任何生产经营活动都会受到内部环境和外部环境的影响，领导行为也是如此。可以将领导行为看作领导者、被领导者及其所处环境构成的复合函数，表达公式如下：

领导行为＝ƒ(领导者，被领导者，情境)

这三个要素决定了领导行为的有效性。首先领导者是这一行为的主体，也是权威和影响力产生的主要来源，领导者通过一定的方式对下属的行为产生影响，达到组织的目标，对领导者的研究主要集中于领导者的个人特质和行为特征。被领导者是这一行为的客体，但并非只是被动接受指令，他们也会对领导行为的效果产生影响，因为权威的真正确立在于被领导者的接受程度，因此被领导者的特征决定了实施何种领导行为最为有效。领导行为还应随着组织情境的变化而进行调整，这里的情境既包括任务结构、职位权力、工作特征等组织内部环境，也包括社会文化等组织外部环境。

四、领导的作用

总的来说，领导的作用就是对被领导者的行为进行影响，以激励和引导被领导者为实现组织的目标而积极努力地工作。具体地说，领导的作用有以下几个方面。

（一）维持组织成员感情上的平衡状态

组织成员会由于各种各样的原因而造成感情上的不平衡，如遭受挫折、产生冲突或受到压力等，这些感情上的不平衡会直接影响组织成员工作的积极性。这就要求领导者对组织成员进行说服或劝说，以维持组织成员感情上的平衡。

1.挫折

挫折是指组织成员满足需要的努力受到阻止，其程度取决于两个方面：一是组织成员对达到目标的期望值，期望值越高，失败受到的挫折就越大；二是对达到目标的偏好程度，即所谓的效价，效价越高，失败受到的挫折就越大。

领导者应该运用自己的权力帮助组织成员消除各种障碍,尽量使组织成员的需要得到满足。要对遇到挫折的组织成员进行劝说,尽量降低其对实现目标期望值的估计,以及对目标效价的认识,使组织成员在感情上维持平衡,恢复其工作的积极性。领导者还要善于运用宽慰的方法,对遇到挫折的组织成员表示同情和理解,这也有助于消除组织成员由于受到挫折而产生的怨气和不满。

2.冲突

冲突是指个人与个人之间、个人与组织或某些团体之间、个人所在团体与其他团体之间在某些重要的问题上产生不一致的意见。产生冲突并不一定是坏事。但如果冲突的产生破坏了组织内部的合作与相互间的信任。领导者就要对冲突的双方进行劝说,帮助冲突的双方在共同目标的基础上寻求解决冲突的最好办法。

3.压力

压力是一种以心理紧张或身体不适为特征的状况。工作无保障、职责不明、工作负荷过重、完成任务的难度太大等都会使组织成员感受到心理上的压力。适当的压力能使人的潜能得到更充分的发挥,但过分的压力会使人对完成任务失去信心和希望。因此,领导者要根据组织成员的具体情况,针对压力过大者,应减少其心理上的压力,如帮助其解决工作上的困难,对组织成员进行培训以提高其工作能力等。

(二)协调下属人员的活动

协调下属人员的活动也是领导者的一个重要作用。一方面要求领导者在组织中建立一种协作的环境,另一方面在领导者与下属成员间建立一种相互信任、和谐合作的关系,使下属人员能协调一致地为组织目标的实现而共同努力。要在组织中建立一种协作的环境,就要求领导者按照局部利益与整体利益相结合的原则,制定处理好组织中各个部门之间责、权、利三者关系的规章制度,从而在组织中形成激励机制与约束机制相结合的运行机制;要在领导者与下属成员之间建立相互信任、和谐合作的关系,就要求领导者根据组织的目标、组织成员的需求与个性、组织活动的技术特性等采用不同的领导方式。

(三)运用领导权力来强制引导下属人员的行为

维持组织成员的平衡状态和协调下属人员的活动主要还是通过领导者个人的影响力来发挥作用的。作为领导者,应该善于利用领导职位所赋予的权力来引导下属人员的行为。领导职位所赋予的权力包含合法的权力、奖励的权力和强制的权力。运用这些权力,领导者可以约束下属人员的行为;可以决定下属人员的报酬、奖励和升迁;可以决定下属人员的处罚。领导者运用这些权力,就可以从激励和处罚两个方面来强制性地引导下属人员的行为,使下属人员的行为有利于组织目标的实现。

领导职权的运用对下属人员行为的引导具有强制性,但是,这种职权的运用却容易引起下属人员的反感。人们往往是基于对经济上和物质上的利益得失的考虑而服从这种权力的。因此,它不能从内心激发下属人员的工作热情。正因为这样,作为一个有效的领导者,应该把以职位为基础的正式权力与以个人的特性为基础的个人权力结合起来,才能使领导的作用得到充分的发挥。

第四节 管理的控制职能

一、控制的内涵

控制是管理者对组织的运行状况加以监督,以发现计划与实际的偏差,采取有力的行动纠正偏差,保证计划的实行,确保组织目标得以实现的过程。

我们可以从以下几个方面理解控制的内涵。

(一) 控制具有目的性

管理中的控制工作表现形式多种多样,但都是为了保证组织中的各项活动按计划和标准进行,以有效达成组织的特定目标。

(二) 控制具有整体性

控制的整体性表现在:第一,管理控制工作是以系统论为指导,将整个组织的活动作为一个整体来看待,使各方面的控制工作能协调进行,以取得整体的优化效益;第二,管理控制工作应覆盖组织活动的各个方面,如各层次、各部门、各单位、各阶段等;第三,管理控制工作应成为全体组织成员的职责,而非仅仅是管理人员的职责。

(三) 控制是通过监督和纠偏来实现的

通过组织的控制系统,可以对组织活动及其效果进行监控,以预警或发现组织偏差的出现,分析偏差产生的原因,并采取相应的行动进行纠偏,从而保证组织目标的实现。

(四) 控制是一个过程

管理控制工作不是一个行为,而是一个过程。它通过检查、监督并确定组织活动的进展情况,对实际工作与计划之间所出现的偏差加以纠正,从而确保组织目标及计划得以顺利实现。

二、控制系统

(一) 控制主体

一般来讲,企业由四种经济主体组成,即股东、经营者、管理者和普通员工。这四种经济主体都有各自的目标。所以,企业的控制主体可以划分为高、中、低三个层次。

1. 以股东为主体的高层控制主体

对公司制企业而言,这部分高层控制主体包括股东会、监事会、董事会、经理人和党委、工会组织,是对经营者及整个企业的业务活动所进行的控制。

2. 以经营者和管理者为主体的中层控制主体

中层控制主体是指各职能管理层的控制主体,实施的控制范围涵盖了管理者和整个企业的业务经营活动,以及普通员工及责任中心的业务经营活动。职能管理层的控制责任源于总经理的授权,其具体责任形式表现为接受经理人员的控制政策、接受内部审计的监督,负责建立健全所辖范围的具体控制。

3. 以普通员工为主体的低层次控制主体

这一层次的控制主体是指岗位层次的控制主体,实施的范围涵盖了自身岗位范围内的业务经营活动。控制需求来源于完成岗位责任。

(二) 控制客体

控制客体就是评价的对象范围,企业进行控制的目的就是控制风险,而控制风险的基础是评价风险。评价风险时要考虑两部分的控制客体。

1. 具体控制对象

具体控制对象包括财产、交易和信息,它们决定着风险的高低。这里的财产是指组织享有的、能够带来经济利益的资源;对作为控制客体的交易进行控制,是为了保证交易符合国家法律法规、股东意愿和企业制度;作为控制客体的信息来源于组织信息系统,是控制主体了解组织状况的基础、实施内部控制手段的重要依据。

2. 影响控制的有效性的因素

影响控制的有效性的因素包括控制系统和人,它们决定控制风险的高低。

(三) 控制目标

有效控制系统多倾向于具有一些共同的特性,尽管这些特性在不同情况下的重要性并不相同。一般来讲。有效控制要达到这么几个目标:一是确保组织目标的有效实现;二是经济且有效地利用组织资源;三是确保信息质量。

(四) 控制的手段与工具体系

这里主要包括控制机构、控制工具、控制的运作制度三个方面的内容。控制机构由组织中不同控制层次和各个不同性质的专业控制部门组成;控制工具主要是用以获取信息的计算机和网络等;控制的运作制度是指控制的任务和职责、控制的程序与规则等。

三、控制的类型

(一) 按照控制的进程分

按照控制的不同进程分,可以分为前馈控制、现场控制和反馈控制三种类型。

1. 前馈控制

前馈控制又称事前控制或预先控制,是指组织在工作活动正式开始前对工作中可能产生的偏差进行预测和估计并采取防范措施,将可能的偏差消除于产生之前。前馈控制是一种面向未来的控制,强调防患于未然。

2. 现场控制

现场控制也称为同步控制或同期控制,是指在某项工作或活动进行过程中所实施的控制。现场控制是一种面对面的领导,目的是及时处理例外情况,纠正工作中发生的偏差。

3. 反馈控制

反馈控制又称为事后控制,是指在工作结束或行为发生之后进行的控制。反馈控制把注意力主要集中于工作或行为的结果上,通过对已形成的结果进行测量、比较和分析,发现偏差情况,据此采取相应措施,防止在今后的活动中再度发生。

(二)按照控制的职能分

对于企业组织来说,根据管理控制的职能不同,控制主要分为战略控制、财务控制及营销控制三种类型。

1. 战略控制

战略控制是指企业战略管理者和一些参与战略实施的管理者,依据战略既定目标和行动方案,对战略实施的状况进行全面评价、发现偏差并进行纠正的活动。对企业战略实施进行系统化的检查、评价和控制已经成为企业的一项重要工作。

2. 财务控制

财务控制是指对企业的资金投入及收益过程和结果进行衡量与校正,目的是确保企业目标,以及为达到此目标所制订的财务计划得以实现。现代财务理论认为,企业理财的目标及所反映的企业目标是股东财富最大化(在一定条件下也就是企业价值最大化)。财务控制总体目标是在确保法律法规和规章制度贯彻执行的基础上,优化企业整体资源综合配置效益,厘定资本保值和增值的委托责任目标与其他各项绩效考核标准来制定财务控制目标,是企业理财活动的关键环节,也是确保实现理财目标的根本保证,所以财务控制将服务于企业的理财目标。

3. 营销控制

营销控制是指企业用于跟踪营销活动过程的每一个环节,确保能够按照计划目标运行而实施的一套完整的工作程序。营销控制包括估计市场营销战略和计划的成果,并采取正确的行动以保证实现目标。营销控制主要包括年度计划控制、盈利控制、效率控制和战略控制。

(三)按照控制的内容分

根据组织的具体控制内容,控制可以分为制度控制、风险防范控制、预算控制、激励控制、绩效考评控制五种类型。

制度控制是以制度规范为基本手段协调企业组织集体协作行为的内部控制机制,一般包括制度的制定、执行和考核;风险防范控制是指企业通过预算管理、经营分析等形式对企业的长、短期风险进行识别、评估和报告,再针对各风险控制点,建立相应的风险管理体系,对财务风险和经营风险进行全面的防范与控制;预算控制的突出特点是通过量化标准使管理者及员工明确自身目标,实现企业总体目标与个人目标紧密衔接;激励控制是企业通过激励的方式控制员工及管理者的行为,使管理者及员工的行为与企业目标相协调；绩效考核控制是指企业通过考核评价的形式规范企业各级管理者及员工的经济目标和经济行为。

四、控制的过程

（一）确定标准

要对组织的各项活动或工作进行有效的控制，就必须首先明确相应的控制标准。标准就是评定成效的尺度，是用来衡量组织中的各项工作或行为符合组织要求程度的标尺。没有标准，就无法对工作活动及其效果进行检查和评价，无法了解工作的进展状况或存在的问题，当然就无法采取相应的纠偏措施。而标准不明晰或不客观，则会导致组织内部的纷争、员工满意度的下降或挫折感增强等，因此，确定控制标准是控制工作的起点。

（二）衡量绩效

制定控制标准是为了衡量实际业绩，取得控制对象的相关信息，把实际工作情况和标准进行比较，据此对实际工作做出评估。如果没有精确的衡量，就不可能实现有效的控制。为此，在衡量实际工作成果的过程中，管理者应该对由谁来衡量、衡量什么、如何衡量及衡量的间隔期等方面做出合理的安排。

（三）分析与纠偏

偏差就是实际工作的绩效与标准之间的差异，只要不一致或超出了一定的范围值，就认为存在偏差，不管是正值还是负值。作为管理者，一定要对造成偏差的原因进行深入分析，以找出偏差产生的原因，为制定有针对性的纠偏措施提供保证。

在深入分析偏差产生的原因后，只有采取了必要的纠偏行动，控制才是有效的。组织必须要有针对性地采取措施，对偏差进行处理和纠正。一般而言，纠偏措施主要两种：一是修订标准；二是改善工作。

第七章
战略管理

知识目标

1. 了解战略、战略管理的概念和类型。
2. 理解战略管理的基本过程。
3. 了解总体战略(稳定战略、发展战略、防御战略)的定义、类型和优缺点。
4. 掌握总体战略组织与实施的过程。
5. 了解业务竞争战略(低成本领先、差异化和集中化战略)基本概念。
6. 掌握业务竞争战略组织与实施的过程。

能力目标

1. 熟练掌握战略管理基本逻辑。
2. 熟练运用战略分析、战略制定、战略选择等各个阶段的方法与技巧,提升战略思维、战略决策与运作能力。
3. 熟练掌握竞争优势基础上组织战略管理的分析方法。
4. 初步具备实施不同总体战略的态势分析能力。
5. 熟练掌握低成本领先和差异化战略实施的基本方法。

经济管理情境

引导学生在理解组织与环境互动关系的基础上,养成战略意识和战略思维习惯,思考企业在迈向"成功的彼岸"中的企业增长、稳定和收缩等战略的制定与选择的方法与技巧。掌握公司层、业务层、职能层的战略分析、战略选择和战略控制的基本内容,懂得制定战略、实施战略管理、解决企业经营过程中的实际问题的方法,在理论学习、案例论证和建立构念中寻求创新,逐步培育出优秀企业家战略特质。

第一节　企业战略

一、战略的定义和构成要素

"战略"一词最早来自军事范畴,指"将帅"本身,之后强调"指挥军队的艺术和科学",指导战争全局的筹划和谋略。《中国大百科全书·军事》对战略的定义是:战略是指导战争全局的方略,依据战争规律所制定和采取的准备和实施战争的方针、政策和方法。西方近代军事理论的奠基者克劳塞维茨,在《战争论》中指出战略是为了达到战争的目的而对战斗的运用。

二、企业战略的定义、特点与内涵

"商场如战场,商战似兵战",市场竞争(商战)与军事抗争,用兵之道与经营之道都是为了决定胜负,其目的都是超越或战胜对方。战略管理领域的奠基者之一钱德勒,在深入研究了美国四家公司的战略思想和结构变化的历史后,1962年出版了《战略与结构》一书,首次在商业管理中提出战略概念。

(一)企业战略的定义

钱德勒提出,战略可以被定义为企业长期目标的决定,以及为实现这些目标所必须采取的一系列行动和资源分配。哈佛商学院教授肯尼斯·安德鲁斯认为,企业战略是关于企业使命和目标的一种模式,以及为达到这些目标所制定的主要政策和计划,通过这样的方式,战略界定了企业目前从事什么业务和将要从事什么业务。

安索夫的著作《公司战略》(1965)标志着"战略"正式从军事领域广泛应用于各种商业活动。他认为,企业战略是一条贯穿于企业产品与市场范围、增长向量、竞争优势与协同效果的共同主线,这条主线决定着企业目前所从事的或者计划要从事的经营业务的基本性质。

①产品与市场范围:经营范围为企业提供获利范围。

②增长向量:企业经营的业务组合方向和成长能力。

③竞争优势:企业所具备的不同于竞争对手、能够为企业奠定牢固竞争地位的特殊因素。

④协同效果:在各业务之间存在资源、技术、管理和价值链活动的各环节间的匹配关系时,可以实现各因素的联合、共享和节约,产生"1+1>2"的效果。

加拿大麦吉尔大学著名学者明茨伯格教授借鉴市场学中四要素的提法,提出战略的5P定义,即战略是计划(plan)、计谋(ploy)、模式(pattern)、定位(position)和观念(perspective)。

①战略是一种计划:大多数人将战略当作一种有意识的、有预计的行动程序。

②战略是一种计谋:企业把战略作为威慑和战胜竞争对手的一种手段。

③战略是一种模式:企业为了实现战略目标进行竞争而作出的重要决策、采取的途径和行动,以及为实现目标对企业主要资源进行分配的一种模式。

④战略是一种定位:帮助组织在环境中正确确定自己的位置,通过战略的实施,使组织能处于恰当的位置,保证自身的生存和发展。

⑤战略是一种观念:这种定义强调的是企业高层管理人员,特别是企业董事会成员的整体个性对形成组织特性的影响。

(二) 企业战略的特点

对于企业战略的特点,人们的认识没有太大的分歧,主要有以下几个方面。

1. 战略管理全局性与长远性

企业战略是以企业全局为对象,管理者需要培养全局观念,根据企业总体发展的需要而制定的,不是强调企业某一事业部或某一职能部门的重要性。同时,企业战略考虑的是企业未来较长时期(一般为5年以上)内企业如何生存和发展的问题,这一切是为了更长远的发展。

2. 战略管理竞争性和风险性

企业制定战略的目的,就是在竞争中战胜对手,应对外界环境的威胁、压力和挑战,针对竞争对手制定的具有直接对抗性的整套行动方案,使自己立于不败之地。由于战略考虑的是企业未来的发展问题,因而带有一定的风险性。这就要求战略决策者必须随时关注环境的变化,敢于面对挑战,以便提高企业承担风险的能力。

3. 战略管理稳定性和复杂性

企业的生产经营活动,需要根据环境的变化做出适当的调整,然而这种调整不能过于频繁,否则会使企业的生产经营活动出现混乱局面。所以,企业战略确定后,需要在较长时期内保持相对的稳定。同时,战略管理涉及企业人力资源、实体财产和资金等大量资源的配置问题,因此,为保证战略目标的实现,对企业的资源进行统筹规划。

(三) 企业战略的内涵

人需要精神,企业也是如此。精神不是企业的规章制度,也不是企业的发展战略,更不是企业的营销策略,但它应在这些物化的东西里有所反映,这就是企业愿景、企业使命、企业核心价值观和企业目标。

1. 企业愿景

企业愿景是企业未来期望达到的一种状态,是一种意愿的表达,它概括了企业的未来目标、使命及核心价值,是企业为之奋斗的心愿和远景。它回答的是"企业在未来将成为什么样的企业"的问题。也就是企业长期发展的方向、目标、目的、愿望等。

2. 企业使命

企业使命是指出企业存在的目的或理由,说明企业的经营领域、经营思想,为企业目标的确定与战略的制定提供依据。企业使命相对于企业愿景,更具体地说明了企业的性质和发展方向。使命是实现愿景的手段,回答的是"该做什么""如何做"才能实现目标。在想做、可做、能做的这三个环节中找到真正应该做的事。

3. 企业核心价值观

企业核心价值观是指企业在经营过程中坚持不懈,努力使全体员工都必须信奉的信条。企业核心价值观是企业哲学的重要组成部分,它是解决企业在发展中如何处理内外矛盾的一系列准则,如企业对市场、对客户、对员工等的看法或态度,它是企业表明企业如何生存的主张。

4. 企业目标

企业目标是企业使命的具体化,是企业追求的较大目标,如市场份额、利润率、生产率等的目标。

第二节 战略管理过程

一、战略分析

战略分析是指对企业的战略环境进行分析、评价,并预测这些环境未来发展的趋势及这些趋势可能对企业造成的影响及影响方向。战略分析需要考虑很多方面,如外部环境、内部资源和能力,综合分析结论对制定战略目标和选择战略举措是至关重要的。

(一)外部环境

企业外部环境是对企业外部的政治环境、社会环境、技术环境、经济环境等的总称。企业战略重新评审不仅要对企业当前使命、目标、战略、政策进行评价,而且要对企业环境进行分析,以确定其中所存在的关键战略要素。企业外部环境由存在于组织外部、短期内不为企业高层管理人员所控制的变量所构成。

(二)内部环境

内部战略环境是企业内部与战略有重要关联的因素,是企业经营的基础,是制定战略的出发点、依据和条件,是竞争取胜的根本。《孙子兵法·谋攻篇》中有"知彼知己,百战不殆;不知彼而知己,一胜一负;不知彼不知己,每战必败"。因此,企业战略目标的制定及战略选择既要知彼又要知己。知己便是要分析企业的内部环境或条件,认清企业内部的优势和劣势。企业内部环境或条件分析目的在于掌握企业历史和发展状况,明确企业所具有的优势和劣势。这有助于企业制定有针对性的战略,有效地利用自身资源,发挥企业的优势;同时避免企业的劣势,或采取积极的态度改进企业劣势。

二、战略选择

战略决策过程,即对战略进行探索、制定及选择,其中应当解决以下两个基本的战略问题:首先,企业的经营范围或战略经营领域,即规定企业从事生产经营活动的行业,明确企业的性质、所从事的事业、产品或服务;其次,企业在某一特定经营领域的竞争优势,即要在什么基础上取得相对于竞争对手的优势。用什么样的手段或方式实现这样的发展是高层管理人员必须考虑的。

三、战略实施

一个企业的战略方案确定后,必须通过具体化的实际活动,才能实现战略及战略目标。对企业的组织结构进行构建,以使构造出的结构能够适应所采取的战略,为战略实施提供一个有利的组织环境。管理者需要考虑如何根据其面临的不同情况而在不同的战略变革管理方式中进行平衡。

(一)组织调整

企业战略一旦确定,首先要求调整企业的组织结构,并根据战略的需要建立战略单元,业务流程、权责关系及它们之间的相互关系都应适应企业战略的要求。创建支持企业成功运营的组织结构的困难在于要改变已习惯的工作方式,并使文化背景不同的人之间建立起良好的工作关系。

(二)调配资源

企业战略实施前的准备,除了用计划推行和适应战略的组织调整之外,企业资源配置的优劣也将直接影响战略目标的实现。调动企业不同领域的资源来适应新战略,包括人力、财务、技术和信息资源,促进企业总体战略和业务单位战略的成功实施。

(三)管理变革

管理变革是企业为了获得可持续竞争优势,根据所处的外部环境或内部情况已经发生或预测会发生或想要使其发生的变化。企业调整战略时需要做到以下几点。

①诊断变革环境:包括确定战略变革的性质(渐进与突变)、变革的范围(转型与调整)、变革需要的时间、变革程度的大小、员工对变革的思想准备程度、资源满足程度、企业文化与战略的冲突、变革的推动力量和阻碍力量等。

②根据对变革环境的分析,确定变革管理的风格,包括督导、合作、干预、指令等备选类别。

③根据对变革环境的分析,确定变革的职责,包括战略实施中领导和中层管理人员应当发挥的作用。

四、战略控制

战略控制主要是指在企业经营战略的实施过程中,检查企业为达到目标所进行的各项活动的进展情况,评价实施企业战略后的企业绩效,把它与既定的战略目标与绩效标准相比较,发现战略差距,分析产生偏差的原因,纠正偏差,使企业战略的实施更好地与企业当前所处的内外环境、企业目标协调一致,使企业战略得以实现。最后需要强调的是,战略管理是一个循环过程,而不是一次性的工作,要不断监控和评价战略的实施过程,修正原来的分析、选择与实施工作,这是一个循环往复的过程,战略控制虽为战略管理的最后环节,但由此指出目前已实现战略的优缺点,从而自然成为战略管理下一轮循环的起点。

第三节 企业总体战略

企业总体战略解决的最主要的问题是企业业务领域和经营范围的确定问题。这些任务只能由企业的最高管理层来完成。企业总体战略包括三种基本类型，即发展型战略、稳定型战略和紧缩型战略。

一、发展型战略

（一）发展型战略的定义

发展型战略又称扩张型战略、增长型战略，从企业发展的角度来看，任何成功的企业都应当经历长短不一的发展战略实施期，因为从本质上说只有发展型战略才能不断地扩大企业规模，使企业从竞争力弱小的小企业发展成为实力雄厚的大企业。实施发展型战略的企业的增长不一定比整个经济增长速度快，但它们往往比其产品所在的市场增长得快，市场占有率是衡量企业增长的一个重要指标。实施发展型战略的企业往往取得大大超过社会平均利润率的利润水平，从而降低生产成本，获得超额的利润率，在新产品开发、管理模式上都力求具有竞争优势，因而其赖以作为竞争优势的并不会是损伤自己的价格战，一般是以相对更为创新的产品和劳务及管理上的高效率作为竞争手段。

（二）发展型战略的优缺点

1. 发展型战略的优点

（1）企业实现市场份额和绝对财富的增加，这种价值既可以成为企业员工的一种荣誉，也可以成为企业进一步发展的动力。

（2）企业能通过不断变革来创造更高的生产经营效率与效益。通过增长型发展，企业可以获得过去不能获得的崭新机会，使企业总是充满生机和活力。

（3）保持企业的竞争实力，实现特定的竞争优势。如果竞争对手都采取增长型战略，如果企业还在采取稳定型战略或紧缩型战略，那么就很有可能在未来实现竞争优势。

2. 发展型战略的缺点

（1）在采用增长型战略获得初期的效果后，很可能导致盲目地发展和为了发展而发展，从而破坏企业的资源平衡。

（2）过快的发展很可能降低企业的综合素质，使企业的应变能力虽然表面上看起来不错，而实质却出现内部危机和混乱。

（3）企业管理者更多地注重投资结构、收益率、市场占有率、企业的组织结构等问题，而忽视产品的服务或质量，重视宏观发展而忽视微观问题，因而不能使企业达到最佳状态。

二、稳定型战略

(一) 稳定型战略的定义

稳定型战略是指企业在战略规划期内,追求的是在过去经营状况基础上的稳定,在产品、技术、市场等方面都采取基本维持现状的一种战略。企业对过去的经营业绩表示满意,企业战略规划期内所追求的绩效按大体的比例递增,企业准备以过去相同的或基本相同的产品或劳务服务于社会,因而,实行稳定型战略的前提条件是企业过去的战略是成功的。环境较为稳定时,资源较充足的企业与资源相对较稀缺的企业都应当采取稳定型战略,但前者应在更宽广的市场上选择自己战略资源的分配点,后者应在相对狭窄的细分市场上集中资源,以执行稳定型战略。当外部环境不利时,资源丰富的企业可以采用稳定型战略;资源不充足的企业可以在某个具有竞争优势的细分市场上采用稳定型战略,而在其他细分市场上实施紧缩型战略。

(二) 稳定型战略的优缺点

1. 稳定型战略的优点

稳定型战略对于那些处于稳定增长中的行业或稳定环境中的企业来说是一种有效的战略,其优点如下。

(1) 企业的经营风险相对较小。由于企业基本维持原有的产品和市场领域,从而可以利用原有的生产经营领域和渠道,避免开发新产品和新市场的巨大资金投入、激烈的竞争抗衡和开发失败的巨大风险。

(2) 能避免因改变战略而改变资源分配的困难。由于经营领域主要与过去大致相同,因而稳定型战略不必考虑原有资源的增量或存量的调整,相对于其他战略态势来说,显然要容易得多。

(3) 能防止因发展过快而导致的弊端。在行业迅速发展的时期,许多企业无法看到潜伏的危机而盲目发展,结果造成资源的巨大浪费。

(4) 能给企业一个较好的休整期,使企业积聚更多的能量,以便为今后的发展做准备。从这个意义上说,适时的稳定型战略将是增长型战略的一个必要的酝酿阶段。

(5) 可保持人员安排上的相对稳定,充分利用已有的各方面人才,发挥他们的积极性和潜力,减少人员调整、安置所造成的种种矛盾,以及招聘、重新培训的费用。

2. 稳定型战略的缺点

(1) 稳定型战略的执行是以市场需求、竞争格局等内外条件基本稳定为前提的。一旦企业的这一判断没有得到验证,就会打破战略目标、外部环境、企业实力之间的平衡,使企业陷入困境。因此,如果环境预测有问题的话,稳定型战略也会有问题。

(2) 特定细分市场的稳定型战略也会有较大的风险。由于企业资源不够,企业会在部分市场上采用竞争战略,这样做实际上是将资源重点配置在这几个细分市场上,因而如果对这几个细分市场把握不准,企业可能会更加被动。

(3) 稳定型战略也会使企业的风险意识减弱,甚至形成害怕风险、回避风险的文化,这就会大大降低企业对风险的敏感性、适应性和冒险的勇气,从而增加了以上风险的危害性和严重性。

稳定型战略的优点和缺点都是相对的,企业在具体的执行过程中必须权衡利弊,准确估计风险和收益,并采取合适的风险防范措施。只有这样,才能保证稳定型战略的优点的充分发挥。

三、紧缩型战略

(一)紧缩型战略的定义

紧缩型战略是指企业从战略经营领域和基础水平收缩和撤退,且偏离起点战略较大的一种经营战略。企业现有的经营状况、资源条件以及发展前景不能应对外部环境的变化,难以为企业带来满意的收益,阻碍企业的发展。有时,只有采取收缩和撤退的措施,才能抵御竞争对手的进攻,避开环境的威胁,迅速地实现自身资源的最优配置。可以说,紧缩型战略是一种以退为进的战略。与稳定型战略和增长型战略相比,紧缩型战略是一种消极的发展战略。一般的,企业实施紧缩型战略只是短期的,其根本目的是使企业捱过风暴后转向其他的战略选择。

(二)紧缩型战略的优缺点

1. 紧缩型战略的优点

(1)有利于正确判断经营的盈亏状况,及时清理、放弃无利可图或亏损的领域,清除经营累赘,提高效率,降低费用,增加收益,改善财务状况,使企业及时渡过难关。

(2)采用转向、放弃战略,使企业有可能更加有效地组合配置资源,提高经营素质,发挥企业优势,增强企业实力,在不断适应市场需要的同时,使自身取得新的发展机会。

(3)可以避免竞争,防止两败俱伤。同时改善资金流量,及时清算,还有助于避免发生相互拖欠债款的情况,保持一个相对有利的行业结构和竞争局面。

2. 紧缩型战略的缺点

(1)采取缩小经营的措施,往往会削弱技术研究和新产品开发能力,使设备投资减少,陷入消极的经营状态,影响企业的长远发展。

(2)收缩战略、转移战略、放弃战略的实施,都需要对人员进行调整,如裁减人员、更换高层管理者等,处理不好会导致员工士气低落、员工与管理者的矛盾和对立,以及专业技术管理人员对战略实施的抵制,反而会阻碍企业提高效率。

(3)在宏观经济或行业处于衰退期时,企业紧缩经营将导致经济总体的供需关系向缩小、均衡的方向发展,影响经济的回升或者加速行业的衰退,反而抑制企业的发展。

第四节　业务竞争战略

业务层战略称为竞争战略、事业部战略,属于第二层的战略,企业在面对这个充满着巨大机遇和挑战的世界时,与企业相对于竞争对手而言在行业中所处的位置相关。它是在总体战略指导下,经营管理某一个特定的战略经营单位的战略计划,是总体战略之下的子战略。它的重点是怎样在市场上实现可持续的竞争优势或者是改进一个战略经营单位在它所从事的行业中,或某一特定的细分市场中所提供的产品和服务的竞争地位。波特在1980年出版的《竞争战略》中分析了新兴产业、分散产业、全球产业、衰退产业等不同类型产业的竞争情况,讨论了关于汽车、造船、照相机、采油、医疗卫生、金融、婴儿食品等产业的竞争实例。在与五种竞争力抗争的过程中,有三种提供成功机会的基本竞争战略方法,可使企业成为同行业中的领先者,此三种战略即成本领先战略、差异化战略和集中化战略,作为其主导战略。

一、成本领先战略

(一)成本领先战略的含义

成本领先战略是指企业通过在内部加强成本控制,在研发、生产、配送、营销渠道、服务等领域内把成本降到最低,使成本或费用明显低于行业水平或主要竞争对手,从而获得更高的市场占有率或高利润,成为行业中的成本领先者的一种战略。成本领先的指导思想并不是打价格战,而是通过在全行业成本最低获取持久的竞争优势并盈利。例如:在电视机方面,取得成本上的领先地位需要有足够规模的显像管生产设施、低成本的设计、自动化组装和有利于分摊研制费用的全球性销售规模;在安全保卫服务业,成本优势要求极低的管理费用、源源不断的廉价劳动力和因人员流动性大而需要的高效率培训程序、追求低成本的生产厂商地位不仅仅需要向下移动学习曲线,而是必须寻找和探索成本优势的一切来源。

按照波特的思想,成本领先战略应该体现为相对于对手而言的低价格,但这并不意味着仅仅获得短期成本优势或仅仅是削减成本,而是一个"可控制成本领先"的概念。此战略成功的关键在于在满足消费者认为最重要的产品特征与服务的前提下,实现相对于竞争对手的可持续性成本优势,换言之,实施低成本战略的企业必须找出成本优势的持续性来源,能够形成防止竞争对手模仿优势的障碍,这种低成本优势才长久。

成本领先战略的实质是在满足消费者认为最重要的产品特征和服务的前提下,实现相对竞争对手的可持续性成本优势,其结果是消费者受益、企业赢得市场,成本领先战略企业追求低成本地位,努力在全行业范围内保持成本最低,并利用低成本获得长期的竞争优势,值得注意的是,成本领先战略与削价战略有着本质的区别,后者往往以牺牲企业利益为代价,甚至是亏本运营的,而成本领先的指导思想并不是打价格战,而是通过在全行业成本最低获取持久的竞争优势。

(二)成本领先战略实施的适用条件

采用成本领先战略的企业必须符合行业特点、行业当时的格局和企业资源,否则,企业就会陷入成本领先的陷阱中。

(1)企业所处行业的产品或服务基本上是标准化或者同质化的,由于产品或服务在性能、功能、质量等方面几乎没有差异,消费者购买决策的主要影响因素就是价格高低。

(2)企业的市场需求具有价格弹性。消费者对价格越敏感,就越倾向购买提供低价格产品或服务的企业的产品或服务。

(3)实施差异化战略的途径很少。很难进行特色经营以使自己产品或服务具有独特的优势。

(4)现有竞争企业之间的价格竞争非常激烈。绝大多数消费者使用产品或服务的方式都是一样的,相同标准的产品或服务就能满足消费者的需要,此时较低的价格就成了消费者选择品牌的主要决定因素。

(5)消费者的转换成本低。当消费者从一个企业转向另一个企业所承担的成本较低时,他就有灵活性,从而容易转向同质量、价格更低的企业提供的产品或服务。

(6)持续的资本投资和良好的融资能力。

(7)流通加工工艺技能。

(8)业务流程便于整合。

(9)低成本的分销系统。

(10)企业的信息能实现共享。

(11)企业要有很高的购买先进设备的前期投资,进行激烈的定价和承受亏损,以夺取市场份额。

(12)低成本会给企业带来高额的边际收益,企业为保持这种低成本地位,可以将这种高额边际收益再投资到新的物流设施设备上。这种再投资方式是维持低成本地位的先决条件。

(三)成本领先战略的优缺点

1. 成本领先战略的优点

(1)抵挡住现有竞争对手的对抗。在与竞争对手的斗争中,企业由于处于低成本地位上,具有进行价格战的良好条件,即使竞争对手在竞争中处于不能获得利润、只能保本的情况下,本企业仍可获益。

(2)抵御购买商讨价还价的能力。面对强有力的购买者要求降低产品价格的压力,处于低成本地位上的企业仍可以有较好的收益。

(3)更灵活地处理供应商的提价行为。在争取供应商的斗争中,由于企业的成本低,相对于竞争对手具有较大的承受原材料、零部件价格上涨的能力,能够在较大的边际利润范围内承受各种不稳定经济因素所带来的影响。

(4)形成进入障碍。在与潜在进入者的斗争中,那些形成低成本地位的因素常常使企业在规模经济或成本优势方面形成进入障碍,削弱了新进入者对低成本的进入威胁。

(5)树立与替代品的竞争优势。在与替代品的斗争中,低成本企业可用削减价格的办法稳定现有消费者,使本产品不被替代品所替代。当然,如果企业要较长时间地巩固企业现有竞争地位,还必须在产品及市场上有所创新。

2. 成本领先战略的缺点

一旦企业没有控制与管理好这些风险,就可能导致企业战略的失败并造成企业经营面临重大的危机。

(1)技术的更新引起设备等资产的失效。企业为了支持成本领先战略的运转,往往就会投入大量的资金用于购买生产所需的设备等有形资产,做到大规模的生产。但由于当今的科技日新月异,整个市场需求观念的改变及消费者爱好的变化等因素,现有的设备就面临着严重的贬值,直至被淘汰出市场。

(2)容易忽视消费者需求的变化。由于企业在实施成本领先战略过程中往往过多关注如何运用各种措施来努力降低产品的成本,追求以同行业中最低的价格把产品卖给消费者。伴随着人们收入水平的不断提高,消费者对产品的选择已超出原来对价格的高度敏感界限。由于企业过分关注成本本身而忽视了消费者需求的这些变化,使企业的成本竞争力大幅度降低。

(3)投资风险加大。企业要投入大量的资金来支持现有产品成本的降低,然而,企业所面临的周围环境却在不断变化。因此,在动态的环境下企业的大规模投资隐藏着巨大的风险,正所谓"船大不好掉头",实施低成本领先战略所需巨额投资反而可能成为企业的"战略陷阱"。

(4)企业优势易被模仿。成本领先企业竞争优势的持续性取决于其成本优势的持久性,而成本优势的持久性又取决于获取成本优势的途径和方式的可模仿性,因而,不同的成本优势来源的模仿难易程度和模仿成本是不同的。

二、差异化战略

(一)差异化战略的含义

差异化战略又称标歧立异战略、特异优势战略,它是指一个企业要力求使自己的产品或服务在行业内独树一帜,有一种或多种特质,从而赢得用户、赢得市场,取得高于竞争对手的收益的战略。在满足消费者需求的全过程的某些环节中形成与竞争对手的差别,形成竞争上的优势,这种优势来源于各个方面,如产品的功能、造型、品质、种类、价格、服务、品牌、付款条件、销售渠道等。

(二)差异化战略的优缺点

1.差异化战略的优点

(1)差异化本身可以给企业产品带来较高的溢价,这种溢价应当补偿因差异化所增加的成本,并且可以给企业带来较高的利润,产品的差异化程度越大,所具有的特性或功能就越难以替代和模仿,消费者越愿意为这种差异化支付较高的费用,企业获得的差异化优势也就越大。

(2)由于差异化产品和服务是竞争对手不能以同样的价格提供的,因而明显地削弱了消费者的讨价还价能力。

(3)采用差异化战略的企业在应对替代品竞争时将比其竞争对手处于更有利的地位,因为购买差异化产品的消费者不愿意接受替代品。

2.差异化战略的缺点

(1)差异化战略实施成本过高。差异化产品要求在质量、产品设计、原材料、生产过程等方面都与一般产品有所不同,当差异性增加时,这些产品间的协调难度增大,还会增加一些常用开支,企业对产品的某一方面实施了差异化。但如果这种差异化太过夸张,以至于使消费者觉得承受不起,市场就不会认同这种差异化,那么企业就不能从这种差异化中获益,甚至会亏本。

(2)不能准确把握市场偏好。追求不必要的差异化,不能获取预期收益,差异化的目的是更好地满足消费者某方面的需求,但是如果不能准确地把握市场偏好,盲目地为产品创造特殊之处,这种差异化注定会失败。

(3)忽视了产品的其他重要方面。差异化战略实施过程中,企业的各个方面要相互配合,企业在为产品增添某些特色的同时不能忽略产品的其他重要方面。否则会使差异化战略归于失败,因为产品某一方面的差异化虽然可以引起消费者的注意,但如果产品的其他主要方面存在缺陷,影响了产品效用,则差异化的效果就会被消费者所否定。

三、集中化战略

(一)集中化战略的含义

集中化战略是指主攻某一特殊的客户群、或某一产品线的细分区段、某一地区市场。与成本领先战略和差异化战略不同的是,集中化战略具有为某一特殊目标客户服务的特点,组织的方针、政策、职能的制定,都首先要考虑到这一特点。

(二)集中化战略的优缺点

1. 集中化战略的优点

(1)以特殊的服务范围来抵御竞争压力。集中化战略往往利用地点、时间、对象等多种特殊性来形成企业的专门服务范围,以更高的专业化程度构成强于竞争对手的优势。

(2)以低成本的特殊产品形成优势。可口可乐就是利用其特殊配方而构成的低成本,在饮料市场长期保持竞争优势的,这一优势的实质是差别化优势,能同时拥有产品差别化和低成本优势则一定可以获得超出产业平均水平的高额利润。

(3)更好地服务于某一特定市场。当企业面临强大的竞争对手时,采取集中化战略以攻代守,企业集中资源和力量,往往能形成一种竞争优势,特别是对于抵抗拥有系列化产品或广泛市场的竞争对手明显有效。

2. 集中化战略的缺点

(1)容易限制获取整体市场份额。集中化战略目标市场具有一定的特殊性,目标市场独立性越强,与整体市场份额的差距就越大,实行集中化战略的企业总是处于独特性与市场份额的矛盾之中,选择不当就可能造成集中化战略的失败,与这一对矛盾相对应的是企业利润率与销售额互为代价,有很多企业为了获得集中化优势的同时又进入了广泛市场,这种矛盾的战略最终会使企业丢失其专有的市场。

(2)企业对环境变化适应能力差。实行集中化战略的企业往往是依赖特殊市场而生存和发展的,一旦出现有极强替代能力的产品或者市场发生变化时,这些企业容易遭受巨大损失。例如,滑板的问世对旱冰鞋的市场构成极大的威胁。

(3)成本差增大而使集中化优势被抵消。当为大范围市场服务的竞争对手与集中化企业之间的成本差变大时,会使针对某一狭窄目标市场服务的企业丧失成本优势,或者使集中化战略产生的差别化优势被抵消,因为这种成本差的增大将降低买方效益或者降低买方使用替代品的转移成本,而使集中化市场与广泛市场之间的渗透增大,集中化战略所构成的成本优势或差别化优势则会逐渐消失。

本章内容拓展

学习总结

本章习题

第八章
组织结构

知识目标

1. 了解正式组织和非正式组织及其关系、机械式组织和有机式组织、传统的组织模式及其优缺点。
2. 掌握组织设计的原则、横向和纵向组织结构的设计、组织的职权设计。
3. 熟悉影响组织结构选择的因素等。

能力目标

能根据一定组织原则来设计组织架构和制度。

经济管理情境

2023年6月28日至29日，全国组织工作会议在北京召开。会上传达了习近平总书记对党的建设和组织工作作出的重要指示。习近平总书记为新时代新征程党的组织工作发展指明方向，强调要不断提高组织工作质量，为更好地以党的伟大自我革命引领伟大社会革命，推进强国建设、民族复兴伟业提供坚强组织保证。广大党员、干部表示，习近平总书记重要指示高瞻远瞩、抓纲举要，要深刻学习领会习近平总书记重要指示精神和全国组织工作会议精神，以习近平总书记关于党的建设的重要思想为根本遵循，在新时代新征程彰显组织工作新担当新作为，为推进强国建设、民族复兴伟业提供坚强组织保证。

第一节 设计组织结构

一、设计组织结构的含义

（一）组织概述

组织就是为了使系统达到它特定的目标,使全体参加者经分工与协作以及设置不同层次的权力和责任制度而构成的一种人的组合体。现实中,组织按形成方式,可以划分为正式组织与非正式组织。

1. 正式组织

正式组织是为了有效地实现组织目标,而明确规定组织成员的职责和相互关系的一种结构,其组织制度和规范对成员具有正式的约束力。正式组织中的成员都有组织规章制度规定的职位与权责,依据组织规章制度行事,每个人都要经过组织规章制度程序进入或退出组织。正式组织特点是其成员之间保持着形式上的协作关系,以完成组织目标为行动的出发点和归宿点。

2. 非正式组织

非正式组织则是组织成员在感情相投的基础上,由于现实观点、爱好、兴趣、习惯、志向等一致而自发形成的结伙关系。非正式组织也有自己的目的,也可能存在分工,但是其目的和分工并不是经过正式计划的,也没有严格的规章制度来保证其目的和分工的实施和存续。非正式组织中的目的和分工是自发的、富有弹性的、非生存性的或自娱性的。非正式组织不是由正式组织所建立或所需要的,而是由于人们互相联系而自发形成的个人和社会关系的网络,主要用于满足人们的社会心理方面的需求和建立与维持良好的人际关系。非正式组织具有两个特点:其一,非正式组织在满足组织成员个人的心理和感情需要方面较正式组织更具有优越性。其二,非正式组织形式灵活、稳定性弱、覆盖面广(可以渗透组织内不同部门甚至组织外部),几乎所有正式组织的成员都介入某种类型的非正式组织。

非正式组织具有特有的凝聚力和影响力,能对正式组织产生积极或消极作用。

(1)非正式组织的积极作用。非正式组织可以为员工提供在正式组织中很难得到的心理需要的满足,创造一种更加和谐、融洽的人际关系,提高员工的相互合作精神,最终改变正式组织的工作情况。

(2)非正式组织的消极作用。如果非正式组织的目标与正式组织目标发生冲突,则可能对正式组织的工作产生极为不利的影响。非正式组织要求成员行为一致性的压力,可能会制约成员的个人发展。此外,非正式组织的压力还会影响正式组织的变革进程,造成组织创新的惰性。

由于非正式组织的存在是一个客观的、自然的现象,也由于非正式组织对正式组织具有正负两方面的作用,所以,管理者应正视非正式组织的存在,不能采取简单的禁止或取缔态度,而应该对它加以妥善管理。也就是要因势利导,善于最大限度地发挥非正式组织的积极作用,克服其消极的作用。正式组织应有意识地引导和促进具有积极意义的非正式组织的形成和发展,努力使其成为正式组织的辅助力量。在可能的条件下,将其中一些转化为正式组织,纳入组织结构体系,接受正规管理。

(二)设计组织结构的任务

为了保证目标与计划的有效实现,管理者就必须设计合理的组织架构,整合这个架构中不同员工在不同时空的工作并使之转化成对组织有用的贡献。组织结构,即组织的基本架构,是反映人、职位、任务及它们之间的特定关系的网络,是组织的全体成员为实现组织目标,在管理工作中进行分工协作,在职务范围、责任、权利方面所形成的结构体系。组织结构是组织在职、责、权方面的动态结构体系,其本质是为实现组织战略目标而采取的一种分工协作体系,组织结构必须随着组织的重大战略调整而调整。

习近平指出,要以提升组织力为重点,突出政治功能,健全基层组织,优化组织设置,理顺隶属关系,创新活动方式,扩大基层党的组织覆盖和工作覆盖。组织结构对于组织功能的行使和领导人作用的发挥具有极为重要的意义。如果将组织比喻为一个人,那么组织结构就相当于这个人的骨骼架构。组织结构与组织中各部门、各成员的职责的分派直接有关。只要有职位就有职权,只要有职权就有职责。组织机构为职责的分配和确定奠定了基础,而组织管理则是以机构和人员职责的分派和确定为基础的,利用组织结构可以评价组织各个成员的功绩与过错,从而使组织中的各项活动有效地开展起来。

要使组织结构符合科学、高效、经济的运转模式,就要在组织结构的设计上下功夫。设计组织结构是指根据组织目标及实际工作需要,确定组织层次划分、各个部门及其工作人员的职责范围和权限,建立合理的组织结构的过程。它是组织正常运作和责权划分的需要,有利于资源整合、达成组织目标,有利于企业活动中各职能的划分和定位,有利于授权的稳定性,有利于组织成员的职业成长。设计组织结构的任务就是设计清晰的组织结构,规划和设计组织中各部门的职能和职权,确定组织中职能职权、参谋职权、直线职权的活动范围并编制职务说明书。

组织结构是组织内部横向各个部门的设置、纵向各层次工作群体及其关系的总和。它是组织的框架体系,构成组织的基本形态。设计组织结构包括组织结构横向设计和组织结构纵向设计。组织结构横向设计主要解决管理与业务部门的划分问题,反映了组织中的分工合作关系;组织结构纵向设计主要解决管理层次的划分问题与职权分配问题,反映了组织中的领导隶属关系。

二、组织结构设计的原则

组织结构设计的原则是进行组织设计时必须综合考虑的准则,不同组织由于其成长历史、规模等不同,在进行组织设计时考虑的准则各有侧重点。但就一般意义上来讲,进行组织结构设计主要遵循以下原则。

（一）任务目标原则

组织是实现组织目标的有机载体，组织的结构、体系、过程、文化等均是为完成组织目标服务的，达成目标是组织设计的最终目的。我们知道企业经营是以营利为目的的。因此，企业组织的建立与否都要以其能否完成任务目标为原则，即因事设岗。假如没有任务目标，这个组织可以不设立；或者设立的组织不能完成任务目标，则可以撤销该组织。每个组织的建立，都是要达到某种目标、完成某种任务的。一个组织通过组织结构的完善，使组织中的每个人在实现组织目标的过程中做出更大的贡献。

（二）统一指挥原则

统一指挥原则是最经典的也是最基本的原则，是指组织的各级机构及个人必须只服从一个直接领导的命令和指挥。这要求上下级之间形成一条清晰的统一指挥链，下属只接受一个上级的指挥，上级不能越级指挥下属，以避免多头领导和多头指挥。如果下属有多个上级，就会出现政出多门、多头领导的局面，使得下属无所适从，组织管理混乱。

在任何情况下，都不会有适应多重领导的组织。要使组织结构能够作为一个整体高效运作起来，在进行组织结构设计时，必须实施统一指挥原则，使组织的各项活动有明确的上下级职权、职责及沟通联系的具体方式。组织内部的专业化分工越细，协作关系越密切，统一指挥原则对于保证组织围绕其目标高效率地开展工作就越重要。

（三）分工协作原则

组织任务目标的完成，离不开组织内部的专业化分工和协作。当今各类组织，工作量大、专业性强，分别设置不同的专业部门有利于提高管理工作的效率。分工越细，专业水平越高，效率越高，但是分工过细会导致机构庞大，组织协调难度较大。分工粗略，各部门之间的协调比较容易，但是专业化水平降低，效率降低，由于分工不明晰，会相互推诿和扯皮。因此，要适当地分工合作，建立高效的组织管理。在合理分工的基础上，各专业部门又必须加强协作和配合，才能保证各项专业管理工作的顺利开展，以达到组织的整体目标。

（四）责权利相结合原则

责任、权力、利益三者之间是不可分割的，而必须是协调的、平衡的和统一的。责任是权力的约束，有了责任，权力拥有者在运用权力时就必须考虑可能产生的后果，不至于滥用权力；权力是责任的基础，有了权力才可能负起责任；利益的大小决定了管理者是否愿意承担责任及接受权力的程度。利益大、责任小的事情谁都愿意去做，相反，利益小、责任大的事情人们很难愿意去做，其积极性也会受到影响。对额外的责任必须给予额外的利益。组织内部任何一个部门，都要承担相应的任务目标，有一定的责任。在担当责任的同时，也应该拥有一定权力，并获得相应利益，达到责权利的结合。权责要对等，有权无责容易滥用职权，有责无权就无法调动资源来完成责任，没有利益会严重打击员工的工作热情，缺乏积极性，会使人消极怠工，尽量去逃避这样的工作。因此确立组织就要考虑责权利匹配的问题，否则，组织的作用不能发挥出来，相互的协调也会很困难。

（五）集权与分权相结合原则

在进行组织设计或调整时,既要有必要的权力集中,又要有必要的权力分散,两者不可偏废。集权是大生产的客观要求,它有利于保证企业的统一领导和指挥,有利于人力、物力、财力的合理分配和使用;而分权则是调动下级积极性、主动性的必要组织条件。合理分权有利于基层根据实际情况迅速而准确地做出决策,也有利于上层领导摆脱日常事务,集中精力抓重要问题。

三、设计横向组织结构

横向组织结构是指各管理部门的构成,即部门划分,是指把工作和人员组成若干管理的单元并组建相应的机构或单位。其考量维度主要是一些关键部门是否缺失或优化,从组织总体形态、各部门一级及二级结构进行分析。设计横向组织结构主要是解决管理与业务部门的划分问题,反映了组织中的分工协作关系。不同的管理或业务,是使整个管理系统有机运转起来的细胞与基础。组织按照职能相似性、任务活动相似性或关系紧密性的原则把组织中的专业技能人员分类并集合在各个部门内,然后配以专职的管理人员来协调领导,统一指挥。

组织可以按职能、产品(劳务)、地域、目标顾客、工作流程、工作时间、工作人数、技术或设备等来划分部门。下面介绍五种基本的部门划分形式。

（一）职能部门化

职能部门化是指对工作活动进行部门划分,主要是根据活动的职能,即按照生产、财务管理、营销、人事、研发等基本活动相似或技能相似的要求,分类设立专门的管理部门,如图8.1所示。

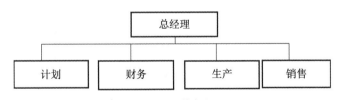

图8.1　职能部门

根据职能进行部门的划分适用于所有的组织,是应用相当广泛的一种部门划分方法。只有职能的变化可以反映组织的目标和活动。任何一个企事业组织存在的目的都是要创造某种为他人所需要的物品或劳务,诸如采购、制造、销售等,可以说是所有的企事业单位的基本职能。生产主要创造或增加物品或劳务的效用;销售主要寻找愿意按一定价格购买物品或接受服务的顾客;财务主要是指资金的筹措、保管和运作。以这些基本职能为依据,便可以将组织划分为生产部门、销售部门、财务部门等。当然,由于各种组织的活动领域及同一职能在不同组织中的重要程度不同等,现实中这些职能部门在不同类型的组织中会有不同的具体名称。

1.职能部门化的优点

(1)能够突出业务活动的重点,有利于确保组织的主要基本活动得到重视。

(2)把专业技术、研究方向接近的人分配到同一个部门中,来实现规模经济,符合专业化原则,有利于人员提高工作效率,同时也简化了培训工作。

(3)由于最高主管要对最终成果负责,从而强化了控制,有利于管理目标的实现。

2.职能部门化的缺点

(1)各种同类资源过分集中,不利于组织按市场或顾客的需求等来组织分工。

(2)容易使人们过度局限于自己所在的职能部门,忽视组织整体目标,部门间的协调比较困难,甚至还会造成因部门利益而损害组织总目标的实现。

(3)职权过分集中,有利于专职人员的锻炼,但不利于培养综合全面的管理人才。

(二)产品(服务)部门化

产品(服务)部门化是指根据组织生产的产品或提供的服务类型进行部门化。许多开展多元化经营的大企业经常采用产品(服务)部门化来划分部门。随着企业规模的扩大和产品品种的增加,企业管理工作变得越来越复杂,各部门主管者的工作负担也越来越重,而管理幅度的客观限制又使得他们难以通过增加直接下属的办法来解决问题,因而按照产品(服务)来划分部门,重新组织企业活动就成为必要。

1.产品(服务)部门化的优点

(1)有利于企业采用专门设备,促进协调,充分发挥人员的技能和专门知识,也有利于产品和服务的改进;

(2)能够明确利润责任,便于最高主管把握各种产品或产品系列对总利润的贡献。

(3)有利于锻炼和培养独当一面的全能管理人才。

2.产品(服务)部门化的缺点

(1)对产品分部主管人员的全面管理能力要求高。

(2)分部的独立性较强而整体观念较弱,分部之间的沟通与协调较差。

(3)分部内都需要具备职能部门或职能人员,从而造成部门重复设置、管理费用增加。

(三)地域部门化

地域部门化是指根据地域来进行部门划分。这是经营活动在地域上比较分散的企业所常用的一种部门划分方法。其做法是,将某一地区的业务活动集中起来,并委派相应的管理者,形成区域性的部门。例如,建筑陶瓷企业的产品市场比较分散,绝大多数建筑陶瓷企业的营销工作就是根据地域来划分营销市场,分片负责。实际上,每个地域是围绕这个地区而形成的一个部门。

1.地域部门化的优点

(1)有利于鼓励地方参与决策,促进地区活动的协调。

(2)有利于管理者注意当地市场的需要和问题。

(3)生产的当地化有利于降低运输费用,缩短交货时间。

(4)有利于培养能力全面的管理者。

2.地域部门化的缺点

(1)由于机构重复,使得费用增加。

(2)总部对地方控制的难度较大。
(3)要求管理者具有全面的管理能力。

(四)顾客部门化

顾客部门化是指根据目标顾客的类型来进行部门化。按照顾客划分部门是为了更好地满足特定顾客群体的要求。例如:一家服装公司按顾客的年龄把下属部门分为儿童服装部、青年服装部、老年服装部等;一个较大的法律事务所可根据其服务对象是公司还是个人来分设部门。

1. 顾客部门化的优点

重视顾客的需要,增加顾客的满意程度,并有利于生产和提供针对特定顾客的产品和服务。

2. 顾客部门化的缺点

按照顾客组织起来的部门常常要求特殊对待而造成部门间协调困难,管理者必须要熟悉特定顾客的情况,否则在有些情况下很难轻而易举地对顾客进行区分。

(五)流程部门化

流程部门化就是按照工作或业务流程来组织业务活动。如一家火力发电厂根据生产流程把电力生产划分为燃煤供应部、锅炉部、汽轮机部、发电机部、送配电部等。

1. 流程部门化的优点

(1)易于协调管理,对市场需求的变动也能够快速敏捷地作出反应,能取得经济优势。
(2)能充分利用专业技术和技能。
(3)简化了培训,容易形成学习氛围。

2. 流程部门化的缺点

(1)部门间的协作较困难。
(2)只有最高层对企业获利负责。
(3)权责相对集中,不利于培养综合的高级管理人员。

大型组织进行部门化时,可能综合利用上述各种方法,以取得较好的效果。例如,一家大型的某电子公司在进行部门化时,根据职能类型来划分部门,根据生产流程细化产品制造部门,按地域部门化把销售部门细化为地域工作单位,又在每个地区根据其顾客类型把地域工作单位细分为顾客小组。

四、设计纵向组织结构

纵向组织结构,也称为组织层级结构,是指管理层次的构成及管理者所管理的人数(纵向结构),其考量维度包括管理人员分管职能的相似性、管理幅度、授权范围、决策复杂性、指导与控制的工作量、下属专业分工的相近性。设计纵向组织结构指组织在组织结构设计时需要确定组织的层级数目和有效的管理幅度,需要根据组织集权化的程度,规定纵向各层级之间的权责关系,最终形成一个能够对内外环境要求做出动态反应的有效组织结构形式。

（一）管理幅度与管理层级

设计纵向组织结构的核心任务是确定完成组织目标所需设定的组织层级结构。而管理幅度与管理层级是互相制约的，其中起主导作用的是管理幅度。所谓起主导作用，就是管理幅度决定着管理层级，即管理层级的多少取决于管理幅度的大小，这是由管理幅度的有限性决定的。

在组织规模一定的情况下，管理幅度和管理层次成反比，即在同一组织中管理幅度大则管理层次少，管理幅度小则管理层次多。现实中，一个组织的管理幅度过大，领导会忙于事务性工作，降低办事效率；组织的管理幅度过小，就会使管理层次过多，使得上下的信息沟通不能快速进行，上情不能下达，下情不能上传，整个的指挥会出现梗阻现象。

因此，确定管理幅度的大小，设立多少管理层次，要以是否能让组织快速、高效地运转为原则。在设计纵向组织结构时，首先要根据组织的具体条件，科学地设计管理幅度，然后在这个数量界定内，再考虑影响管理层次的其他因素，科学地确定管理层级。在此基础上，进行职权配置，从而建立组织的纵向结构。

（二）管理幅度的设计思想

现代组织设计理论正是吸收了各时期、各学派和各方面的研究成果，确立了关于管理幅度设计的科学指导思想。概括起来有如下几个方面。

（1）管理幅度是有限的。

（2）有效管理幅度不存在一种普遍适用的固定的具体人数，它的大小取决于若干基本变量，也就是影响因素。

（3）组织设计的任务就是找出限制管理幅度的影响因素，根据它们影响强度的大小，具体地确定特定企业各级各类职务与人员的管理幅度。

五、职权设计

职权是指经由一定的正式程序所赋予某项职位的一种权力。这种权力是一种职位的权力，而不是某个特定的人的权力，跟组织层级化设计中的职位紧密相关，跟个人特质无关。职权设计就是全面、正确地处理企业上下级之间和同级之间的职权关系，将不同类型的职权合理分配到各个层次和部门，明确规定各部门、各种职务的具体职权，建立起集中统一、上下左右协调配合的职权结构。这是保证各部门能够真正履行职责的一项重要的组织设计工作。

（一）职权基本类型

组织中的职权有三种基本类型，即直线职权、参谋职权和职能职权。

1. 直线职权

直线职权是上级直接指挥下级的权力，表现为上下级之间的命令权力关系。直线职权由组织的顶端开始，延伸向下至最底层，形成指挥链。

2. 参谋职权

参谋职权是指参谋人员所拥有的辅助性的职权，是顾问性、服务性、咨询性和建议性的职权,旨在帮助直线职权有效地完成组织目标。参谋人员可分为两类,即个人参谋和专业参谋。

3.职能职权

职能职权是指由直线主管人员授权给个人或职能部门,允许他们在一定程度和一定范围内行使的某种职权。随着组织规模不断扩展和管理活动日趋复杂,主管人员受到时间、精力和专业知识与能力等方面的限制,仅仅依靠参谋人员的建议很难做出科学的决策,为了提高和改善管理效率,主管人员就将一部分本属于自己的直线职权授予个人或职能部门,这就产生职能职权。

(二)职权设计——集权和分权

权力通常被描述为组织中人与人之间的一种关系,特指处在某个管理岗位上的人,对整个组织或所辖单位及人员的一种影响力,简称管理者影响别人的能力。权力主要来源于三个方面:专长权、个人影响权与制度权(或称法定权)。专长权是指管理者所具备的知识或技能而产生的影响力;个人影响权是因为个人品质、社会背景、人格魅力产生的影响力;制度权是职权,赋予管理系统中某一职位的权力,其实质就是决策权。职权与组织中的管理职位有关,而与占据这个职位的人无关。集权与分权反映组织的职权关系,是指组织中决策权限的集中与分散程度。

1.集权制

集权制是指管理权限较多地集中在组织最高层,特点是决策权较多地集中于高层主管,中下层只有日常业务的决策权;对下级的控制较多,下级决策前都要经过上级的审核,下级决策后要向上级汇报;集中经营,统一核算。从现实中看,一个小规模的组织,采用高度集权方式管理效率会很高;但是如果面对大规模组织,过分集权管理就会存在弊端。过分集权通常会给组织带来以下三个方面的弊端。

(1)降低决策的质量。由于决策权在最高管理者手里,各方面的信息要向最高管理者集中,在信息传递中,经过的环节很多,信息的损失、扭曲会使信息失真,由此造成的决策结果,可想而知,难以保证质量。

(2)降低组织的适应能力。因为最高管理者距离底层较远,当命令下达时,有时间滞后的问题,在经营中,会减缓组织对市场变化的反应速度,不能及时应对,降低了组织的适应能力。

(3)降低组织成员的工作热情。作为基层人员,没有决策权,凡事听领导的安排,不用负什么责任,当然也就没有什么工作热情。

2.分权制

分权制就是把管理权限适当分散在组织中下层,其特点如下:中下层有较多的决策权;上级的控制较少,往往以完成规定的目标为限;下级有相对的独立经营、独立核算的权力,有一定的财务支配权。分权主要通过两个途径:一是制度分权;二是授权。制度分权就是在组织设计中考虑组织规模和组织活动的特点,根据管理层级各个部门的工作任务的要求,规定必要的职责和权限;授权就是指上级给予下级一定的权力责任,使下级在一定的监督下,拥有相当的自主权。制度分权是对组织机构而言的,授权是对人而言的。在现代企业管理中,对于大规模的企业,分权管理有它的必然性。但是,如果分权不合理,也会给组织带来一些问题。正确的分权要注意明确分权的目的,使职、权、责、利相统一,正确选择授权部门和授权者,加强对授权部门和授权者的监督控制。

对一个组织而言,分权与集权都是必要的,是集权程度高一些好,还是低一些好,这没有普遍适用的标准模式,只能根据影响集权与分权程度的客观因素,实事求是地加以确定,集权与分权的程度可根据以下因素的变化情况来衡量:产品结构及生产技术特点、环境条件、企业战略、企业规模、企业管理水平和管理者条件。

第二节 机械式组织结构和有机式组织结构

机械式组织结构和有机式组织结构代表着一个连续统一体的两个极端,它们之间实际上存在无数的中间过渡状态,可以有多种变异,或者表现为多种不同的具体形式。两种组织的特征和适用条件有很大的差异。

一、机械式组织结构

机械式组织结构,也称为官僚行政结构,是综合使用传统组织设计原则的自然产物,具有高度复杂性、高度正规化和高度集权化的特点,是一种僵硬、刻板的结构。传统组织坚持统一指挥的结果,产生了一条正式的职权层级链,每个人只受一个上级的控制和监督。而组织要保持窄的管理幅度,并随着组织层次的提高而更加缩小管理幅度,这样也就形成了一种高耸的、非人格化的结构。当组织的高层与低层距离日益扩大时,无法对低层次的活动通过直接监督来进行控制,就会增加使用规则条例,并确保标准作业行为得到贯彻。

机械式组织结构对任务进行了高度的劳动分工和职能分工,以客观的不受个人情感影响的方式挑选符合职务规范要求的合格的任职人员,并对分工以后的专业化工作进行集权严密的层次控制,同时制定出许多程序、规则和标准,这类企业,在组织上无疑具有明显的刚性的机械式组织结构特征。那些通过分权而使中层管理人员承担了部分决策权,主要通过产出计划来进行控制的事业部型企业,其各个事业部的内部特征并没有根本改变,只是程序有所减弱而已。

机械式组织结构适用于规模较大的组织,且企业环境相对稳定,任务明确且持久;决策可以程序化,技术相对统一而稳定;按常规活动,以效率为主要目标。

二、有机式组织结构

有机式组织结构,也称适应性组织结构,是低复杂性、低正规化和分权化的组织结构。由于不具有标准化工作和规则条例,所以有机式组织结构是一种松散、灵活的具有高度适应性的组织结构,能根据需要迅速地作出调整。有机式组织结构不设置永久的固定的职位和职能界限严格确定的部门,基层人员有权根据自己的技能和所掌握的信息决定应该采取的行为,成员之间直接的横向及斜向的沟通和协调取代纵向沟通和层级控制而成为实现目标的主要手段,具有较高的适应性和创新性。

有机式组织结构也进行劳动分工,但人们所做的工作并不是标准化的。员工多是职业化的,具有熟练的技巧,并经过训练能处理多种多样的问题。他们所受的教育已经使他们把职业行为的标准作为习惯,所以不需要多少正式的规则和直接监督。例如,给计算机工程师分配一项任务,就无需告诉他如何做,大多数的问题他都能够自行解决或通过征询同事后得到解决,他是依靠职业标准来指导行为。

有机式组织结构保持低程度的集权化,就是为了使职业人员能对问题作出迅速的反应;另外,人们并不能期望高层管理者拥有作出必要决策所需的各种技能。有机式组织结构设计方案的选择包括简单型、矩阵型、网络型、任务小组和委员会结构等。大多数组织都是小型的,并不需要高度复杂的正规结构设计。

有机式组织结构的适用条件:规模较小的企业,且企业环境相对不稳定和不确定,企业必须充分对外开放;任务多样化且不断变化,使用探索式决策过程;技术复杂而多变;有许多非常规活动,需要较强的创造和革新能力。

三、机械式组织结构和有机式组织结构的选择

对两种组织设计的选择,依据的是每一方案适用的条件,如不同的使用时间和地点、组织的内部要求及外部环境。

(一)小型组织和新建组织

组织规模小,组织的员工比较少,通常意味着工作活动的重复少,非正式沟通更方便有效,标准化就不具有吸引力。当组织处于发展初期,或者环境简单且处于动态的时候,组织的简单结构效果较好。简单的环境易于为一个人所把握,也能灵活地对不能预见的环境变化作出迅速的反应。

(二)多种产品或多个市场的组织

这类大型组织往往需要对结果有高度责任感。它们有多个产品或规划,需要有许多可靠的供应商和海外低廉的劳动力,需要依靠有职能专长的组织;有时组织中有些重要任务具有特定的期限和工作绩效标准,或者是独特的、不常见的任务,需要有跨职能界限的专门技能委员会,或需要有跨职能界限的专门技能的组织。这些组织的设计包括职能型结构和分部型结构,对于开展专门化经营的大型组织,具有较好的效果。它们两者在本质上都是机械式组织结构。有的组织采用矩阵结构,设置规划或通过产品经理来指导跨职能的活动,可以取得专业化的优势。

(三)网络型组织

网络型组织是计算机技术革命的产物。通过与其他组织联系,一家工业公司可以从事制造业活动而不必有自己的工厂。对于刚开业的制造业企业来说,网络型组织结构是一种特别有效的手段,它可以使风险和投入大大降低。因为它需要很少的固定资产,从而也就降低了对组织财力的要求。但是,要取得成功,管理者必须熟练地发展和维持与供求双方的关系。如果网络组织中的任何一家关联公司不能履行合同,这一网络组织就可能成为输家。

（四）任务小组和委员会

任务小组和委员会是有机式组织结构的附加设计手段。它们两者是在需要将跨职能界限的人员集结在一起时使用的。由于任务小组是一种临时性设计，它也是完成那些具有特定期限和工作绩效标准的任务，或者那些独特的、不常见的任务的一种理想手段。如果任务是常见的，需要经常重复，则机械式设计可以一种更为标准化更有效率的方式来进行处理。

第三节　影响组织结构选择的因素

影响组织结构选择的因素有很多，一般包括组织战略、组织环境、组织技术、组织规模与组织所处的发展阶段等。

一、组织战略

组织结构追随组织战略，如纵向一体化和横向一体化的组织结构是根据组织战略发展而来的。反过来，组织战略的变化必然带来组织结构的更新，如组织战略由纵向一体化变为横向一体化，组织结构也必然要由纵向一体化转变为横向一体化。在组织结构与战略的相互关系上，一方面，战略的制定必须考虑企业组织结构的现实；另一方面，一旦战略形成，组织结构应作出相应的调整，以适应战略实施的要求。适应战略要求的组织结构，能够为战略的实施和组织目标的实现，提供必要的前提。

不同的战略选择可在两个层次上影响组织结构：一是不同的战略要求开展不同的业务活动，这会影响管理职务的设计；二是战略重点的改变，会引起组织工作重点的转变，以及各部门与职务在组织中重要程度的改变，因此要求对各管理职务及部门之间的关系作相应的调整。

随着企业战略从单一产品向一体化、多样化经营的转变，组织结构将从有机式转变为更为机械的形式。一般来说，企业起始于单一产品的生产和经营，简单的战略只要求一种简单、松散的结构形式来配合。这时，决策可以集中在一个高层管理者手中，组织的复杂化和正规化程度很低。当企业发展壮大以后，它的战略更宏伟更富进取心，向纵向一体化、横向一体化方向发展，因而需要重新设计结构以支持所选择的战略。当企业进一步成长以后，进入多样化战略，这时结构需要再一次调整。而组建多个独立的事业部，让某一个部门对一类特定的产品负责，则能够更好地达到上述要求。

二、组织环境

外部环境的迅速变化性和复杂性程度加剧了环境的不确定性。在不确定的环境中，组织必须保持灵活性，保持一种随时对环境变化做出反应的状态。环境变化是导致组织结构变革的一个主要影响力量。

组织环境对组织结构的影响可以反映在职务与部门设计层次、各部门关系层次、组织总体特征层次等不同的层次上。因为组织作为整个社会经济大系统的一个组成部分,它与外部的其他社会经济子系统之间存在着各种各样的联系,所以组织环境的发展变化必然会对企业组织结构的设计产生重要的影响。

当今社会,企业普遍面临全球化的竞争和由所有竞争者推动的日益加速的产品创新,顾客对产品的质量和对交货期的要求越来越高,传统的以高度复杂性、高度正规化和高度集权化为特征的机械式组织,并不适合企业对迅速变化的环境作出灵敏的反应。为适应新的组织环境变化,许多企业管理者开始朝着弹性化或有机化的方向改变其组织结构,以便使组织变得更加精干、快速、灵活和富有创新性。

三、组织技术

组织的活动需要采用一定的技术和反映一定技术水平的特殊手段来开展。技术及技术设备的水平,不仅影响组织活动的效果和效率,而且会作用于组织活动的内容划分、职务设置,会对工作人员的素质提出要求,从而对组织结构的形式和总体特征等产生相当程度的影响。如信息处理的计算机化,必将改变组织中从事会计、文书、档案等工作的部门的工作形式和性质。

越是常规化的技术,越需要高度结构化的组织。反之,非常规的技术要求更大的结构灵活性。单件生产或连续生产的企业,采用有机式组织结构最为有效,大量生产企业若与机械式组织结构相配合,则为最佳状态。

四、组织规模与组织所处的发展阶段

组织规模往往与组织的发展阶段相联系,伴随着组织活动的内容会日趋复杂,人数会逐渐增多,活动的规模会越来越大,组织的结构也须随之调整,以适应变化了的情况。规模大的组织要比规模小的组织倾向于更高程度的专业化和横向及纵向的分化,规则条例也更多。当然,规模对结构的影响程度不是线性的,而是在逐渐减弱。当组织发展到一定程度之后,随着组织的再扩大,规模对组织结构影响就更弱了。

企业在成长的早期,组织结构常常是简单、灵活而集权的。随着员工的增多和组织规模的扩大,企业必须由创业初期的松散结构转变为正规、集权的,其通常的表现形态就是职能型结构。而当企业的经营进入多元产品和跨地区市场后,分权的事业部结构可能更为适宜。企业进一步发展而进入集约经营阶段后,不同领域之间的交流与合作以及资源共享、能力整合、创新力激发问题日益突出,这样,以强化协作为主旨的各种创新型组织形态便应运而生。总之,组织在不同成长阶段所适合采取的组织模式是各不一样的。

第四节　传统组织设计

一、传统组织设计概述

任何组织结构的出现,可以说,都是组织设计的结果。传统组织理论是古典管理理论中涉及组织结构和组织管理基本职能的理论,主要是研究和明确管理职能及实现

管理职能必须遵循的科学原则,提出组织结构的理论和形式。传统组织理论主要代表人物有法国的亨利·法约尔,德国的马克斯·韦伯,美国的詹姆斯·穆尼和英国的林德尔·厄威克等。传统的组织管理理论经历了长期的历史发展和改善,对组织结构设计的研究已经相当成熟,形成了直线制、职能制、直线-职能制、事业部制、矩阵制等机械式组织结构模式,被广泛应用于各种组织形式,包括企业、政府机构、教育机构等。

传统组织设计优点是强调工作效率,强调工作的专业化分工,强调严格的等级制度,因而有利于提高组织的稳定性和可控制性,也有利于组织目标的实现;其缺点是过分强调职权对被管理人员的控制作用,过分强调等级的严格性,因而不利于人的积极性与创造性的充分发挥,使组织缺乏灵活性,而且会造成被管理者与管理者的敌对状态,使被管理者对组织持反对态度,从而阻碍组织目标的实现。

当前世界经济正处于工业经济向知识经济的转变过程中,信息化的浪潮正在以巨大的力量改变着人类社会。为了适应知识经济时代发展的要求,新的、有效的管理观念和方式不断涌现,使现代组织设计呈现出组织结构扁平化、组织结构柔性化、组织界限模糊化的新趋势,现实中产生了一些松散的、灵活的、能根据需要迅速作出调整的有机式组织结构模式。

二、传统组织设计模式

(一)直线制组织结构

直线制组织结构是一种最早也是最简单的组织形式。它的特点是组织各级行政单位从上到下实行垂直领导,下属部门只接受一个上级的指令,各级主管负责人对所属单位的一切问题负责。不另设职能机构(可设职能人员协助主管人员工作),一切管理职能基本上都由行政主管自己执行。直线制组织结构如图8.2所示。

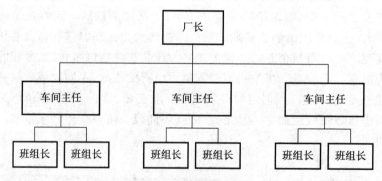

图 8.2 直线制组织结构

直线制组织结构的优点:组织结构比较简单,责任分明,命令统一。

直线制组织结构的缺点:要求行政负责人通晓多种知识和技能,亲自处理各种业务,这在组织规模比较大、业务比较复杂的情况下,把所有管理职能都集中到最高主管一个人身上,显然他是难以胜任的。

因此,直线制只适用于规模较小、生产技术比较简单的企业,生产技术和经营管理比较复杂的企业并不适宜。

（二）职能制组织结构

职能制组织结构是在各级行政单位，除主管负责人外，还相应地设立一些职能机构。如在厂长下面设立职能机构和人员，协助厂长从事职能管理工作。这种结构要求行政主管把相应的管理职责和权力交给相关的职能机构，各职能机构就有权在自己业务范围内向下级行政单位发号施令。因此，下级行政负责人除了接受上级行政主管指挥外，还必须接受上级各职能机构的领导。职能制组织结构如图8.3所示。

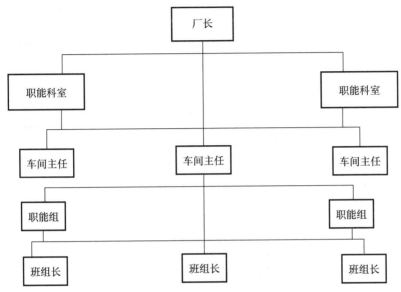

图8.3　职能制组织结构

职能制组织结构的优点：能适应现代化工业企业生产技术比较复杂，管理工作比较精细的特点；能充分发挥职能机构的专业管理作用，减轻直线领导的工作负担。

职能制组织结构的缺点：妨碍了必要的集中领导和统一指挥，形成了多头领导；不利于建立和健全各级行政负责人和职能科室的责任制，在中间管理层往往会出现有功大家抢、有过大家推的现象；上级行政领导和职能机构的指导和命令出现矛盾时，下级就无所适从，影响工作的正常进行，容易导致纪律松弛、生产管理秩序混乱。

由于这种组织结构形式的明显的缺陷，现代企业一般都不采用职能制。

（三）直线-职能制组织结构

直线-职能制，也称为生产区域制或直线参谋制。它是在直线制和职能制的基础上，取长补短，吸取这两种形式的优点而建立起来的。我们绝大多数企业都采用这种组织结构形式。这种组织结构把企业管理机构和人员分为两类：一类是直线领导机构和人员，按命令统一原则对各级组织行使指挥权；另一类是职能机构和人员，按专业化原则，从事组织的各项职能管理工作。直线领导机构和人员在自己的职责范围内有一定的决定权和对所属下级的指挥权，并对自己部门的工作负全部责任。而职能机构和人员，则是直线指挥人员的参谋，不能对直接部门发号施令，只能进行业务指导。直线-职能制组织结构如图8.4所示。

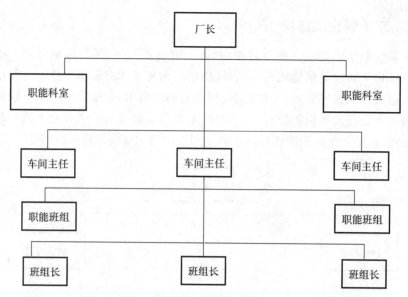

图 8.4 直线-职能制组织结构

直线-职能制组织结构的优点:既保证了企业管理体系的集中统一,又可以在各级行政负责人的领导下,充分发挥各专业管理机构的作用。

直线-职能制组织结构的缺点:职能部门之间的协作和配合性较差,职能部门的许多工作要直接向上层领导报告请示才能处理,这一方面加重了上层领导的工作负担,另一方面也导致办事效率低下。为了克服这些缺点,可以设立各种综合委员会,或建立各种会议制度,以协调各方面的工作,起到沟通作用,帮助上层领导出谋划策。

(四)事业部制组织结构

事业部制最早是由美国通用汽车公司总裁斯隆于1924年提出的,故有"斯隆模型"之称,也称为"联邦分权化",是一种高度(层)集权下的分权管理体制。事业部制适用于规模庞大、品种繁多、技术复杂的大型企业,是国外较大的联合公司所采用的一种组织形式,近几年中国一些大型企业集团或公司也引进了这种组织结构形式。事业部制是分级管理、分级核算、自负盈亏的一种形式,即一个公司按地区或按产品类别分成若干个事业部,从产品设计、原料采购、成本核算、产品制造,一直到产品销售,均由事业部及所属工厂负责,实行单独核算,独立经营,公司总部只保留人事决策,预算控制和监督大权,并通过利润等指标对事业部进行控制。也有的事业部只负责指挥和组织生产,不负责采购和销售,实行生产和供销分立,但这种事业部正在被产品事业部所取代。还有的事业部则按区域来划分。

事业部制组织结构的优点:总部领导可以摆脱日常事务,集中精力考虑全局问题;事业部实行独立核算,更能发挥经营管理的积极性,更利于组织专业化生产和实现企业的内部协作;各事业部之间有比较、有竞争,这种比较和竞争有利于企业的发展;事业部内部的供、产、销之间容易协调,不像在直线职能制下需要高层管理部门过问;事业部经理要从事业部整体来考虑问题,这有利于培养全面的管理人才。

事业部制组织结构的缺点:公司与事业部的职能机构重叠,形成管理人员浪费;事业部实行独立核算,各事业部只考虑自身的利益,影响事业部之间的协作,一些业务联系与沟通往往也被经济关系所替代,甚至连总部的职能机构为事业部提供决策咨询服务时,也要事业部支付咨询服务费。

(五)矩阵制组织结构

矩阵制是为了改进直线-职能制横向联系差、缺乏弹性的缺点而形成的一种组织形式。在组织结构上,将既有按职能划分的垂直领导系统,又有按产品(项目)划分的横向领导关系的结构,称为矩阵制组织结构。矩阵制组织的特点表现在围绕某项专门任务成立跨职能部门的专门机构上,如组成一个专门的产品(项目)小组从事新产品开发工作,在研究、设计、试验、制造的各个不同阶段,由有关部门派人参加,力图做到条块结合,以协调有关部门的活动,保证任务的完成。矩阵制组织结构如图8.5所示。

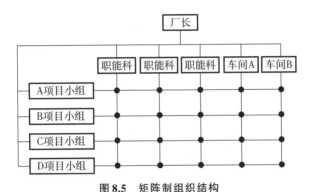

图 8.5 矩阵制组织结构

矩阵制组织结构的优点:机动、灵活,可随项目的开发与结束进行组织或解散;由于这种结构是根据项目组织的,任务清楚,目的明确,各方面有专长的人都是有备而来,因此在新的工作小组里,能沟通、融合,能把自己的工作同整体工作联系在一起,为攻克难关、解决问题献计献策;从各方面抽调来的人员有荣誉感、责任感,激发了工作热情,促进了项目的实现;加强了不同部门之间的配合和信息交流,克服了直线-职能结构中各部门互相脱节的现象。

矩阵制组织结构的缺点:项目负责人的责任大于权力,因为参加项目的人员都来自不同部门,隶属关系仍在原单位,只是为"会战"而来,所以项目负责人对他们管理困难,没有足够的激励手段与惩治手段,这种人员上的双重管理是矩阵结构的先天缺陷;由于项目组成人员来自各个部门,任务完成以后就回原单位,因而容易产生临时观念,对工作有一定影响。

矩阵制组织结构适用于一些重大攻关项目。企业可用来完成涉及面广的、临时性的、复杂的重大工程项目或管理改革任务。矩阵制组织结构特别适合以开发与实验为主的单位,尤其是应用型研究单位等。

第九章
人力资源管理

知识目标
1. 掌握人力资源管理的基础理论知识、技术与方法,以及人力资源管理流程。
2. 掌握人力资源管理的四大模块、八大职能。

能力目标
1. 学会运用人力资源管理理论知识。
2. 借鉴和运用国外先进经验来分析和解决企业人力资源管理的实际问题。

经济管理情境
作为现代人力资源管理前身的劳动人事管理,与企业管理中的生产、营销、财务等等管理领域一样,是基本的管理职能之一,其重要性与其他基本职能不分轩轾。随着科技的进步、经济全球化与竞争的加剧,企业对员工工作积极性和创造性的依赖越来越大,现代人力资源资源管理应运而生,所涉及的全新理论和复杂技术与传统的人事管理有着质的区别,其在管理实践中有着举足轻重的地位和作用。

第一节 人力资源管理概述

一、相关概念

(一) 资源

在《辞海》中,资源指的是资财的来源。马克思在《资本论》中提到,劳动和土地,是财富两个原始的形成要素。恩格斯认为，劳动和自然界在一起才是一切财富的源泉，自然界为劳动提供材料，劳动把材料转变为财富。无论何种定义，都凸显了人的因素在财富创造过程中不可或缺的重要作用。

一般而言，资源可分为自然资源、物质资源、权利资源、信息资源和人力资源。其中人力资源被视为第一资源。

（二）人力资源

管理学大师彼得·德鲁克（Peter Drucker）于1954年在其著作《管理的实践》中讨论员工及其工作的管理时，提出了"人力资源"的概念，他指出，人力资源区别于其他资源的最大特征是，它是具有"特殊资产"的"人"。美国经济学家西奥多·舒尔茨（Theodore Schultz）、加里·贝克尔（Gary Becker）于1960年提出了人力资本理论，他们认为人力资本是体现在劳动者身上的、以其数量和质量表示的、通过投资形成的资本。这一概念的提出使得"人力资源"更加深入人心。

我国最早使用"人力资源"这一概念出现在毛泽东为《发动妇女投入生产，解决了劳动力不足的困难》所写的按语中，他指出：中国的妇女是一种伟大的人力资源。必须发掘这种资源，为了建设一个伟大的社会主义国家而奋斗。

此后，国内外学者从不同的角度对人力资源的概念展开了大量的研究和讨论。比如：从人口的角度，有学者提出人力资源是指一定社会区域内所有具有劳动能力的适龄劳动人口和超过劳动年龄的人口的总和。从能力的角度，有学者提出人力资源是一个国家、经济或者组织所能够开发和利用的，用来提供产品和服务、创造价值、实现相关目标的所有以人为载体的脑力和体力的综合。所谓人力资源，就是指人所具有的对价值创造起贡献作用，并且能够被组织所利用的体力和脑力的总和。也有学者从宏观和微观的角度对人力资源进行定义，从宏观而言，人力资源是指能够推动特定社会系统发展进步并达成其目标的该系统的人们的能力的总和；从微观而言，人力资源是指特定社会组织所拥有的能推动其持续发展、达成其组织目标的成员能力的总和。

尽管人力资源有着不同的解释，但其在财富形成、经济发展、企业管理过程中的重要作用得到了学者们的一致认可。人力资源作为一切活动的实践者，具备了主观能动性、时效性、增值性、可开发性等特性，决定着企业管理的效率和效果，是形成企业核心竞争力的重要因素。

党的二十大指出，全面建设社会主义现代化国家，必须有一支政治过硬、适应新时代要求、具备领导现代化建设能力的干部队伍。坚持党管干部原则，坚持德才兼备、以德为先、五湖四海、任人唯贤，把新时代好干部标准落到实处。

（三）人力资源管理

1.人力资源管理的内涵

在彼得·德鲁克提出"人力资源"的概念之后，怀特·巴克（Wright Bakke）于1958年在《人力资源功能》中首次提出，人力资源管理作为管理的职能之一，对组织的成功至关重要。达萨特尼克（Desatnik）于1972年在美国管理协会（AMA）出版的《改革人力资源管理》一书中指出人对于组织的重要性，此后，美国管理协会变更为人事经理协会，

内容导航

案例导入

致力于提高人事经理的作用和重要性。20世纪70年代中后期至80年代早期,人力资源管理在组织中的重要作用日益凸显,也再次引起了学者们的高度关注。

随着人力资源管理实践和理论的不断发展,国内外学者从不同的角度对人力资源管理进行了解释,我国学者董克用(2016)对此进行了归纳,他提出对于人力资源管理的解释主要分为四大类:第一类主要是从人力资源管理的目的出发来解释它的含义,认为它是借助人力资源的管理来实现组织的目标;第二类主要是从人力资源管理的过程或承担的职能出发来解释,把人力资源管理看成是一个活动过程;第三类解释主要揭示了人力资源管理的实体,认为它就是与人有关的制度、政策等;第四类是从目的、过程等方面出发综合地进行解释。

那么,到底什么是人力资源管理呢?我们认为,对于人力资源管理的理解,既不能简单等同于人事管理,也不能与人事管理完全割裂。人力资源管理(human resource management,HRM)是一套系统,它关注组织中人与人、事与人、事与事、人与组织的关系,充分开发人力资源,挖掘人的潜力,调动人的积极性,提高工作效率,实现组织目标的理论、方法、工具和技术的总和。简而言之,人力资源管理是指一个组织取得、开发、配置和利用人力资源的一切活动。

2.人力资源管理的功能

人力资源管理的功能如图9.1所示。

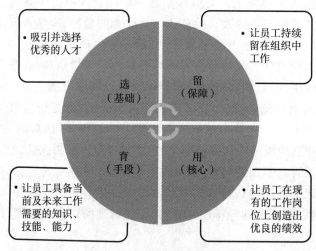

图9.1 人力资源管理的功能

基于对人力资源管理概念的理解,人力资源管理工作主要包括选、育、用、留四大职能,这些职能发挥着不同的功能。

选——人力资源获取功能,吸引并选择优秀的人才加入组织。

育——人力资源开发功能,让员工具备当前及未来工作所需的知识、技能、能力。

用——人力资源激励功能,让员工在现有的工作岗位上创造出优良的绩效。

留——人力资源维持功能,让员工继续留在组织中工作。

二、人力资源管理的发展简史

在漫长的历史长河中,作为管理学领域里不可或缺的一个分支,人力资源管理经历了从雏形到相对成熟的阶段,它的发展受到了社会文化、政策环境、市场环境、组织自身等因素的影响。基于不同的社会文化和历史环境,中西方人力资源管理发展的特征和速度有明显的差异。我国学者赵曙明总结了国内外人力资源管理的发展脉络,提出西方的人力资源管理经历了最初的劳动管理模式、机械化人力资源管理模式、适度人性化人力资源管理模式、高度人性化人力资源管理模式、自主化人力资源管理模式,而这些模式都是在不同的人性假设的理论指导下不断发展和完善的。中国企业的人力资源管理模式则经历了从劳动人事管理到人力资源管理的转变。中外人力资源管理模式比较如表9.1所示。

表9.1 中外人力资源管理模式比较

	"经济人"假设	"社会人"假设	"自我实现人"假设	"复杂人"假设
主要时间	1911年前后(国外); 1949年至20世纪80年代之前(中国)	20世纪30年代至20世纪80年代(国外); 1978年后(中国)	20世纪50年代以后(国外); 20世纪90年代(中国)	20世纪70年代以后(国外); 20世纪90年代以后(中国)
时代背景	工业经济时代(国外); 计划经济体制(中国)	后工业经济时代(国外); 市场经济体制(中国)	后工业经济时代(国外); 市场经济体制(中国)	知识经济、网络经济时代
管理理论	科学管理理论	行为科学理论	现代管理理论	当代管理理论
人力资源角色定位	被动的反应者和执行者	一定战略思维的规划者	战略思维的规划者	系统战略思维的规划者
研究理论范式	科层化范式	扁平化范式	扁平化范式	网络化范式
关注焦点	部门任务绩效	员工的人际关系	员工的自我实现需求	战略目标、竞争优势、组织绩效

下面我们从人事管理、人力资源管理、人力资本管理三个阶段分析不同阶段下人力资源管理呈现出来的特征。

(一)人事管理阶段

人事管理阶段起始于20世纪初,成熟于20世纪五六十年代,这个阶段的代表人物主要有弗雷德里克·温斯洛·泰勒(Frederick Winslow Taylor)、亨利·法约尔(Henri Fayol)、亨利·劳伦斯·甘特(Henry Laurence Gantt)。这个阶段人力资源管理的主要特点表现如下。

(1)人事管理主要是事务性工作,在企业中地位较低,很少涉及企业高层战略决策。

(2)员工与企业关系属于单纯的聘用关系,没有归属感和信任感。

(3)与其他机器、设备一样,企业将员工视为成本负担,员工角色物质化。

(二)人力资源管理阶段

这一阶段源自彼得·德鲁克1954年提出"人力资源"的概念。这个阶段的代表人物主要有彼得·德鲁克、怀特·巴克、雷蒙德·迈尔斯。这个阶段人力资源管理的主要特点表现如下。

(1)人力资源管理上升到战略管理高度,对企业的长远发展有着至关重要的影响。

(2)企业将人力资源作为企业的宝贵财富,管理的重点从提高生产效率转移到人力资源的培养和开发、人员潜力的挖掘。

(3)企业着眼于长远发展,通过人力资源管理来协调处理企业绩效与员工满意度之间的关系。

(三)人力资本管理(战略性人力资源管理)阶段

这一阶段源自1960年西奥多·舒尔茨提出的"人力资本"的概念。这个阶段的代表人物主要有西奥多·舒尔茨、加里·贝克尔等。这个阶段人力资源管理的主要特点表现如下。

(1)视员工为投资者,企业与员工之间具有共同的利益和目标,从而将企业的长远发展与员工的长期利益紧密相连。

(2)员工和企业除了聘用关系外,还存在投资合作关系。

(3)由于企业与员工的双重关系,因此员工应获得双重报酬,一部分是由于聘用关系而获取的劳动报酬,另一部分是由于投资关系而获取的利润回报。

综上所述,人力资源管理经历了从人事管理、人力资源管理到人力资本管理三个发展阶段,人们开始从关注自己向关注他人转变,从强调人的生物属性向强调人的社会属性、精神属性转变,对管理实践者来说,研究视角和内容也不断丰富与完善,不再局限于研究提高组织绩效的微观层面因素,而是研究如何从战略的角度,建立战略目标,获得独一无二的竞争优势,以提高企业绩效。各阶段人力资源管理工作的差异如表9.2所示。

表9.2　各阶段人力资源管理工作的差异

差异点	人事管理	人力资源管理	人力资本管理
管理目的	为提高企业劳动生产率,保障企业短期目标实现	着眼于企业长远发展,满足员工自我发展需要	综合考虑企业利益与员工利益,形成利益共同体
理论假设	视员工为经济人	视员工为重要资源	视员工为投资者
管理深度	被动,"救火队"解决麻烦	主动,注重人员开发和培养	主动,注重战略性管理和决策
重要程度	次要职能	重要职能	核心职能
员工与企业关系	雇佣关系	雇佣关系	雇佣关系和投资合作关系
员工角色	人性化的机器	人性化的资源	投资者
激励方式	短期激励	中长期激励	长期激励

三、人力资源管理与企业竞争优势

人力资源管理实践活动与企业的环境、经营战略一起相互配合,有助于企业战略的实现和企业绩效的提升。有效的人力资源管理可以满足员工的需求,从而提高员工的满意度,进而为顾客提供优质的产品和服务,为顾客创造价值,增加了顾客的满意度和忠诚度,提高了企业绩效并实现了企业的可持续发展。

人力资源管理与企业竞争优势之间的关系,可以用图9.2表示。

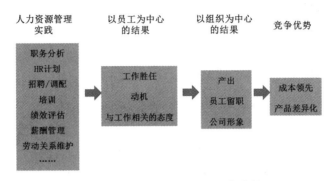

图9.2　人力资源管理与企业竞争优势

（一）人力资源管理实践—以员工为中心的结果

工作胜任力:员工拥有其工作所要求的知识、技能和能力。
动机:员工愿意为把工作做得更好而付出更多的努力。
与工作相关的态度:如工作满意度、组织公民行为等。

例如,当企业将产品数量和合格率作为员工考核指标,并以此作为薪酬发放依据时,员工就会为了获得更好的绩效考核结果和更高的报酬而付出更多的工作时间。

（二）以员工为中心的结果—以组织为中心的结果

产出:产品的数量、产品的合格率、服务质量等。
员工留职:员工稳定性、员工流动率等。
公司形象:企业文化、企业形象、顾客满意度、顾客忠诚度等。

例如,由于企业能够给员工提供完备的职业发展通道,以及培训机会,员工愿意放弃同行业竞争企业抛出的高薪橄榄枝。再如,某门店销售人员,因其具备完整的产品相关知识和较强的营销能力,使得门店的营业额持续提高。

（三）以组织为中心的结果—竞争优势

成本领先:相同成本下的更多产出,或相同产出情况下的更低成本。
产品差异化:优质产品、创新类产品。

例如,苹果公司通过鼓励研发团队勇于创新、敢于承担风险和保持一种长期视角达到了创新的目的,从而增加了市场份额。

四、人力资源管理面临的新挑战

在共享经济和互联网时代,传统的企业管理不断受到挑战。构建适应新时代发展的人力资源管理系统,探索人力资源管理发展的新路径,以实现人力资源管理的突破与创新,成为当前人力资源管理关注的主要问题。以"开放·传承·快捷:探讨中国人力资源管理的新机遇与新路径"为主题的第五届人力资源管理论坛,围绕着人力资源管理的新情境、传统文化与管理模式、领导力、团队科学等提出了中国人力资源管理的新机遇与新路径。在这个瞬息万变的时代，企业需要适合自身发展的人力资源管理模式来应对外部竞争与挑战。下面将从目前几个热点问题入手，探讨新时代背景下人力资源管理的发展新趋势。

（一）新生代员工的管理

新生代员工是个相对存在的概念，通常来说，该群体成长于改革开放后的20世纪80年代至21世纪00年代间，因有其鲜明、不同于传统的个性特点和理念，他们在成长的过程中一直备受争议。如今大量新生代以员工的身份进入职场，成为职场主力军，而老一辈的员工大多处于管理一线，传统的人力资源管理模式对新生代员工并不奏效。因此，如何对不同环境下成长起来的员工进行有效管理，使不同时代的员工共生共处（田书芹和王东强，2015），成为管理者们面临的新挑战。

在全球知识经济的时代背景下，人才资源依旧是企业保持活力和可持续发展的重要因素，而新生代员工作为企业竞争中的主力军，发挥着至关重要的作用。新生代员工因受到其成长环境的影响，形成了价值观多元化、自我意识较强、心理缺乏弹性、创新意识较强、崇尚自由和民主等特点，企业只有更好地了解、理解新生代员工，采取相应的管理和服务方式，才能留住新生代员工并充分发挥他们的工作积极性，使他们成为忠诚、积极肯干的员工。

（二）大数据背景下的人力资源管理

2013年4月，《保障德国制造业的未来——关于实施工业4.0战略的建议》出台后，"工业4.0"正式进入人们的视野，其核心是构建信息物理系统，强调软件信息化和硬件自动化的深度融合（丁秀秀，2017）。与此同时，在后工业化时代，互联网的高速发展彻底改变了传统的信息交流方式，大数据背景下的商业发展模式及传统的人力资源管理模式都发生了颠覆性的改变。运用人工智能、大数据分析等技术，管理者可以从传统的人力资源事务性工作中解脱出来，例如通过建立大数据库，高效、快速地完善员工档案，精确建立员工职业生涯发展管理、职位分析等工作；通过人工智能技术，全面、科学地测评员工的知识、技能和能力等。在人工智能和大数据的协助下，管理者能够将管理的重心放在人力资源管理战略的筹划上。

随着"工业4.0"时代的到来和信息技术的发展，人们的生活方式和行为方式发生了前所未有的变化，企业管理也随之面临着巨大的挑战。在这种新形势下，传统的人力资源管理模式在现有的企业模式下是否仍然适用，值得企业实践者与学者们思考。

（三）共享经济下的人力资源管理

共享经济是一种新的经济模式，在这种模式下，人们的物品使用权会发生暂时性转移，其目的是获得一定的经济利益。共享经济作为一种新兴的业态，区别于传统经济，模糊了组织的边界。传统的"企业＋雇员"的模式逐步转变成"供给者＋共享平台＋消费者"的共享模式，现有的符合传统经济模式的人力资源管理面临着诸多挑战。

共享经济模式下，可供企业选择的人力资源变得更加丰富，企业与员工之间打破了传统的契约关系，"半契约"关系呈现出更加自由、更加灵活的特点。但这无疑也给企业管理提出了更多的要求,比如由于平台提供的便利服务,人力资源供给者进入平台的门槛较低,只需注册认证,即可提供服务,由于社会征信体系不完善等一系列因素,使得平台提供方很难对其各方面素质和服务质量进行准确判断,可能因此影响企业形象和声誉。再比如在传统企业中,管理者需要设立系统的绩效指标体系对员工进行评价,以达到人尽其才的目的,而在平台型企业,人力资源供给者通过平台自行与消费者发生联系与交易,企业只需保证平台的正常运行即可。基于此,在共享经济背景下如何搭建更具自主性、灵活性和主动性的人力资源管理体系,值得企业实践者与学者们思考。

(四)跨国企业的人力资源管理

随着全球化的加速,国际贸易和投资的自由化程度不断提高,跨国公司得以通过跨国投资和并购等方式在全球范围内拓展业务,以满足全球市场的需求。伴随着我国"一带一路"倡议的实施,越来越多的中国企业开始"走出去"。对于企业家和人力资源管理者而言,"走出去"就意味着管理的不断整合提升与动态进化,如何进行有效的管理成为一个严峻的挑战,如何将各种管理理论与中国的管理实践结合起来,如何突破传统意义上的企业边界、组织边界,如何培养员工的全球化意识,如何对海外员工进行管理,都是企业家和管理者亟须解决的问题。

在跨国企业管理的实践中,跨文化差异管理是其中一个非常重要的命题。虽然说企业文化对于企业管理而言有非常积极的凝聚作用和导向作用,但是在跨文化企业管理中,文化差异带来的冲突很可能成为企业管理中最大的障碍。许多案例都表明文化差异带来的冲突会对企业内部产生负面影响,甚至带来破产危机。

因此,在管理实践中,考虑到文化的独特性、延续性、非物质性等特点,如何选择适合企业实际情况的管理理论和方法,实施有效的跨文化人力资源管理,成为企业人力资源管理的难题。对于管理学者们来说,抓住研究热点和难点,为管理实践提供正确的理论指导,也成为其研究的首要任务。

第二节 人力资源获取

一、人力资源规划

(一)人力资源规划的内涵

"凡事预则立,不预则废",人力资源规划作为人力资源管理中的计划职能,是指在企业发展战略和经营规划的指导下,预测企业未来的人力资源需求,以及企业内部人力资源的供给情况,并根据供需预测的结果,结合人力资源管理的其他职能采取相应的措施,为企业战略目标的实现提供合质合量的人力资源。要准确理解人力资源规划,必须注意以下几点:第一,人力资源规划是在企业发展战略和经营规划的指导下进行的,其最终目标是满足企业战略目标达成的人力资源;第二,人力资源规划是在人力资源的供需预测结果的基础上,制订相应的平衡计划;第三,人力资源规划不仅是指人力资源数量的平衡,还包括人力资源质量的平衡,即结构上的平衡。

人力资源规划分为人力资源总体规划和人力资源业务规划。人力资源总体规划是对人力资源需求预测、人力资源供给预测,以及供需对比结果的整体描述,同时针对此结果提出的人力资源管理整体工作原则、政策和计划。人力资源业务规划是指为保证人力资源总体规划得以实现而制订具体业务计划,如人员培训计划、人员补充计划、人员调配计划、人员薪资计划等。

(二)人力资源规划的意义和作用

人力资源规划作为人力资源管理的计划职能,也是人力资源管理工作的起点,对整个人力资源管理系统的有效运转有着至关重要的作用。

第一,人力资源规划是在企业发展战略和经营规划的指导下进行的,其最终目标是满足企业战略目标达成的人力资源,因此人力资源规划是企业战略目标实现的基础。

第二,人力资源规划有助于保持企业内部人员的稳定,并通过有效的预测和平衡,能够科学合理地降低企业的人工成本。

第三,人力资源规划对人力资源管理的其他职能有一定的指导意义。人力资源供需预测的结果直接决定员工招聘的需求、员工培训的内容及员工整体的薪酬水平,而绩效管理能够给人力资源供需预测提供基础。

(三)人力资源规划的程序

人力资源规划的程序如图9.3所示。

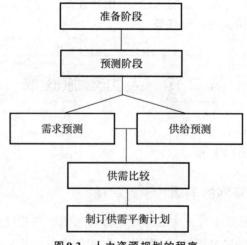

图9.3 人力资源规划的程序

1.准备阶段

准备阶段的主要工作就是收集人力资源供需预测所需要的相关信息,主要包括三个方面:一是企业外部环境信息,包括政治、经济、文化、法律信息及相关政策;二是企业内部环境信息,包括企业的经营战略、发展规划、管理体系和风格等信息;三是企业人力资源现状,包括人力资源的数量、质量、结构等。

2.预测阶段

预测阶段包括两个方面,即人力资源需求预测和人力资源供给预测。

(1)人力资源需求预测。

人力资源需求预测是指在不考虑企业人力资源现状的基础上,对未来一段时间内企业所需的人力资源数量、质量和结构进行预测。人力资源需求预测需要充分考虑企业的发展战略和经营规划、产品和服务的需求、生产率和工作量等因素。

人力资源需求预测的方法主要包括以下几种。

①主观判断法:管理人员根据工作经验预估企业的人力资源需求。

②德尔菲法:邀请专家或有经验的管理人员对某一问题进行预测并最终达成一致意见的结构化方法。

③趋势分析法:管理人员根据以往的员工数量,通过量化的分析方法,分析未来的趋势。

④回归预测法:管理人员通过构建回归模型,预测未来的人力资源数量需求。

⑤比率预测法:根据员工数量与某种指标(如生产量)之间的比例关系,通过预估该指标的数量,进而预测人力资源的需求数量。

(2)人力资源供给预测。

人力资源供给预测是指对未来一段时间内企业能够获得的人力资源数量、质量和结构进行预测。人力资源供给包括企业外部供给和企业内部供给。企业外部供给是指企业能够从外部劳动力市场获得的人力资源数量、质量,一般需要考虑外部劳动力市场的状况、人们的就业意识和企业对人才的吸引力等;企业内部供给是指企业现有的人力资源数量、质量和结构,主要包括企业现有人力资源的数量、质量和结构的分析,以及人力资源流动分析。

人力资源供给预测的方法主要包括以下几种。

①技能清单法:管理人员根据反映员工工作能力特征的列表,预测企业现有人力资源的数量、质量。

②管理人员继任图法:一种适用于管理人员供给预测的方法,通过对未来一段时间内人员的晋升、退休、外流的分析,预测管理人员的供给。

③人力资源"水池"模型:在预估企业内部人员流动的基础上来预测人力资源的供给。

④马尔科夫法:在以往人员流动数据趋势分析的基础上,预估企业内部人员流动来预测人力资源的供给。

3.供需对比,制订平衡计划

在得到了人力资源的需求与供给预测结果之后,对两者进行比较,比较的结果主要有以下四种。

(1)需求与供给在数量、质量及结构等方面基本相等。

这种情况已经处于平衡状态,在条件不变的情况下,无须采取措施。

(2) 需求与供给在数量上平衡,但质量和结构上不匹配。

这种情况下,可以进行企业内部的人员调配,包括晋升、轮岗等,也可以通过针对性的培训调整人员结构,在特殊情况下,也可以通过辞退和引进的方式,优化人力资源质量和结构。

(3) 供给大于需求。

这种情况下,企业可以采取扩大经营规模、开拓新的增长点、裁员、鼓励员工提前退休、缩短员工的工作时间、对富余员工进行培训等方式实现平衡。需要说明的是,针对供给大于需求的情况,裁员是最快解决不平衡的方法,但其伤害性也是最大的,甚至可能影响企业形象,因此需要谨慎对待。

(4) 供给小于需求。

这种情况下,企业可以采取从外部雇佣人员、返聘退休人员、延长工作时间、加班加点、降低员工离职率、业务外包等方式实现平衡。

二、职位分析

为什么有人工作量很大,做也做不完?为什么有人没活干,整天无所事事?为什么会有人工作相互重叠,有功劳大家争,有责任没人担?为什么招聘的员工,会常常不符合要求?为什么不能完成客观的绩效考核,勤无奖懒无罚?为什么公司付出了巨大的薪资总额,而员工仍是抱怨工资太低、福利太少?为什么公司投入了培训却没有达到期望的效果?为什么有的员工不知道自己该做些什么?为什么有的主管难以确切地评价下属员工的工作成绩是好是坏?

因为,我们并不了解每个人的工作量应该是多少,不了解到底需要多少员工,不了解如何有效地考核员工的工作,不了解如何有效地发挥每个人的作用,不了解员工的职业生涯如何规划,不了解员工到底需要什么,此时,我们需要的是职位分析。

(一) 职位分析的内涵

职位分析(job analysis),是指在通过一定方法在对与职位相关的信息进行收集和分析的基础上,对职位的职责、条件与环境等进行客观描述,并对担任此职位的任职资格进行规定,最终以书面形式呈现出来的过程。第一,对于与职位相关的信息,包括担任这一职位的任职者资格、这一职位的具体工作内容、工作时间安排、工作地点、工作目的、服务对象,以及工作运行情况;第二,职位分析主要解决这一职位是做什么的,以及什么样的员工最适合这个职位这两个问题。第三,职位分析中信息呈现的书面形式称为职位说明书。

(二) 职位分析的实施

1. 职位分析的时机

职位分析是一项基础性职能,一套完整的职位分析体系能够为人力资源管理工作提供强有力的运行基础。那么职位分析应该在什么时候进行呢?它是否是一劳永逸的?

一般而言,以下三种情况企业需要进行职位分析:第一,企业初成立时;第二,职位的工作内容及性质发生变化时,如由于企业战略调整,开拓新产品领域,那么对于生产、研发人员的职位就需要重新进行分析;第三,由于劳动生产率发生变化,职位的工作量发生变化时,如由于人工智能技术的引进,物流企业中分拣员的工作量大大下降,这时候就需要重新进行职位分析。由此可见,职位分析并不是一劳永逸的,而是一个连续不断的动态过程,应当根据企业的发展变化随时进行这项工作,使职位说明书能及时地反映职位的变化情况。但需要说明的是,并不是每一次调整都需要覆盖所有职位,工作量、工作内容、工作性质都没有发生变化的职位可以不需要调整。

2.职位分析的原则

(1)系统分析原则。

在职位分析过程中,会收集大量与职位相关的信息,需要区分活动、任务和职责之间的关系,不能简单地对活动或者任务进行罗列,而应系统地将这些任务进行组合、分析,并按照重要性进行排序。

(2)关注职位原则。

职位分析的对象是职位本身,而并不是在这个职位上的任职者。由于任职者对职位比较熟悉,所以往往他们会成为信息的主要来源,出于对于自身的保护,任职者在信息输出的过程中可能会出现夸大其词的情况。在分析的过程中,不能受到任职者自身素质的影响,应客观分析职位本身的要求,也就是说分析的结果是这个职位应该做什么,而不是这个职位上的人实际做了什么,这与绩效考核是有本质区别的。

(3)尊重现实原则。

在职位分析时,要紧扣目标管理,确定职位的任职资格和需要承担的职责,不应加入分析者对该职位的设想和预期。

3.职位分析的步骤

(1)准备阶段。

准备阶段主要包括确定职位分析的目的和用途、成立职位分析小组、对职位分析人员进行培训等。

(2)信息收集阶段。

根据职位分析的目的,收集与职位相关的所有信息,包括工作职责、工作条件、工作环境,以及承担这项工作所需要的知识、技能和能力。这些工作信息,可以从工作执行者本人、管理监督者、顾客、分析专家、职业名称辞典、以往的分析资料等渠道获得。信息收集方法主要包括访谈法、问卷法、观察法、工作日志法、工作实践法、关键实践技术法等。

(3)分析阶段。

遵循职位分析的三大原则,对收集到的资料进行整理、审查和分析。

(4)完成阶段。

根据分析的结果,编写职位说明书,并对整个职位分析过程进行总结,以便以后更好地开展职位分析工作。职位说明书主要包括两方面内容:一是职位描述,反映职位的名称、职责、绩效标准、工作条件与环境等所有与职位相关的信息;二是任职资格,反映承担该职位工作的人所需要具备的知识、技能和能力。一份完整的职位说明书应包括职位标识、职位概要、履行职责、工作关系、使用设备、工作的环境和工作条件、任职资格等。

三、员工招聘

(一) 员工招聘的内涵

员工招聘是企业人力资源管理的重要环节,是指在企业发展战略和经营规划的指导下,依据人力资源规划和职位分析,吸引并选择合适的人员到相应职位上工作的过程。具体而言,员工招聘包括招募、甄选和录用三个部分。招募是指企业通过一系列的渠道和方式,吸引符合条件的人才来申报职位的过程;甄选是指企业在招募后,通过一系列的测试和筛选,选出最合适的人才填补空缺职位的过程;录用是招聘过程的最后一个环节,是指企业做出用人决策,并按照相关规定进行录用的过程。

市场竞争终究是人才的竞争,企业在经营发展的各个阶段都必须要有优秀的人才支撑。有效的招聘工作不仅能够吸纳优秀人才、降低人力资源成本,同时也有助于企业扩大知名度、树立企业形象。

(二) 员工招聘的程序

员工招聘的程序如图9.4所示。

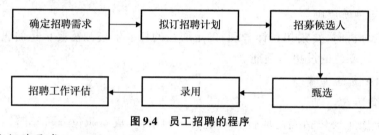

图9.4 员工招聘的程序

1.确定招聘需求

根据企业人力资源的规划,当确定需要采用招聘方式来实现人力资源平衡时,招聘工作才会启动。招聘需求包括招聘的数量和质量,即招多少人、招什么样的人。招聘需求不仅仅是招聘工作的起点,同时也是招聘工作的核心。招募公告的内容、甄选过程中考查的知识、技能和能力都是围绕招聘需求展开的。

2.拟订招聘计划

招聘计划包括以下几个方面。

(1)招聘的规模,即需要招募候选人的数量,以及每一个甄选过程的通过比例。

(2)招聘的时间,即何时启动招聘工作,预计何时结束。

(3)招聘的范围和对象,即候选人的来源,如当我们的招聘对象是应届毕业生时,那么招聘范围就可以界定为高校,那么是某一地区的高校还是全国的高校,需要根据实际的招聘需求进行确定。

(4)招聘的预算,即整个招聘过程中产生的费用。

需要说明的是,第一,招聘计划中的各个环节是相互影响的,比如说当招聘对象是应届毕业生时,那招聘的最佳时间就是12月或次年的4月;招聘的费用大多是指经济成本,但其实招聘工作还存在无法估量的机会成本,错聘一个员工的成本不仅仅造成招聘的经济成本浪费,还包括错失一个合适员工的机会成本。

3. 招募候选人

确定招聘计划后,根据招聘的对象和范围,进行候选人招募。具体而言,就是通过一定的途径发布招聘需求,吸引足够多的潜在应聘者来应聘招聘岗位。招募工作主要包括确定招募来源和招募途径,招募途径即发布招聘信息的方式。

(1) 招募来源。

招募来源分为对内招募和对外招募。对内招募主要是指企业内部的调配,即当企业内部存在空缺岗位时,选择面向内部员工进行招募,主要包括晋升、工作轮换、降职等方式。由于企业和员工双向之间都有基本了解,因此对内招募的可靠性较高,员工进入工作状态的时间较快,与企业磨合期大大缩短,同时能够节省招聘的费用和时间,尤其是一些管理类岗位空缺时,采用对内招募的方式,有利于提高员工的士气和发展期望。但对内招募也会出现近亲繁殖现象,思维的定势阻碍企业创新,部分岗位尤其是高层高位的对内招募,也可能引起企业内部的过度竞争。

对外招募是指面向企业外部人员进行招募。对外招募选择范围广,可以为企业注入新鲜力量,给企业带来活力。但由于缺乏对外部人员的全面了解,错聘的风险性较大,且新员工进入企业后,适应时间较长,不稳定因素较多。

(2) 招募途径。

对内招募的途径主要是发布内部公告、通知等形式。对外招募的途径较丰富,包括广告招募(报纸、互联网、微信等招聘)、外出招募(校园招聘、人才市场招聘等)、借助职业中介机构招募、推荐招募等。

4. 甄选

甄选是员工招聘中的重要环节,通过一定的甄选技术鉴别应聘者的知识、技能、能力,挑选出适合招聘岗位的候选人。甄选工作的重点在于甄选技术的选择,甄选技术主要包括以下几种。

(1) 笔试。

笔试,即纸笔测试,包括主观题和客观题的测试,具有公平性、经济性、客观性、简便性等特点。

(2) 心理测验。

心理测验是通过科学的手段衡量应聘者在特定素质上的水平。包括人格测验(NEO PI-R、16PF、MBTI、MMPI等)和能力测验(智力测验、特殊能力测验、职业能力倾向测验、创造力测验等)。

(3) 面试。

面试是运用最广泛的一种甄选技术,是一种经过精心设计,采用测评者与被测评者面对面双向沟通的形式,通过倾听和观察被测评者在此过程中的语言与行为表现,来全方位了解其有关素质、能力及应聘动机等信息的一项人员素质测评技术。强调面对面的双向沟通,面试不仅是企业了解应聘者的过程,也是应聘者了解企业的途径之一。面试的类型较多,根据面试官和应聘者的数量,可以分为多对一面试、一对多面试、一对一面试、多对多面试;根据面试的结构化程度,可以分为结构化面试、半结构化面试和非结构化面试;根据面试内容设计重点的不同,分为行为面试和情境面试。

(4)评价中心。

评价中心是一种综合性的人员测评方法,建立在情境模拟和角色扮演测评方法的基础上,利用现场测试或演练,由测评人员观察应试者的具体行为,并给予评分。评价中心包括无领导小组讨论、文件筐测试、角色扮演、案例分析、管理游戏、演讲等。

5.录用

录用是指做出录用决策,并根据相关法律法规,办理入职相关手续。招聘工作需要坚持"宁缺毋滥"原则,错聘员工的成本是难以估量的,在甄选不出适合招聘职位的合适人选时,可以不做出录用决策。

6.招聘工作评估

录用过程结束后,评估本次招聘工作的效果、费用等,以便下一轮招聘工作更好地开展。需要说明的是,招聘评估应该是一个长期的过程,录用的人是否符合职位要求、是否达到了预期绩效、甄选方法是否有效等,这些是无法在短时间内评估出来的,因此对于新员工的持续关注有助于优化企业的招聘工作。

第三节　人力资源开发与维护

一、员工培训

(一)员工培训的内涵

员工培训是指企业采用一定的方式改变或者提升员工的知识、技能、能力等,以满足工作需要,达到提升员工工作绩效并最终实现企业整体绩效提升的目的。在这个概念中,需要注意以下几点:第一,培训的最终目标是提升员工和企业的绩效;第二,培训的内容是基于职位说明书要求的态度、知识、技能和能力,与工作无关的培训不在此范畴,如企业为员工举办健康讲座,虽然采用的是培训的形式,但这属于福利的范畴,不属于员工培训;第三,培训是针对企业内部全体员工展开的,但并不等同于每次培训都是全员培训。

基于对员工培训内涵的理解,不难发现员工培训最直接的作用就是提升企业绩效,增强企业的竞争力。此外,完善的培训体系还有助于员工工作满意度的提高,并有助于企业吸引优秀人才。培训的形式也非常丰富,如授课、讨论、线上自主学习、工作模拟、拓展训练,以及企业大学等。

(二)员工培训的理论基础

1.人力资本理论

人力资本是生产过程的重要投入要素,也是唯一能动的投入要素,不服从边际效益递减规律;培训是重要的人力资本投资形式之一,一次新的培训可以提高受训者的人力资本存量和质量,改善人力资本结构。

2.可雇性与终身学习观念

基于产品、技术、知识等更新加快,企业的终生雇佣和雇员的一劳永逸就业观念必须更新。企业应代之以基于心理契约的雇佣,雇员代之以终身学习和可雇性观念。

3.学习型组织理论

彼得·圣吉在《第五项修炼——学习型组织的艺术与实务》中指出,企业竞争力下降以致寿命周期缩短的根源在企业系统内部,在于对系统的动态性复杂性认识不清,以致形成了目前组织学习的许多障碍,为了克服这些学习障碍,必须进行学习型组织的五项修炼。他认为最有竞争力的企业是学习型企业,世界多变,各个部分息息相关,企业不能再单靠领导者运筹帷幄来指挥全局,未来真正出色的企业,将是能够设法使各阶层人员全心投入并有能力不断学习的组织。汇聚五项技能是建立学习型组织的关键,因而要进行五项修炼。五项修炼具体包括自我超越、改善心智模式、建立共同愿景、团体学习、系统思考。

(三)员工培训的实施

在员工培训的实施过程中,很多企业都流于形式,投入了高额的培训费用却没有达到预期的效果。因此,科学合理的培训实施对企业绩效的提升有着重要作用。

培训实施流程如图9.5所示。

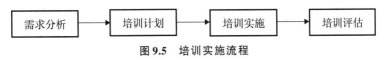

图9.5 培训实施流程

1.需求分析

培训工作不是一项周期性的工作,没有具体的启动时间,当出现了培训需求时,就可以启动培训工作。而培训需求是在企业或者员工个人出现绩效目标无法达成等问题,且这些问题可以通过培训来解决或者改善时产生的。培训需求的分析可分为组织层面、工作层面和员工个人层面。

(1)组织层面分析。

通过对企业未来战略发展目标的分析,确定培训的方向和内容;当企业整体绩效出现下降趋势,或者未达到预期目标时,通过分析其造成的原因,提炼出培训需求。

(2)工作层面分析。

通过职位分析,找出工作要求的态度、知识、技能、能力,以此确定新员工培训需求。这里的新员工是指新到某个岗位的员工,不仅仅指新进入企业的员工,还包括工作轮换到新岗位的员工。

(3)员工个人层面分析。

当员工个人绩效出现下降趋势,或者未达到预期目标时,分析其造成的原因,提炼出培训需求。

2.培训计划

培训计划是指在培训需求确定的基础上制订详细的培训实施计划。培训计划内容主要包括培训目标、培训内容、培训者、培训对象、培训时间、培训地点、培训形式、培训费用等。

(1)培训目标。

培训目标是指培训要达到的预期成果。每一次培训都应有具体的培训目标,这不仅影响着整个培训的方向,同时也能够作为培训结果评估的重要依据。同时培训目标应在培训前告知所有受训者。

(2)培训内容。

培训内容是指根据培训需求确定的内容,如态度改善类培训、技能性培训、能力提升性培训等。

(3)培训者。

培训者是实施培训的主体,可以是企业内部经验丰富的员工,也可以是企业外部的专业人员。

(4)培训对象。

培训对象是接受培训的主体,培训工作虽然是全员性的,但并不是每一次培训都需要针对全员展开,应根据培训需求差异性地确定培训对象。

(5)培训时间。

培训时间可以分为在岗培训和脱岗培训,具体需要根据培训的内容和形式进行确定。

(6)培训地点。

培训地点就是培训开展的场所。

(7)培训形式。

培训形式是指培训开展的方式。

(8)培训费用。

培训费用是因培训工作产生的费用。需要说明的是,培训是一项回报期长的投资,最终目标是提升企业绩效。

3.培训实施

根据培训计划实施培训。

4.培训评估

培训评估是指对培训结束后的效果进行评估,判断是否达到预期培训目标。很多企业投入大量培训费用却未达到预期目标的一个主要原因就是缺少培训评估,受训人员完成培训后也不清楚自己是否有所收获。

柯克帕特里克提出了四级评估模型:第一层为反应层,评估受训人员对培训的印象,是否对培训满意;第二层为学习层,评估受训人员对培训内容的掌握程度;第三层为行为层,评估受训人员在接受培训以后工作行为是否改进;第四层为结果层,评估受训人员或者企业的绩效是否得到改善和提高。管理者可以采取不同的方式方法进行评估,进行反应层评估时,可采取问卷调查法、面谈法等;进行学习层评估时,可采取考试法、演讲法、讨论法等方式;进行行为层和结果层的评估时,可以采用培训前后绩效对比等方式,行为层和结果层的评估周期一般较长。

二、职业生涯管理

职业生涯规划和职业生涯管理是两个不同的概念,职业生涯规划主要是员工个人的行为,职业生涯管理则是从企业层面出发,帮助企业实现职业生涯目标。这里是从企业的视角,探讨职业生涯管理的内容。

(一)职业生涯管理的内涵

职业生涯管理是人力资源管理中的一项新兴职能,是从企业管理的角度出发,通过帮助员工个人实现职业生涯规划的目标,进而实现企业绩效提升和员工职业成功双赢的目标的过程,包括为员工设定职业发展路径,提供培训与发展机会,提供员工实现职业生涯发展的平台等。

在自我价值实现需求提升的现代社会,职业生涯管理不仅有助于人才的稳定性和企业绩效的提升,更加有利于企业文化的建设和企业形象的树立,完善的职业生涯管理体系能够为企业吸引更多更优秀的人才。

(二)职业生涯管理的实施

1.职业生涯发展阶梯设置

职业生涯发展阶梯是指企业内部为员工设定的职业发展路径,常见的职业生涯发展阶梯模式类型包括传统模式、横向模式、网状模式和双重模式。传统模式就是单纯的纵向晋升模式,我国的公务员职称序列就是这种模式;横向模式更多的是以工作轮换、工作丰富化的形式出现,拓宽员工的工作面;网状模式则是结合了传统模式和横向模式,拓宽了员工的职业生涯发展通道;双重模式是指横向模式和传统模式共存。

2.分阶段的职业生涯管理

员工在不同职业生涯时期具有不同的特点,企业需根据这些特点分阶段进行职业生涯管理。

(1)初进组织阶段。

员工初进组织阶段,对于组织的一切都属于摸索阶段,从陌生到了解。当有了一定的了解之后,员工往往会将现实与自己的预期进行比较,与企业进行磨合,慢慢进入正式工作状态。这个阶段也是员工最易流失的阶段。

这个阶段企业需要为员工提供系统的新员工入职培训,有些企业会为新员工配备导师,为其提供职业咨询,帮助员工更快适应新的环境和新的工作,同时帮助员工制定初步的职业生涯规划。

(2)职业生涯初期。

在这个阶段,员工已经适应了企业的工作环境,工作积极性较高,也更加关注于自身的成长和发展,渴望获得肯定和成功。

企业在这个阶段应尽可能地为员工提供培训的机会,帮助员工提升各方面的知识、技能和能力,畅通员工沟通渠道,建立员工沟通机制,同时完善员工个人工作档案。

(3)职业生涯中期。

职业生涯中期员工已经具备了一定的工作经验,有了较丰富的知识和技能储备,职业发展目标明确,但这一阶段的工作、家庭冲突明显,容易产生职业危机感。

所以,在这个阶段,企业不能够一味地通过高薪激励员工,可以通过为员工提供富有挑战性的工作激发员工的工作热情,通过精神激励满足员工自我实现的需求。

(4)职业生涯后期。

在职业生涯后期,员工会呈现出不同的状态。有的员工已经获得了一定的地位和成就,仍希望在岗位上发光发热,部分员工出现工作热情减退,甚至还有员工出现退休焦虑。

因此,在这个阶段企业应有针对性地采取不同措施:愿意发挥余热且身体等各方面条件允许的员工,企业可以采用返聘的方式使其继续留在工作岗位上,或者聘任其为新员工导师;对于正式退离岗位的员工,提供心理疏导,帮助其逐步适应退休生活。

三、员工关系管理

(一)员工关系管理的内涵

在了解员工关系管理的概念之前,首先需要明确什么是员工关系。按照我国学者董克用的界定,员工关系是指企业中各主体,包括企业所有者、企业管理者、员工和员工代言人等之间围绕雇佣和利益关系而形成的权利和义务关系。员工关系与劳动关系是有区别的,劳动关系是以经济关系与法律关系为基础,而员工关系全面关注经济、法律、心理与社会伦理各层次关系。关注员工关系的改善有助于提升员工的工作满意度和组织承诺,构建和谐的工作氛围,进而助力企业的长久发展。

基于以上对员工关系的理解,我们认为,员工关系管理是指管理者通过计划、组织、领导、控制等手段来规范和改善组织与员工、员工与员工之间的关系,以构建良好的组织氛围,实现组织目标。

(二)员工关系管理的内容

员工关系管理的内容十分丰富,员工从进入企业直至退休,都贯穿着员工关系管理。对此,我们可以从两个方面理解。一方面是基于经济、法律层面的劳动关系管理,包括员工入职管理、劳动合同管理、劳动争议处理、离职管理、裁员管理等依据《中华人民共和国劳动合同法》等相关法律法规进行的劳动关系管理。另一方面是基于心理、社会伦理层面的员工人文关系管理,包括企业文化建设、工作时间管理、工作环境改善、压力管理、员工工作与家庭冲突管理等。

由于员工关系管理内容极为丰富、涉及面广,在此不逐一展开论述。

第四节 人力资源报酬

一、绩效管理

绩效管理是人力资源管理中具有争议且非常复杂的一项实践。有人认为,绩效管理对于企业发展有非常积极的促进作用。有一句非常有名的管理谚语是"你评估什么,就会得到什么"。说的就是绩效管理的指挥棒功能,充分展现了绩效管理的导向作用。但是,也有人提出绩效管理不利于企业的发展。在理解复杂的绩效管理实践之前,我们必须要了解三个基本的概念:什么是绩效?什么是绩效考评?什么是绩效管理?实践中出现的很多问题都是对这些概念内涵的理解偏差造成的。

(一)绩效的含义

绩效主要包括以下三种观点。

第一种,结果观,很多人认为绩效就是结果、产出。

第二种,行为观,很多人认为绩效就是与工作组织目标相关的行为。

第三种,素质观,尤其是现在知识型员工成为企业的中坚力量,其行为表现与一般员工不同,他们的业绩受到了综合素质、潜质的影响。

理解绩效的含义,应当把握以下几点。第一,绩效是基于工作产生的,工作之外的行为和结果不属于绩效的范围。第二,绩效与组织的目标有关。第三,绩效是表现出来的工作行为和工作结果,没有表现出来的就不是绩效。这一点和招聘录用时的选拔评价是有区别的,选拔评价的重点是可能性,也就是说要评价员工是否能够做出绩效,而绩效考核的重点则是现实性,就是说要评价员工是否做出了绩效。第四,绩效既包括工作行为也包括工作结果,是两者的综合体,不能偏废。将绩效看作过程和结果的综合体,既强调了企业管理中的结果导向,也强调了过程控制的重要性。在实践中,很多企业忽略了后面两个方面的存在,这也是企业绩效管理造成负面影响的原因所在。比如,有些销售人员为了达到销售收入的目标,就会在销售过程中对客户进行虚假宣传和过度承诺,这样就可能导致短期的收入是增加了,但是企业长期的品牌被破坏了。因此,实现绩效结果的关键过程是必须关注的绩效部分。

(二)绩效管理的含义

绩效管理是指在企业经营发展战略目标的指导下,制定员工的绩效目标,并定期对员工的目标完成情况进行评价与反馈,以保证员工的工作行为与组织目标保持一致,最终实现组织目标的过程。

绩效管理与绩效考评的概念经常会被混淆。绩效管理强调全过程的双向沟通,包括事前绩效计划制订的沟通、事中的绩效辅导,以及事后的绩效反馈。绩效考评只是绩效管理的一个环节。绩效管理关注发展，并非基于控制和惩罚的理念，而是基于发展和提高。绩效考评只注重考核的结果。

(三) 绩效管理闭环

绩效管理是一个包含绩效计划、绩效辅导、绩效考核、绩效反馈四个环节的闭环过程（图9.6）。

图9.6 绩效管理闭环

1. 绩效计划

绩效计划是绩效管理闭环的起点，是指在绩效管理初期，管理者与员工共同就绩效管理过程中的绩效目标、绩效周期、绩效指标、绩效标准及绩效考核的主体和方法等进行讨论，并达成一致，形成绩效计划。绩效计划科学合理与否直接决定了绩效管理的效果，需要注意的是，绩效计划是管理者和员工协商一致的结果，员工要理解、并认同绩效计划的所有内容。

绩效计划包含了以下几方面内容。

(1) 绩效目标。

绩效目标是绩效管理周期内员工应完成的工作任务及其要求，包括了绩效指标和绩效标准。绩效指标是指员工应完成的工作内容，如我国公务员考核体系中的"德、能、勤、绩、廉"；绩效标准是指工作任务应达到的标准，如针对销售员的销售额完成指标的标准是"销售额达到10万元"等。平衡计分卡、关键绩效指标等技术都是围绕绩效目标的确定展开的。

同一企业内，不同类别、不同层级的员工，其绩效指标和绩效标准因工作内容和要求的不同是有差异的；同一员工在不同的绩效考核周期，其绩效指标和标准也是可以有所差异的，如淡季和旺季，销售员的销售额标准应该有差异。

(2) 绩效周期。

绩效周期是指绩效考核的期限，即多久对员工考核一次。考核周期的确定需全面考虑职位、指标和标准的因素。

2. 绩效辅导

绩效辅导是指在整个绩效期间内，以绩效计划为依据，管理者对员工的工作完成情况进行指导、监督和帮助，发现并帮助员工解决其在工作中遇到的困难，解答员工的困惑，以帮助员工实现绩效目标。

3.绩效考核

绩效考核是指根据需要达到的绩效标准,对照员工当前或过往的绩效进行评价的过程。绩效考核是绩效管理的核心环节。

绩效考核主要涉及绩效考核主体和绩效考核方法的确定。绩效考核主体是对员工进行考核的主体,他们对考核的指标体系及员工的绩效有比较全面的了解。传统的绩效考核主体一般是员工的直接上级,主体单一会带来考核不全面、失真等问题。现阶段企业使用较多的360度考核法,就是考核主体的多方面,包括上级、同事、下级、客户、员工本人等利益相关者,多方面考察员工的绩效。绩效考核的方法非常多,如比较法、量表法、描述法等,每一种方法都有其适用的情境和对象。在实际操作过程中,管理者要根据实际情况设计一种或综合几种考核方法,既保证绩效考核目标的实现,又符合员工的特点。

4.绩效反馈

绩效反馈是指绩效周期结束时,管理者就绩效考核的结果与员工进行面对面交谈,管理者结合绩效考核的结果,指出员工在工作中存在的不足,并与员工一起制订绩效改进计划。绩效反馈的过程在很大程度上决定了组织实现绩效管理目的的程度。

绩效反馈的作用主要体现在改进作用和管理作用上。改进作用,即对绩效考核的结果进行分析,诊断员工存在的绩效问题,找到产生问题的原因,制订绩效改进计划,帮助员工提高绩效。管理作用,即根据绩效考核结果做出相关的人力资源管理决策。之前提到,绩效管理关注发展,最终目标是提高员工个人和企业的绩效,因此绩效反馈的改进作用更加重要。

二、薪酬管理

(一)薪酬

从薪酬的本质上看,薪酬是两个利益主体(劳动者和企业)之间的交易价格;从个人角度上看,薪酬是员工提供劳动而获得的各种形式的酬劳;从企业角度上看,薪酬是企业的劳动成本;从社会角度上看,薪酬来源于国民收入的分配。

薪酬有狭义和广义之分,具体介绍如下。

1.狭义薪酬

狭义薪酬,指员工提供劳动而获得的所有直接和间接的经济收入,包括基本薪酬、可变薪酬、间接薪酬、津贴与补贴、股权等,其按照是否以直接货币形式支付,可分为货币性薪酬和非货币性薪酬。

基本薪酬,即通常所说的基本工资,是指企业以固定周期的形式根据员工所在职位或者员工所具备的知识、技能和能力而支付给员工的报酬。基本薪酬体现的是薪酬的保障性作用,其具有相对稳定的特点。

可变薪酬,即绩效薪酬或者奖金,是企业根据员工工作实际完成情况或绩效目标达成情况而支付给员工的报酬。可变薪酬体现的是薪酬的激励作用,其差异性和浮动性较强。

间接薪酬,即员工福利,是指以是否为企业员工为标准发放的全员保障性薪酬。员工福利的发放标准为是否为企业员工,而不是以员工的职位、能力、绩效等为依据,因此福利呈现出低差异化、全员性等特点。通常福利是以非货币的形式发放。

津贴与补贴,即对员工在特殊劳动环境下额外劳动消耗和额外生活费用支出的补偿。一般而言,与工作相关的补偿称为津贴,如高空津贴、地区津贴等,与生活相关的称为补贴,如交通补贴、午餐补贴等。

股权,即将企业股权或者股票期权作为薪酬的形式之一发放给员工。股权是一种长期激励手段,更多地用于企业的高层管理者或者核心技术员工。

2.广义薪酬

广义薪酬,也称为全面薪酬或360度薪酬,是对狭义薪酬的拓展。广义薪酬是指员工付出劳动而获得的所有他认为有价值的回报,不仅包括物质层面的薪酬,还包括了精神层面的薪酬,如头衔、富有挑战性的工作等。

广义薪酬按是否以货币形式表示,分为经济性薪酬与非经济性薪酬。广义薪酬按是否有心理强化作用,分为内在薪酬与外在薪酬。内在薪酬是对传统狭义薪酬的一种突破,它认为金钱和物质不能替代一个拥有信任、快乐、富有意义、充满发展机会的组织环境,也无法满足人们自我实现的需求。

(二)薪酬管理概述

薪酬管理是指企业依据员工工作实际,对员工薪酬的支付标准、发放水平、结构与形式等进行确定和调整的过程。薪酬管理最直接的作用是帮助企业有效控制经营成本,此外,薪酬管理能够支持企业战略目标的实现,塑造和强化企业文化。薪酬管理需要完成以下四大基本决策。

1.基本薪酬体系

基本薪酬体系是指员工基本薪酬的发放标准,通常分为基于职位的薪酬体系、基于技能的薪酬体系、基于能力的薪酬体系。

基于职位的薪酬体系是根据职位内容和职位价值来确定薪酬水平的基本薪酬体系。付酬依据是员工所处的职位在企业中的相对价值,在此过程中要用到职位评价。这种薪酬体系操作性较强,实现了同工同酬,但不易反映同职位的员工能力与工作结果的差异。

基于技能的薪酬体系是以员工完成职位工作所投入的知识、技能和能力作为测量报酬的依据,属于一种以人为本的薪酬体系。这种薪酬体系忽略了工作绩效及能力的实际发挥程度等因素,适用范围窄,只适用于技术复杂程度高、劳动熟练程度差别大的企业。

基于能力的薪酬体系是依据员工的胜任能力水平而给付薪酬的体系,适用于技术型、创新型等技术密集型的企业,尤其适合各类组织中的高层管理和技术方面的白领职位。

2.薪酬水平

薪酬水平指企业整体、各部门、各职位平均薪酬在行业内部的高低状况。薪酬水平的高低决定了企业的人才吸引力。薪酬水平策略主要有以下四种。

领先型策略,即企业整体、各部门、各职位平均薪酬都处于行业内领先位置。

匹配型策略,即企业整体、各部门、各职位平均薪酬与行业平均薪酬持平。

拖后型策略,即企业整体、各部门、各职位平均薪酬均低于行业平均值。

混合型策略,即企业内部不同部门、不同职位的平均薪酬处于行业内的不同位置,如部分企业中技术岗位的员工在企业内的薪酬会高于行业平均值,而该企业内部其他职位(如行政文秘类职位),其薪酬水平低于行业平均值。

3. 薪酬构成

薪酬构成是指在员工的整体薪酬中,由于基本薪酬、可变薪酬和间接薪酬所占比例的不同形成的不同组合。薪酬构成主要有以下三种模式。

高稳定薪酬模式,基本薪酬和间接薪酬所占比例较大。

高弹性薪酬模式,可变薪酬所占比例较大。

调和型薪酬模式,基本薪酬、可变薪酬和间接薪酬占比相当。

4. 薪酬结构

薪酬结构是指企业薪酬等级的数量、每一等级的变动范围及不同薪酬等级之间的关系等。典型的薪酬结构有窄带结构(传统的垂直型薪酬结构)和宽带结构。

需要说明的是,在进行以上四大基本决策时,要尤其关注其公平性。这里的公平性包括四个方面,即外部公平性、内部公平性、个人公平性和程序公平性。

(三) 福利

福利由最初雇主的"慈善"演变为一种义务,由个别企业的行为演变为企业的普遍行为,由随意性管理行为演变为受到一定法律约束的管理行为。福利与基本薪酬和可变薪酬不同,它不是以员工的职位、能力、绩效等为发放依据的,而是以是否为企业员工为标准,旨在提高员工工作、家庭生活质量。福利已成为劳动者的一种权利,与货币化的报酬相比,福利对于改善劳资关系、培养团体精神、增强凝聚力、稳定员工队伍、营造和谐的企业文化、提高企业形象有更明显的作用。

福利分为法定福利和自主福利。法定福利是指国家法律要求企业必须为员工提供的福利项目,包括法定的社会保险、住房公积金、公休假日、法定休假日、带薪休假等;自主福利是指企业根据自身情况自主为员工提供的福利项目,一般包括实物福利、货币福利、股权福利、服务福利、集体文化娱乐活动。

本章内容拓展

学习总结

本章习题

第十章
生产运作管理

知识目标
1. 掌握生产运作管理的相关概念。
2. 熟悉生产运作战略的类型、生产过程及其分类。
3. 了解生产运作管理的内容、地位和作用、发展历程及新实践。

能力目标
1. 能够根据生产运作管理流程图了解企业的生产运作特点。
2. 能够根据企业生产与运作类型，判断生产与运作的特点。
3. 能够根据产品及企业特点合理组织企业生产管理。

经济管理情境

制造业是国民经济的主体，是科技创新的主战场，是立国之本、兴国之器、强国之基。当前，全球制造业发展格局和我国经济发展环境发生重大变化，必须紧紧抓住当前难得的战略机遇，突出创新驱动，优化政策环境，发挥制度优势，实现中国制造向中国创造转变，中国速度向中国质量转变，中国产品向中国品牌转变。

《中国制造2025》提出，坚持"创新驱动、质量为先、绿色发展、结构优化、人才为本"的基本方针，坚持"市场主导、政府引导，立足当前、着眼长远，整体推进、重点突破，自主发展、开放合作"的基本原则，通过"三步走"实现制造强国的战略目标：第一步，到2025年迈入制造强国行列；第二步，到2035年我国制造业整体达到世界制造强国阵营中等水平；第三步，到新中国成立一百年时，制造业大国地位更加巩固，综合实力进入世界制造强国前列。

围绕实现制造强国的战略目标，《中国制造2025》明确了九项战略任务和重点：一是提高国家制造业创新能力；二是推进信息化与工业化深度融合；三是强化工业基础能力；四是加强质量品牌建设；五是全面推行绿色制造；六是大力推动重点领域突破发展，聚焦新一代信息技术产业、高档数控机床和机器人、航空航天装备、海洋工程装备及高技术船舶、先进轨道交通装备、节能与新能源汽车、电力装备、农机装备、新材料、生物医药及高性能医疗器械等十大重点领域;七是深入推进制造业结构调整;八是积极发展服务型制造和生产性服务业;九是提高制造业国际化发展水平。

《中国制造2025》明确通过政府引导、整合资源,实施国家制造业创新中心建设、智能制造、工业强基、绿色制造、高端装备创新等五项重大工程,实现长期制约制造业发展的关键共性技术突破,提升我国制造业的整体竞争力。

第一节 生产运作管理概述

一、生产运作管理的概念

(一)生产与运作

"生产"一词常常与工厂、机器、流水线等联系在一起。以前,生产被认为是以一定生产关系联系起来的劳动者,利用劳动工具,作用于劳动对象,使之成为有用产品以适合人们需要的过程。当时生产的主要关注点是物质资料的生产。物质资料的生产围绕着转化过程,将一定的原材料转化为一定的有形产品。

进入21世纪以后,社会生产力的发展使得大量的劳动力转移到服务业,导致服务业在整个国民经济中的比重大大上升。以美国为首的西方发达国家的服务业所创造的国民生产总值在其整个国民经济中的比重曾一度超过70%。同时,在制造业企业中,内部服务作业(如仓储保管、行政事务、统计会计、教育培训等)的管理费用支出已超过制造系统直接成本的支出。在这样的背景下,生产的概念和方法被广泛应用到制造业以外的许多活动和场景中,如医疗、饮食、娱乐、教育、运输及政府等各类服务业。

20世纪80年代以前,西方国家的学者把提供有形产品的活动称为"production"(生产),而把提供服务的活动称为"operations"(运作)。现在,他们已倾向于将两者均称为"operations",将有形产品和服务统称为"财富",把生产运作视为创造财富的过程,从而把生产运作的概念扩大到了非制造领域。总之,"production"和"operations"具有共同的特点,即生产运作是一切社会组织将输入转换为输出的增值过程。

生产运作系统实例如表10.1所示。

表10.1 生产运作系统实例

系统	输入	转化过程	输出
汽车制造厂	钢材、零部件、设备、工具	制造、装配汽车	汽车
学校	学生、教师、教材、教室	传授知识、技能	受过教育的人才
医院	病人、医师、护士、药品、医疗设备	治疗、护理	健康的人

续表

系统	输入	转化过程	输出
商场	顾客、售货员、商品、库房、货架	吸引顾客、推销产品	顾客的满意
餐厅	顾客、服务员、食品、厨师	提供精美食物	顾客的满意
电商直播	手机、主播、货物、Wi-Fi	文字、内容加工	顾客购买满意的货物

表 10-1 列出了不同行业、不同社会组织的输入、转化过程、输出的主要内容。其中,输出是企业对社会做出的贡献,也是企业赖以生存的基础;输入则由输出决定,生产什么样的产品决定了需要什么样的资源和其他输入要素。一个企业的产品或服务的特色与竞争力,是在转化过程中形成的。因此,转化过程的有效性是影响企业竞争力的关键因素之一。

(二)生产运作系统

生产运作系统,是由人和机器构成能将一定输入转化为特定输出的有机整体,由输出的"质"和"量"决定。面粉厂的生产系统不同于机床厂的生产系统,银行的运作系统也不同于医院的运作系统,这即是"质"的差别;同是生产汽车,大批量生产和小批量生产所采用的设备及设备的布置形式是不相同的,同是提供食物,快餐店和大饭店的运作组织方式也是不同的,这即是"量"的差别。生产运作系统的概念可以从狭义和广义来理解。狭义上是指企业(制造业和服务业)内部的生产运作系统;广义上是指由供应商、制造商、分销商组成的系统。

二、生产运作管理的内容

(一)生产运作管理的分类

生产运作管理有狭义和广义之分。狭义的生产运作管理是指以产品基本生产过程为主要对象的管理,主要包括生产过程的组织,生产计划、生产作业计划的制订和执行及控制,以及生产调度工作等。广义的生产运作管理是指以整个企业生产系统为主要对象的管理,主要包括所有与生产运作密切相关的各方面管理工作,即从生产系统设计开始,到原材料、设备、人力、资金等资源的输入,经过生产转换系统,直到产品或服务输出为止的一系列管理工作。

综合各种表达,一般来讲,生产运作管理是指企业对生产运作系统的设计和对生产活动的计划、组织和控制等管理工作的总称。生产运作管理是企业管理的一个职能领域,它对企业提供主要产品或服务的系统进行设计、运行、评价和改进,其核心是实现价值增值。

生产运作管理围绕提高价值的程度、提高价值增值效应而展开,主要包括以下内容:①生产系统安排,是实现生产运作经营目标的手段,包括确定生产过程的类型、服务过程的类型、生产设备布置、服务设施布置、生产时间组织、确定生产运作能力等;②生产运作计划安排,指生产运作管理工作中的各种计划,包括生产综合计划、主生产计划、作业计划、作业排序、物料需求计划等;③生产管理与控制,是指生产运作过程中各项管理与控制活动,包括库存控制与管理、劳动消耗管理、物资消耗管理、生产现场管理、设备管理、生产工艺管理、工作设计、质量控制、成本控制、生产进度控制等。

(二)生产运作管理的两大对象

如上所述,生产运作过程是一个"投入—变换—产出"的过程,是一个劳动过程或价值增值过程。因此,生产运作管理具有生产运作过程和生产运作系统两大对象。生产运作管理的第一大对象,是考虑如何对生产运作活动进行计划、组织与控制。生产运作系统是使上述变换过程得以实现的手段。它的构成与变换过程中的物质化过程和管理过程相对应,包括一个物质系统和一个管理系统。物质系统是一个实体系统,主要由各种设施、机械、运输工具、仓库、信息传递媒介等组成。例如,一个机械工厂,其实体系统包括一个个车间,车间内有各种机床、天车等设备,车间与车间之间有在制品仓库等。而一个化工厂,它的实体系统可能主要是化学反应罐和形形色色的管道。又如,一个急救系统或一个经营连锁快餐店的企业,它的实体系统可能又大为不同,它们不可能集中在一个位置,而是分布在一个城市或一个地区内的不同地点。管理系统主要是指生产运作系统的计划和控制系统,以及物质系统的设计、配置等问题。其中的主要内容是信息的收集、传递、控制和反馈。生产运作管理的第二大对象,是考虑如何对生产运作系统进行设计、改造与升级。

(三)生产运作管理的任务

生产运作管理是对企业生产活动的管理,使企业能够向顾客提供合格的产品或服务。因此,生产运作管理具有以下任务。

1.全面完成生产计划所规定的任务

要低成本、高质量、按时完成计划规定的品种、数量、质量等。

2.不断提高生产运作系统的效能和效率

一方面做正确的事(效能),即生产战略正确,生产适销对路的产品;另一方面正确地做事(效率),高效生产产品。

3.不断提高生产运作系统的柔性(适应性),提高产品生产的应变能力

这样才能使系统生产出满足不同市场需求的多种产品。

(四)生产运作管理的目标

生产运作管理是在企业整体战略框架下的职能活动,是为提高企业竞争力的生产运作活动。因此,生产运作管理的目标是建立一个科学的生产制造系统,为企业制造有竞争力的产品,具体来说就是高效、低耗、准时、灵活地生产合格产品或提供满意服务。产品竞争力体现在产品的质量、价格、交货期三个方面。

1.质量

质量是指用户对产品使用价值的满意程度,它既包括产品质量,也包括工作质量的核心是产品性能。产品性能是指一种产品所具有的实际使用价值方面的特性。顾客最关心的指标之一就是产品性能,如汽车的最大速度、马力、安全性等。

2.价格

价格是指用户为取得产品使用价值而付出的代价。人们非常关心性价比,性价比高的产品市场就好;反之就差。在质量基本相同情况下,谁的产品价格低,谁的产品竞争力就强。

3.交货期

当今社会有时不是大的企业打败小的企业,而是快的企业打败慢的企业。时间就是金钱。货币具有时间价值,生产周期越短,效益越高,交货速度越快,竞争力越强。现代研究表明,产品的质量、价格首先取决于设计阶段,然后形成于制造阶段。这些阶段的管理工作都属于生产运作管理的范围。

三、生产运作管理的地位和作用

20世纪90年代以来,由于科学技术的不断进步和经济的不断发展,全球化信息网络和全球化市场经济的形成,企业面临着缩短交货期、提高产品质量、降低产品成本及对不断变化的市场做出快速反应等方面的压力。这一现象使企业界越来越认识到生产运作管理对企业获取竞争优势的重大作用。

(一)生产运作是企业经营的基本职能之一

企业经营具有五大基本职能:财务、技术、生产运作、营销和人力资源管理。企业的经营活动,就是这五大职能有机联系的一个循环往复的过程,如图10.1所示。企业为了实现自己的经营方针,决定生产的产品。一旦决定,具体步骤如下:筹措资金——进行财务活动,这是企业的财务职能;设计产品及运作流程——统称为技术活动;设计完成后,需要购买物料并加工制造——进行生产运作活动;产品生产出来以后,需要通过销售使价值得以实现——进行营销活动;销售以后得到的收入由财务职能进行分配,其中一部分作为下一轮的生产资金,又一个循环开始。而使这一切运转的,是人——企业的人力资源管理活动。企业为了达到自己的经营目标,以上五大基本职能缺一不可。

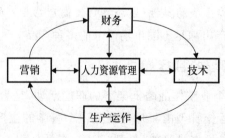

图10.1 企业经营的基本框架

(二)企业在生产运作方面的花费在销售收入中所占比例最高

在大多数行业企业的销售收入中,花费最大的部分往往是生产运作活动。各行业中生产运作成本比例如表10.2所示。因此,企业要提高盈利能力,生产运作自然成为关注的焦点。而实际上,做好生产运作管理是企业提高盈利的最佳途径。

表10.2 各行业中生产运作成本比例(%)

项目		食品加工业	医药制造业	电子及通信设备制造业	普通机械制造业	纺织业
生产运作	产品材料直接劳动成本	84	59	84	80	85
	附加费用监督及供应	5	5	3	2	2
	小计	89	64	87	82	87
销售、财务与管理费用		6	22	7	10	6
利息、财务与管理费用		5	14	6	8	7

第二节 生产运作战略

一、生产运作战略概述

(一)生产运作战略的概念

生产运作活动是企业基本活动之一。生产运作活动为了达到企业的经营目的,必须将其所拥有的资源要素合理地组织起来,并且保证有一个合理高效的运作系统来进行一系列的变换,以便在投入一定资源的条件下,使产出能达到最大或尽量大。再具体地说,运作活动应该保证能在需要的时候,以适宜的价格向顾客提供满足他们质量要求的产品。为了达到这样的目标,作为一个生产运作管理人员,首先需要考虑选择哪些产品、为了生产这样的产品需要如何组织资源、竞争重点应该放在何处等。在思考这样的基本问题时,必须根据企业的整体经营目标与经营战略制定一个基本的指导思想或者说指导性原则。例如,企业的经营战略侧重于收益率的提高,那么生产运作战略的指导思想可能应该是尽量增加生产收益,从而在进行产品选择决策时,应该注重选择高附加值产品。又如,企业根据所处的经营环境认为应该把企业的经营战略重点放在扩大市场占有率上,相应地,生产运作战略的重点应该是保持生产系统的高效性及灵活性,从而能最大限度地满足市场的各种需求。这样的指导思想以及决策原则就构成了生产运作战略的内容。

由此可见,制定生产运作战略的目的是使企业的生产运作活动能够符合企业经营的整体目标和整体战略,以保证企业经营目标的实现。由此可以认为,生产运作战略是指企业在其经营战略的总体规划下决定选择什么样的生产系统、确定什么样的管理方式来达到企业的整体经营目标而对生产运作系统所做的整体谋划。具体地说,生产运作战略就是要决定企业在产品或服务、生产过程、生产方法、制造资源、质量、成本、生产周期、生产计划、企业物流模式等方面的行动方案。

(二)生产运作战略的主要内容

生产运作战略在企业战略体系中属于职能层战略,是总体战略在生产运作职能范围的落实和具体化,受企业总体战略制约,为支持和完成总体战略服务。生产运作战略主要是制定实现企业战略的产品或服务方案,确定构建符合企业战略的生产运作系统以及实现企业战略的一系列决策规划内容和程序。具体来说,生产运作战略包括三个方面的内容,即生产运作的总体战略、产品或服务的开发与设计和生产运作系统的设计。

1.生产运作的总体战略

生产运作的总体战略包括产品或服务的选择决策、自制或购买决策、生产运作方式决策和质量战略决策。

(1)产品或服务的选择决策。

企业进行生产运作,首先要确定的就是企业将以何种产品或服务来满足市场需求,实现企业目标,这就是产品或服务的选择决策问题。提供何种产品或服务,最初来自各种设想,在对各种设想进行论证的基础上,确定本企业要提供的产品或服务,这是一个十分重要而又困难的决策。因此,企业向市场提供什么产品或服务,需要对各种设想进行充分论证和科学决策。

(2)自制或购买决策。

企业进行新产品开发、建立或改进生产运作系统,都要做出自制或购买的决策。如果决定制造某种产品或由本企业提供某种服务,则要建造相应的设施,采购所需要的设备,配备相应的技术人员和管理人员。自制或购买决策也有不同的层次:如果产品完全自制,则要建一个制造厂;如果只在产品装配阶段自制,则只要建造一个总装厂,然后寻找零部件供应厂家。

(3)生产运作方式决策。

企业在做出自制或购买决策之后,就要从战略的高度对企业生产运作方式做出选择。可供选择的生产运作方式很多,几种典型的方式介绍如下。首先,低成本、大批量策略。采用这种策略要选择标准化的产品或服务,而非顾客化的产品或服务。这种策略往往需要较高的投资来购买专用高效设备。福特公司早期就是采用这种策略。要注意的是,这种策略应该用于需求量大的产品或服务。其次,多品种、小批量策略。对于顾客化的产品,只能采取多品种和小批量的生产策略。在顾客需求多样化、个性化的今天,这种策略更能帮助企业立于不败之地。但是采用多品种、小批量策略生产效率难以提高,大众化产品不应该采取这种策略,否则,遇到采用低成本和大批量策略的企业就无法去竞争。最后,混合策略。将多种策略综合运用,实现多品种、低成本、高质量生产,可以取得竞争优势。目前企业采用的大规模定制就是顾客化大量生产的混合策略,既可以满足顾客多样化需求,又具有大量生产的高效率和低成本。

(4)质量战略决策。

无论是采取低成本、大批量策略还是多品种、小批量策略,都必须保证质量。质量战略中有高设计质量和恒定质量两点可以考虑。前者包括卓越的使用性能、操作性能和耐久性能等,后者指质量的稳定性和一贯性。实施质量战略的主要措施有开展全面质量管理活动采用精益生产方式等。

2. 产品或服务的开发与设计

产品或服务确定之后,就要对产品或服务进行设计,确定其功能、型号、规格和结构,接着要对如何制造产品或提供服务的工艺进行选择,对工艺过程进行设计。按照产品或服务开发与设计的发展方向,要对以下几个问题作出决策。首先,做领导者还是跟随者,这是两种不同的策略。做领导者就需要不断创新,需要在研究与开发方面做出大量投入,因而风险大,但做领导者可以使企业领导新潮流,拥有独到的技术,在竞争中始终处于领先地位。做跟随者只需要仿制别人的新产品,成本低、风险小,但得到的不一定是先进的技术。其次,自己设计还是外包设计。同自制或购买决策一样,产品或服务的开发和设计可以自己做或外包。一般来说,涉及独到的技术必须自己做。再次,是否购买技术或专利。为了节约开发和设计时间,降低风险,企业可以通过购买大学或研究所的生产许可证、专利权和设计来实现。最后,做基础研究还是应用研究。基础研究是对某个领域或某种现象进行研究,但不能保证新的知识一定可以得到应用。基础研究成果转化为产品的时间较长,而且风险很大。但是,一旦基础研究的成果可以得到应用,对企业的发展将起到很大的推动作用。应用研究是根据顾客需求选择一个潜在的应用领域,有针对性地开展的研究活动。应用研究实用性强,容易转化为现实的生产力。但应用研究一般都需要基础理论的指导。

3. 生产运作系统的设计

生产运作系统的设计对生产运作系统的运行有先天性的影响,它是企业战略决策的一个重要内容,也是实施企业战略的重要步骤。生产运作系统的设计有四方面的决策,即选址、设施布置、岗位设计、工作考核和报酬,如表10.3所示。

表10.3 生产运作系统的设计内容

决策领域	内容
选址	按长期预测确定所需能力;评估市场因素,有形和无形成本因素;确定是建造或购买新设施,还是扩充现有设施;选择具体的地区和地点
设施布置	选择物料传送办法和配套服务;选择布置方案;评估费用
岗位设计	按照技术、经济和社会的可行性确定岗位;确定何时使用机器或人力;处理人机交互;激励员工;开发、改进工作方法
工作考核和报酬	工作考核;设置标准;选择和实施报酬方案

二、生产运作竞争战略

美国著名的管理咨询公司麦肯锡公司曾从27家杰出的成功企业中找出了一些共同特点,其中最关键的有两条。一是抓住竞争优势。一家企业的优势可能在于产品开发，对于另外一家企业来说，其优势可能在于产品质量，而对于其他企业来说，优势可能是廉价、对顾客提供的服务、不断改进生产效率等。二是保持其优势。企业的优势一旦确立，便不为其他吸引轻易改变方向，比如一家企业在同行中拥有低价格，或是在交货期、技术或质量等方面有远远超出其同行之处，如能建立优势，则是其宝贵财富，绝不能轻易放弃。

所谓生产运作竞争战略，实际上也就是企业的生产系统如何运用生产资源获取企业的竞争优势的战略。生产运作战略强调生产运作系统是企业的竞争之本，只有具备了生产运作系统的竞争优势才能赢得产品的优势，才会有企业的优势。因此，生产运作战略理论是以竞争及其优势的获取为基础的。企业根据自己所处的环境和所提供产品、生产运作组织方式等自身条件的特点，可将竞争重点放在不同方面。

第三节 生产运作组织

一、生产过程

（一）生产过程的构成

对于制造企业来讲，生产过程是指从原材料投入开始，经过加工产出成品的全部过程。生产过程是指从准备生产一种产品开始直到把它生产出来为止的全部过程。它是工业企业生产活动的最基本过程。现代生产的复杂性使生产中产生了不同过程的阶段。而生产过程则是制造产品中所必需的不同阶段的总和。无论是制造行业还是服务行业，其生产系统都存在着利用运营资源把投入转换成产出的生产过程。

1. 基本生产过程

基本生产过程是指企业生产基本产品的过程。企业所生产的产品，按其专业特点及使用对象可分为基本产品、辅助产品和附属产品。基本产品是指代表企业专业方向并满足市场需求的产品，如机床厂生产的机床、航空公司提供的航班服务、医院为病人治疗等。辅助产品是指企业生产的某些产品是为了保证基本生产的需要，而不是用来满足社会的需求，如机床厂生产的为保证机床制造所需要的工装、压缩空气等。附属产品是指企业有时生产一些不代表企业专业方向而满足市场需要的产品，如飞机制造厂生产的铝制品、锅炉厂生产的液化气罐等。

2. 辅助生产过程

辅助生产过程是指为保证基本生产过程的正常进行所必需的各种辅助性生产活动，包括设备维修劳力供应、工艺装备（工夹模具等）制造等。

3. 生产技术准备过程

产品在正式投产以前，在生产技术方面所做的工作都属于生产技术准备过程，包括市场调研、产品开发、产品设计、工艺设计、工时定额制定、工装设计、新产品试制和鉴定等。

4. 生产服务过程

生产服务是为了保证企业生产活动正常进行所做的服务性工作,如物料的保管和供应、物料运输、理化试验、计量工作等。

5. 附属生产过程

附属生产过程是指生产不代表企业专业方向而满足市场需要的附属产品的过程。

(二) 合理组织生产过程的要求

组织生产过程是企业生产运作管理的重要工作,合理组织生产过程要求生产过程具有连续性、平行性、比例性、均衡性、适应性。

1. 生产过程的连续性

生产过程的连续性是指产品生产各个阶段、各道工序之间在时间上紧密衔接、连续进行。生产过程的连续性与采用的生产技术、生产设施布置及生产运作管理水平有关。采用先进生产技术、生产设施布置合理、生产安排合理、管理到位,能够提高生产过程的连续性。生产过程连续性的提高,能够缩短产品生产周期,减少在制品存量,降低存货成本,减少场地占用,提高设备利用率。

2. 生产过程的平行性

生产过程的平行性是指生产过程各个阶段、各道工序实行平行交叉作业,从而缩短生产周期,减少生产耗费。要实现生产过程的平行性,生产设施的选址与布局至关重要。

3. 生产过程的比例性

生产过程的比例性是指生产过程的各阶段、各工序在生产能力上要保持一定的比例关系,在工人人数、设备数量、占用场地面积、生产能力、出产进度等方面,都必须相互协调、相互适应。比例不合理将导致生产过程出现"瓶颈",限制生产能力。所以,无论在生产过程的日常组织管理上,还是在生产活动的预先安排上,都要保证各个生产环节的比例性。当工艺发生改变、产品结构发生变化、工人技术水平提高使能力发生变化时,各个生产环节的能力比例关系会发生改变。此时,需要采取措施调整各个环节的比例以达到协调性要求。

4. 生产过程的均衡性

从原料投入到产品完工入库都能保持按照均衡的节奏生产,不出现工作时紧时松现象,保持生产负荷均匀,避免突击赶工。均衡生产有利于资源合理利用,避免产品积压和各种浪费损失,提高产品质量,减少在制品占用,有利于安全生产,加强生产控制是保证均衡生产的重要措施。

5. 生产过程的适应性

生产过程的适应性是指生产过程组织能够较好地适应生产需求的变化,满足顾客的个性化需求。这就需要生产围绕市场做出快速的反应,满足产品交货期越来越短、质量越来越高、成本越来越低的要求。

上述五项基本要求相互联系、相互制约,企业生产过程应满足这些要求,使生产过程取得良好的经济效益。

二、生产分类

(一) 生产流程分类

根据工艺过程的特点,可以把制造性生产分成离散型生产与连续型生产两种。

1. 离散型生产

离散型生产是指物料离散地按一定工艺顺序运动,在运动中不断改变形态和性能,最后形成产品的生产。如轧钢和汽车制造,轧钢是由一种原材料(钢锭)轧制成多个产品(板材、型材、管材),汽车制造是由多种零件组装成一种产品。

2. 连续型生产

连续型生产是指物料均匀、连续地按一定工艺顺序运动,在运动中不断改变形态和性能,最后形成产品的生产。有时,连续型生产也称为流程式生产,如化工(塑料、药品、肥皂、肥料等)、炼油、冶金、食品、造纸等生产过程。

像汽车制造这样的离散型生产又称为加工装配式生产。机床、汽车、柴油机、锅炉、船舶、家具、电子设备、计算机、服装等产品的制造,都属于加工装配式生产。加工装配式生产过程是将离散的零部件装配成产品的过程。这种特点使得构成产品的零部件可以在不同地区甚至不同国家制造。加工装配式生产的组织十分复杂,是生产管理研究的重点。

连续型生产与离散型生产对比如表10.4所示。

表10.4 连续型生产与离散型生产对比

特征	连续型生产	离散型生产
用户类型	较少	较多
产品品种数	较少	较多
产品差别	有较多标准产品	有较多用户要求的产品
营销特点	依靠产品的价格与可靠性	批量或流水生产
自动化程度	较高	较低
设备布置的性质	流水式生产	依靠产品的特点
设备布置的柔性	较低	较低
扩充能力的周期	较长	较短
对设备可靠性要求	高	较低
维修的性质	停产检修	多数为局部修理
原材料品种	较少	较多
能源消耗	较高	较低
在制品库存	较低	较高
副产品	较多	较少

连续型生产与离散型生产不同的特点,导致生产管理的特点也不同。对连续型生产来说,生产设施地理位置集中,生产过程自动化程度高,只要设备体系运行正常,工艺参数得到控制,就能正常生产合格产品,生产过程中的协作与协调任务也少。由于高温、高压易燃、易爆的特点,对生产系统可靠性和安全性的要求很高。相反,加工装配式生产的生产设施地理位置分散,零件加工和产品装配可以在不同地区甚至在不同国家进行。由于零件种类繁多,加工工艺多样化,又涉及多种多样的加工单位、工人和设备,导致生产过程中协作关系十分复杂,计划、组织、协调任务相当繁重,生产管理大大复杂化。

(二)生产方式分类

按照企业组织生产的特点,可以把生产分成备货型生产(make-to-stock,MTS)与订货型生产(make-to-order,MTO)两种。

1.备货型生产

备货型生产是指在没有接到用户订单时,根据市场预测按已有的标准产品或产品系列进行的生产。生产的直接目的是补充成品库存,通过维持一定量成品库存来满足用户的需要,如轴承、紧固件、小型电动机等产品的生产就属于备货型生产。

备货型生产可以较好地满足随机小批量的需求;同时企业生产系统运行均衡、质量稳定,人力、设备等资源可以得到较充分的运用。但是,这种生产方式运作过程中产成品占用的流动资金大,具有一定的市场风险,对需求变化的适应性较差。备货型生产一般用于通用产品生产,如机床行业、家电行业、服装行业及标准件生产企业等。采用备货型生产方式的企业的管理重点是准确预测市场需求,合理安排生产计划,使得企业既能满足市场需求、又不至于积压过多库存。

订货型生产是指按用户订单进行的生产。用户可能对产品提出各种各样的要求,经过协商和谈判,以协议或合同的形式确认产品在性能、质量、数量和交货期方面的要求,然后组织设计和制造,如锅炉、船舶等产品的生产就属于订货型生产。订货型生产可以大幅度地减少产成品库存量,降低流动资金占用额,避免市场风险,但这种生产方式对生产系统的管理水平要求高,需求随机波动对运作过程影响大,生产计划、人力资源、设备利用、质量保证等工作难度大,要求生产运作系统具有良好的适应性。订货型生产方式一般用于个性化产品的生产,用户从订单下达到接收产品通常需要较长时间。通常,航空航天行业、船舶行业、大型电力设备及大型鼓风机的生产企业等采用此类生产方式。采用订货生产方式的企业的管理重点是快速满足用户需求,保证产品质量的一致性,合理保障生产的均衡性。

2.订货型生产

为了缩短交货期,还有一种接订单装配式生产(assemble-to-order,ATO),即零部件是事先制作的,在接到订单之后,将有关的零部件装配成顾客所需的产品。很多电子产品的生产属于这种接订单装配式生产。服务业也有很多接订单装配式生产的例子,如餐馆按顾客所点的菜品来炒菜,每种菜的原料是事先准备好的。按订单装配式生产必须以零部件通用化、标准化为前提。连续型生产一般为备货型生产,离散型生产既有备货型生产又有订货型生产。近年来,随着信息技术在制造企业的推广应用,采用订货生产方式的企业越来越多;甚至可以让用户参与到企业产品的研制过程中,以更好地满足用户需求。

以往,对生产计划与控制方法的研究大都以备货型生产为对象。人们认为,备货型生产所得出的计划与控制方法也适用于订货型生产,其实不然。例如,用线性规划方法优化产品组合,适用于备货型生产,但一般不能用于订货型生产。原因很简单,用户不一定按工厂事先优化的结果来订货。表10.5列出了备货型生产与订货型生产的主要区别。

表10.5 备货型生产与订货型生产的主要区别

项目	备货型生产(MTS)	订货型生产(MTO)
产品	标准产品	按照用户要求生产,大量的变形产品或新产品
对产品的需求	可以预测	难以预测
价格	事先确定	订货时确定

值得一提的是,订货型生产与订合同是有区别的。无论是MTO还是MTS,订货方与供货方都要签订合同,但签订合同后如果直接从成品库存供货,这并不是MTO,而是MTS。

(三) 批量分类

生产系统可以按生产的专业化程度划分,生产的专业化程度可通过产品品种、产量生产重复性等因素来衡量。产品品种越多,同一品种的产量越少,生产的重复性越低,则生产的专业化程度越低;反之则生产的专业化程度越高。生产的专业化程度可按照工作地担负的工序数目的多少来具体判断,工作地担负的工序数目越少,则专业化程度越高。企业生产方式按照生产批量大小可以分为多品种小批量生产(high-variety low-volume manufacturing)、批量生产(batch manufacturing)和重复生产(repetitive manufacturing),如图10.2所示。

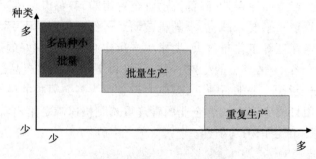

图10.2 批量生产方式的分类

1. 多品种小批量生产

这类企业一般根据用户订单安排生产,生产的产品品种很多、但产量很少,极端情况下可能是一次性生产,生产过程使用通用设备,对工人的技术水平要求高。这类企业的生产车间通常是典型的作业型车间,每个作业都可能是独一无二的,其生产工艺过程是不可能重复的,因此在制品大多要求物流传输系统柔性高;同时,对车间生产计划、调度提出了极大的挑战,目前为止仍然是尚未完全解决的难题。

2.批量生产

这类企业生产的产品品种较多,每种产品有一定产量,各种产品实行成批轮番生产;企业既拥有专用生产设备又拥有通用生产设备,设备布局既有按对象原则又有按工艺原则布置;对工人的技术水平要求较高。

3.重复生产

这类企业生产的产品产量大、品种少、设备专用、工作地专业化程度高;实行流水生产;生产线上的工人只要完成相对固定的工作,因此对工人的技术水平要求较低。

重复生产类型企业的生产线属于典型的流水车间,生产节奏固定,物料传输大多采用自动化设备,在制品数量少且稳定,其计划调度相对于作业车间简单,但仍有许多问题未完全解决。

不同批量生产方式特征的比较如表10.6所示。由于大量生产与大批生产之间、小批生产与单件生产之间在经济效果和对生产组织的要求方面都是接近的,故在实际中又将生产类型分为大批大量生产、成批生产和单件生产。生产与社会需求相关联,当社会需求稳定时,大批大量生产是一种高效低耗的生产形式;当社会需求出现多样化、多变性情况时,大批大量生产由于缺乏适应性而难以见效,生产运作管理就要在多品种、小批量生产方面寻找出路。

表10.6 不同批量生产方式特征的比较

项目	多品种小批量生产	批量生产	重复生产
产品品种	很多	较多	单一或很少
产品产量	单个或很少	较大	很大
产品更新	很快	较快	慢
产品成本	高	较高	低
设备布置	基本按工艺原则	既有按对象原则又有按工艺原则	按对象原则采用流水线
设备类型	通用设备	专用与通用设备并存	专用设备
设备利用率	低	较高	高
劳动生产率	低	较高	高
劳动定额	粗略	有粗有细	详细
原料储备量	少量	中等	大量
在制品	大量	中等	少量
计划管理	复杂多变	较复杂	较简单
生产控制	很难	难	容易
工人技术水平	很高	较高	低

三、运作分类

(一)运作特点

服务是服务企业提供或同物质产品销售一起提供的、能够满足顾客要求的一切活动和利益。服务是企业与顾客在接触中发生的活动，是无形的，不涉及实体所有权。同有形的物质产品相比，服务具有以下特征。①无形性，即顾客在购买之前无法计算和度量服务。②不可分割性，即服务的生产（服务提供）与消费过程几乎同时存在而无法分割。服务人员在提供服务时，也是顾客消费服务之时。如顾客购买理发服务的过程，就是理发服务的生产过程。③异质性，即服务的提供会因人、因时、因地而发生变化，因此服务的构成与服务的水平难以保持一致。④不可储存性，服务的生产与消费同时进行，使服务不可能像有形产品一样被储存起来，以备将来出售和消费。⑤无所有权，即在服务的生产和消费过程中不涉及任何实体的所有权的转移。

（二）运作类型

服务企业是提供劳动服务的企业，但也有些服务企业从事制造性生产，只不过制造性生产处于从属地位，如餐馆中制作各种食品。与制造性生产相比，服务性生产的特点为：生产一般有顾客直接介入，生产过程是在与顾客的接触中进行的；生产过程没有产成品库存；生产过程相对分散，大多数企业属于劳动密集型企业；劳动生产率和质量难以测定。按照是否提供有形产品，劳动服务生产分为纯劳动服务生产和一般劳动服务生产：纯劳动服务生产不提供任何有形产品，如咨询、培训、指导等；一般劳动服务生产则提供有形产品，如批发、零售、运输、邮政等。

按劳动密集程度、与顾客的接触程度两个因素综合考虑，可将劳动服务生产分为工厂型服务、作坊型服务、大量型服务和专职型服务四种（图10.3）。

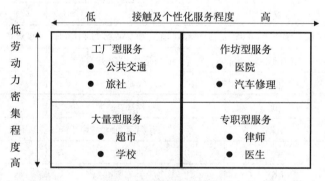

图10.3　服务类型实例

工厂型与作坊型服务及大量型与专职型服务的差异在于用户参与的程度不同。前者由于用户介入较少，服务过程较规范，服务系统也有较明确的前后台，前台与用户直接打交道，后台与用户没有直接联系而与制造型相近似。后者则是用户紧密介入的，前后台很难区分，服务性更鲜明。而工厂型与大量型、作坊型与专职型服务的区别则在于人员与设施装备的比例关系，前者技术装备可能起着更大的作用，而后者人员素质作用更大。

第四节　生产运作管理发展

一、生产运作管理的发展历程

（一）产业革命（18世纪中期至19世纪）

在产业革命之前，农业一直都是世界各国的主导产业。制造业采取的是手工作坊方式，产品是由手工艺人及其徒弟在作坊里加工出来的。这种手工作坊式的生产方式直到18世纪才发生了变化。产业革命始于18世纪70年代的英国，19世纪又扩展到美国和其他国家。许多发明创造改变了生产方式，机器代替了人力。其中，最具重大意义的是蒸汽机的发明，以及劳动分工概念和标准化生产方式的提出。

1765年，英国人瓦特改良了蒸汽机，为制造业提供了机械动力，推动了制造业的发展。

1776年，英国人亚当·斯密在其著作《国富论》中提出劳动分工的概念。他认为：分工可重复单项操作，提高熟练程度，提高效率；分工可减少变换工作所损失的时间；分工有利于工具和机器的改进。

1801年，美国人伊莱·惠特尼提出了标准化的生产方式。正是采用了标准化的配件，实现了零件的可互换性，零件无须定制，快速批量生产，以标准化的方式生产上万支滑膛枪，才使得后来福特汽车装配线的大量生产成为可能。尽管发生了这些巨大的变化，管理理论与实践并未获得长足的发展，这时迫切需要比较系统、切实可行的管理方法作指导。在原始的经验管理阶段，主要特点是人治，靠"一把手"的强势领导来管理企业，一个人说了算，凭直觉和经验治理企业，企业的命运掌握在企业领导者个人手里，企业的经营业绩取决于领导者个人的能力。如果领导人没有能力或者没有眼光，就会导致企业垮掉。经验管理是一个比较落后的管理，很难保证企业的高效运作。在经验管理阶段，对人的管理主要表现为雇工管理，把人视为成本，人事管理的重点在于如何降低人的成本，研究如何投入较少的钱去干更多的活。

（二）科学管理（19世纪至20世纪）

19世纪末，以泰勒为代表的一些具有丰富生产实践经验的管理学者对生产过程进行了深入分析，并且做了一系列试验。到了20世纪初，创立了科学管理原理，给工厂管理带来了巨大变化。泰勒是科学管理原理的创始人，被尊称为科学管理之父。他影响了流水线生产方式的产生，社会主义伟大导师列宁推崇备至，也影响了人类的工业化进程。泰勒先后在米德维尔钢铁公司、伯利恒钢铁公司等企业进行了著名的金属切削试验、搬运生铁块试验和铁锹试验，总结出一套针对生产管理的理论。泰勒认为雇主与雇员的真正利益是一致的，只有最大限度地提高生产率，同时实现了雇主和雇员的财富最大化才能永久地实现社会财富的最大化。以此为出发点和基础，泰勒提出了科学管理原理，其精髓包括工作定额原理、挑选头等工人、标准化原理、计件工资制、劳资双方的密切合作、建立专门计划层、职能工长制、例外原则。

吉尔布雷斯夫妇也是科学管理的先驱，对生产运作管理作出了巨大贡献。吉尔布雷斯先生是一位工业工程师，被称为动作研究之父。弗兰克发明了一个"动素"的概念，把人的所有动作归纳成17个动素，如手腕动称为一个动素，就可以把所有的作业分解成一些动素的和。对每个动素做了定量研究之后，就可以分析每个作业需要花多少时间。吉尔布雷斯夫人被称为"管理学的第一夫人"，是美国第一个获得心理学博士的女性，她把心理学的成果应用于动作研究，这可以认为是人际关系学说的萌芽。吉尔布雷斯夫妇把研究集中在有关工人疲劳方面的问题，最后提出了节约动作的10个原则。这些原则至今仍在用于操作和动作的改进与优化。

甘特与泰勒一同工作于密德瓦钢铁公司，从事作业进度规划研究和按技能高低与工时付酬的计件工资制的研究，他看到了非物质利益对激励工人的价值并发明了著名的甘特图，用棒条图来控制工作流程及进度，对进行中或已完成的工作一目了然。甘特图的使用使计划的编制更加快捷和直观，时至今日这个技术仍然被广泛采用。

法约尔与泰勒是同时代的人。泰勒工作于工厂，强调其功能型的组织；而法约尔工作于由上到下管理的结构型组织中，发展出第一个企业组织的合理化研究方法。法约尔崇尚军事型的组织，笃信每一个人只能有一个老板。福特是一位伟大的实业家，为在汽车行业采用大量生产作出了巨大贡献，使汽车进入了美国普通居民的家庭。20世纪初，汽车在美国开始畅销，福特公司的T型车大获成功，供不应求。为提高运营效率，福特组建了汽车装配线，并把泰勒提出的科学管理原理应用于工厂管理。值得指出的是，福特之所以能够使大量生产变成现实，一方面在于他淋漓尽致地发挥了亚当·斯密提出的劳动分工理论；另一方面得益于伊莱·惠特尼提出的标准化。

（三）行为科学与管理科学对运作管理的影响（20世纪中期）

科学管理十分强调生产运作系统规划与设计以及运行与控制的技术因素，而人际关系学说则强调人这一因素的重要性。20世纪20—70年代，以美国和欧洲的学者为代表创建了运筹学与管理科学，使运营管理真正建立在定量分析基础之上。

西屋电气公司在伊利诺伊州芝加哥的霍桑工厂有完善的娱乐设施、医疗和养老金制度，但员工积极性不高，工作效率较低。于是美国国家研究委员会组织社会学、心理学、管理学等专家进驻该公司，在1924—1932年间进行了大规模实验。整个实验分为四个阶段。第一阶段：照明实验。他们发现不改善照明，效率同样得到提高。第二阶段：继电器装配组。效率提高的原因不是免费午餐、五天工作制度等，而是管理人员对工人和蔼可亲的态度。第三阶段：大规模访谈。最重要的影响因素是工作中发展起来的人际关系。第四阶段：接线板接线工作室实验。发现有非正式组织，也有领袖人物控制小帮派的行为规范。

这就是历史上著名的霍桑实验，通过实验，美国管理学家梅奥得出了以下三个重要结论：工人是"社会人"而不是"经济人"；社会和心理因素对效率有更大的影响；组织应重视工作团体中非正式组织的存在。

这些成果为行为科学的发展奠定了基础,也为生产运作管理注入了新的元素。1943年,马斯洛在《调动人的积极性的理论》一书中提出人作为一个有机整体,具有多种动机和需要,包括生理需要、安全需要、归属与爱的需要、自尊需要和自我实现需要。马斯洛认为,当人的低层次需求被满足之后,会转而寻求实现更高层次的需要。其中自我实现需要是超越性的,追求真、善、美,将最终导向完美人格的塑造,高峰体验代表了人的这种最佳状态。

(四)信息技术广泛运用(20世纪中期至今)

20世纪60年代前,美国制造业一枝独秀;20世纪60年代,美国制造业管理重心转移到营销;20世纪70年代,美国制造业集中于财务管理;20世纪80年代,美国失去制造业的领导地位。20世纪70年代,计算机技术在运作管理中得到广泛应用,在制造业中,一个重大突破是物料需求计划(MRP)被应用于生产计划与控制。物料需求计划通过计算机软件将企业的各部门联系在一起,共同完成复杂产品的制造。这样,生产计划人员就可以根据需求的变化及时调整生产计划和库存水平。IBM公司的奥利克和怀特在MRP的理论与应用方面做了开创性的工作。随着计算机技术的快速发展,MRP进一步扩展为制造资源计划(MRPⅠ),其应用范围扩大到销售部门和财务管理,统一了企业的生产经营活动。目前在MRPⅠ基础上,把办公自动化、后勤、设备维护、过程控制数据采集和电子通信等结合起来,实现更广泛的管理信息集成,向更高层次的企业资源计划(enterprise resources planning,ERP)方向发展。

二、生产运作管理的新实践

(一)精益生产

精益生产(lean production,LP)是衍生自丰田生产方式的一种管理哲学,是对准时生产(just-in-time,JIT)的进一步提炼和理论总结,是一种扩大了的生产管理、生产方式的概念和理论。精益生产是通过系统结构、人员组织、运行方式和市场供求等方面的变革,使生产系统能很快适应客户需求的不断变化,并能使生产过程中一切无用、多余的东西被精减,最终达到包括市场供销在内的生产的各方面最好结果的一种生产管理方式。与传统的大生产方式不同,其特色是多品种、小批量。精益生产的主要内容包括以下几个方面。

1. 生产系统方面

精益生产以作业现场具有高度工作热情的"多面手"和独特的设备布置为基础,将质量控制融合到每一个生产工序中,生产起步迅速,能灵活敏捷地适应产品的设计变更、产品变换及多品种混合生产的要求。

2. 零部件供应系统方面

精益生产在运用竞争原理的同时,与优质的零部件供应厂家保持长期稳定的全面合作关系,包括资金合作、技术合作以及人员合作,形成一种"命运共同体",并注重培养和提高零部件供应厂家的技术能力和产品开发能力,使零部件供应系统能够灵活敏捷地适应产品的设计变更及变换。此外,通过管理信息系统的支持,零部件供应厂家可以共享企业的生产管理信息,从而保证及时、准确地交货。

3. 产品的研究与开发方面

精益生产以并行工程和团队工作方式为研究开发队伍的主要组织形式和工作方式,以主任负责制为领导方式。在一系列开发过程中,强调产品开发、设计、工艺、制造等不同部门之间的信息沟通和并行开发。这种并行开发扩大至零部件供应厂家,充分利用它们的开发能力,促使它们从早期开始参与开发,由此而大大缩短开发周期、降低成本。

4. 流通方面

精益生产与客户及零商批发商建立一种长期的关系,将来自客户和零售商或批发商的订货与工厂的生产系统直接挂钩,销售成为生产活动的起点;极力减少流通环节的库存,并使销售和服务机能紧密结合,以迅速、周到的服务来最大限度地满足客户的需要。

5. 人力资源方面

精益生产形成了一套劳资互惠的管理体制,通过全面质量管理小组、提案制度、团队工作方式、目标管理等一系列具体方法,提高员工的工作热情和工作兴趣。

6. 管理理念更新方面

从管理理念上说,精益生产总是把现有的生产方式管理方式看作是改善的对象,不断地追求进一步降低成本、质量完美、缺陷为零、产品多样化等目标。这样的极限目标虽然从理论上来说是不可能完全实现的,但这种无穷逼近的不懈追求却可以不断产生意想不到的波及效果,即不仅是白领阶层,而且使大部分蓝领阶层的员工也提高了工作热情和兴趣,在工作中感受到了成功的喜悦由此带来质量和生产效率的不断提高。

总而言之,精益生产是一种在降低成本的同时使质量显著提高,在增加生产系统柔性的同时也使员工提高对工作的兴趣和热情的生产经营方式。可以看出,如果说JIT 是以生产制造系统为中心展开的一种生产方式,LP 则是涉及企业整体的一种扩大了的生产经营模式。

(二) 敏捷制造

敏捷制造(agile manufacturing,AM)是美国为了重振其在制造业中的领导地位而提出的一种面向 21 世纪的新型制造模式。它综合了先进生产管理模式的优点,能系统、全面地满足高效、低成本、高质量、多品种、迅速及时、动态柔性等过去看来难以由一个综合生产系统来实现的生产管理目标要求。敏捷制造的主要内容如下。

1. 产品从开发到生产周期的全过程均可满足客户要求

敏捷制造采用柔性化、模块化的产品设计方法和可重组的工艺设备,使产品的功能和性能可根据客户的具体需要进行改变,并借助仿真技术让客户很方便地参与设计,从而很快地生产出满足客户需要的产品。它对产品质量的概念是,保证在整个产品生产周期内使客户满意;企业的质量跟踪持续到产品报废,甚至直到产品的更新换代。

2. 采用多变的动态组织结构

21世纪衡量竞争优势的准则在于企业对市场需求的反应速度和满足客户的能力,而要提高这种速度和能力,必须以最快的速度把企业内部的优势和企业外部不同相关企业的优势集中在一起,组成灵活的经营实体,即虚拟公司。虚拟公司这种动态组织结构不仅大大缩短了产品的上市时间,加速了产品的改进发展,使产品质量不断提高,而且大大降低企业开支,增加收益。虚拟公司已被认为是企业重新建造自己生产经营过程的一个步骤。

3. 战略着眼点在于长期获取经济效益

传统的大批量生产企业,其竞争优势在于规模生产,即依靠大量生产同一产品,减少每个产品所分摊的制造费用和人工费用来降低产品的成本。敏捷制造则是采用先进制造技术和具有高度柔性的设备进行生产,这些具有高柔性、可重组的设备可用于多种产品,不需要像大批量生产那样要求在短期内回收专用设备成本等费用,而且变换容易,可在一段较长的时间内获得经济效益,所以它可以使生产成本与批量无关,做到完全按订单生产,充分把握市场中的每一个获利时机。

本章内容拓展

4. 建立新型的标准基础结构,实现技术、管理和人的集成

敏捷制造企业需要充分利用分布在各地的各种资源,要把这些资源集中在一起,以及把企业中的生产技术、管理和人集成到一个相互协调的系统中。为此,必须建立新的标准结构来支持这一集成。这些标准结构包括大范围的通信基础结构、信息交换标准等的硬件和软件。

学习总结

5. 最大限度地调动、发挥人的作用

敏捷制造提倡以"人"为中心的管理。强调用分散决策代替集中控制,用协商机制代替递阶控制机制。它的基础组织是"多学科群体",是以任务为中心的一种动态组合。也就是把权力下放到项目组,提倡"基于统观全局的管理"模式,要求各个项目组都能了解远景,胸怀企业全局,明确工作目标和任务的时间要求,完成任务的中间过程则由项目组自主决定,以此来发挥人的主动性和积极性。

本章习题

显然,敏捷制造把企业的生产与管理的集成提高到一个更高的发展阶段。它把有关生产过程的各种功能和信息集成扩展到企业与企业之间的不同系统的集成。当然,这种集成在很大程度依赖于国家和全球范围的信息基础设施。

第十一章
行 为 管 理

知识目标
1. 掌握组织行为学、态度、人格、激励等核心概念。
2. 了解态度、人格对工作激励、工作形式的影响。
3. 掌握不同的激励手段,了解其利弊。

能力目标
1. 通过案例学习,培养学生具备准确辨别和确认个体心理和行为中积极因素的能力。
2. 通过分组交流讨论等培养学生的团队协作能力、沟通能力和表达能力。

经济管理情境

党的二十大报告指出,高质量发展是全面建设社会主义现代化国家的首要任务。要坚持以推动高质量发展为主题,把实施扩大内需战略同深化供给侧结构性改革有机结合起来,增强国内大循环内生动力和可靠性,提升国际循环质量和水平,加快建设现代化经济体系,着力提高全要素生产率,着力提升产业链供应链韧性和安全水平,着力推进城乡融合和区域协调发展,推动经济实现质的有效提升和量的合理增长。

从我国改革开放40余年的历程中可以清楚地看到,人的因素的确是推动中国经济发展的最重要资源,堪称"第一资源"。更为重要的是,如今,我国自然资源的人均占有量与世界相比并不占优势,国民财富生产中自然资源消耗水平已经很高,可以毫不夸张地说,我国经济与社会实现高质量发展的出路在于进一步发挥人力资源的优势。在这样的背景下,了解人、预测人、影响人的科学知识——组织行为学——就显得尤为重要。

第一节　组织行为学的定义和目标

内容导航

案例导入

一、组织行为学的定义

组织行为学是行为科学在管理领域的应用,是综合运用各种与人的行为有的知识,研究一定组织中人的心理和行为规律的科学。组织行为学不是研究人的一般心理行为规律,而是研究各种工作组织中人的工作行为规则。这些工作组织涉及的面很广,比如工商企业、政府机构、学校、医院甚至部队。工作行为主要包括涉及影响组织成员的积极性和组织绩效的行为管理、差异管理、激励管理、团队管理和权力管理等。

(1)组织行为学是一门综合学科,它综合了心理学、社会学、文化人类学、生理学、生物学,还有经济学、政治学等学科有关人的行为的知识和理论,来研究一定组织中的人的行为规律。

(2)组织行为学涉及三个重要的方面,即观察、个体、群体。对他人行为的了解,主要通过观察获得。观察者运用自己的感官直接观察人的行为,或者采用录像的形式协助观察,通过对外在行为的分析去推测人的内在心理状态。个体是组织的基石,个体行为是组织行为的核心。研究组织行为学的规律性,首先要研究个体是如何影响组织的,同时要研究组织通过什么来影响个体的态度、价值观、积极性及满意度,个体差异又如何影响其行为和工作绩效。群体是介于个体与组织之间的一级组织,它是个体直接工作的地方,个体对组织和社会的贡献是通过群体实现的。群体规范、群体凝聚力、群体沟通等对个体行为及组织行为都有直接影响。

(3)研究与学习组织行为学的目的是在掌握一定组织中人的心理和行为规律的基础上,正确认识人的行为,理解人的行为,预测人的行为,引导人的行为,控制或改变人的行为,以调动人的积极性和创造性,提高组织工作绩效。通过科学的测试手段,对组织成员的心理素质及各方面的能力进行诊断,做到了解自己、完善自己,了解他人、理解他人,激励他人同时也激励自己。

组织行为学表明了三大方面:人的行为、人和组织的关系以及组织本身。

二、组织行为学的目标

组织行为是一个非常现实的领域,组织中发生的行为与我们有着很实际的关系。组织行为研究会使一名管理者思考应做些什么才有组织效率,并且满足其组织成员的各种需要。组织行为研究将有助于一名用户去理解为什么有的组织能够提供满意的产品和有效的服务而有的组织却不能。这方面的知识将使你成为这些产品和服务的极为明智的用户,在组织中发生的行为对组织绩效至关重要。尽管并不是所有的组织行为产生明显后果,但是,组织中的所有行为都对组织如何良好运作以实现自身和社会目标有着潜在的影响。所以,组织行为学要研究组织中人的心理行为规律,运用规律,对组织中出现的行为进行预测、解释、控制和引导。

1. 预测

无论是在组织内部还是在组织外部,预测他人行为都是我们日常生活的基本要求。如果我们有能力预先知道什么时候某个朋友会大动肝火,什么时候老师会对作业表示赞许,什么时候推销员告诉我们有关新产品的实情,我们的生活就会变得安逸、恬静。如果能正确预测在什么条件下人们将会做出正确决策、将会缺勤或者将会喜欢他们的工作时,人们对组织行为就会产生浓厚的兴趣。

组织行为的规律性使我们能对这种行为的进一步发展做出某些预测。如果我们看到十分友好的主管和感到满意的下属之间有一定联系,就可以较准确地预见我们所遇见的友好主管的其他下属的反应。但是,有些因素常常会降低我们对组织行为进行预测的准确性。组织行为的分析者力图通过系统的研究来提高预测的准确性,减少组织必须克服的不确定性。如果能够预见某些事情的发生,我们就有可能去支持或阻止它。当然,当能够预测某些行为的时候,并不意味着我们一定能够解释这些行为产生的原因,一定能够制定出控制它们的有效策略。

2. 解释

组织行为学的第二个目标是解释组织中所发生的事情。请注意,预测和解释并不是同一个概念。在原始社会,人们无疑可以预测有规律的日落现象,但是不能解释太阳落在什么地方,或者为什么要落到那个地方。一般说来,准确预测某种事情的能力先于解释那种事情的能力。因此,正是黄昏落日的规律为解释日落的原因提供了某些线索。

在组织行为方面,我们特别感兴趣的是确定为什么人们的满意程度、辞职倾向存在差别。如上所述,对这些事情的解释远比对它们的预测复杂。首先,某种行为可能有多种原因。例如,有的人离开组织是因为对工资不满意,而有的人则是因为不喜欢所从事的工作。显然,如果能认识到什么是主要的因素,就非常有利于上级采取措施防止这些行为的发生。其次,对某些现象的解释随时间或环境的不同而变化。例如,在就业高峰期和失业高峰期,人们离开组织的原因差别非常大。因此,密切注意当前的劳动力市场变化情况可帮助管理者找到员工离职原因。

3. 控制

组织行为学的第三个目标是对组织中发生的行为进行控制。过去对这一领域的研究主要是描述性的而不是规范性的,即只是试图说明在组织中发生了什么(预测)以及它为什么发生(解释),其目的在于提高员工和管理者的观察分析能力。对这种信息应做出什么反应,这些有关控制的内容通常包含在一般管理和人事管理等课程中。这些课程一般来说更具有规范性。因此,人们主要把关于组织行为的知识看作由其他课程提供的"管理工具箱"中的一个工具。

无论如何,当描述的组织行为现象越来越多,预测和解释组织行为的准确性与日俱增时,采用某种特殊形式控制这些组织行为是可能的。因此,组织行为学已经建立起一套技术,补充和丰富了以前由传统的管理学课程提供的那些内容。

显然,这些技术为从事实际工作的管理者提供了根据,并且最终证实了我们试图准确地预测和解释组织行为的实际意义。

有学者对运用组织行为学知识控制工作中人的行为的观点持否定态度，认为这种知识的运用有点操纵的味道。但是，从以下几点来看，这种担心是不必要的。首先，"控制"一词只不过是一种表述感化或影响的管理术语。其次，研究组织管理的每一门学科都包含对行为的控制问题。例如，预算、记账等标准的会计工作和程序，在一定程度上是控制组织成员和单位的经费开销的绩效标准。最后，重要的是要认识到所有的组织都有某种酬劳制度，都实行监督和特殊设计的工作。不管喜欢与否，这些因素对组织成员的行为都具有作用，为了促使个人和组织有效地行使职能，对它们进行设计似乎是理所应当的，如果说本内容有一种倾向，那就是将研究组织行为所得到的知识运用于行为控制，有助于个体目标和组织目标的实现。显然，这对实行控制的控制者和被控制的接受者都有重要和实际的益处。

比如电视台经理能够预测新闻播音员的辞职，同时能够解释产生这种行为的原因，那么他就有可能采取措施防止这一行为的发生，这样做既可以使电视台满意，又可以使观众满意。为了控制（在这种情况下是防止）辞职，电视台经理可以重新安排这名新闻播音员的工作。当然，有效的控制取决于经理对辞职原因的准确解释。

4.引导（分析和行动）

如上所述，组织行为领域的目标包括对组织中的行为的预测、解释和控制，这三个目标相互之间密切相关。为了尽可能准确解释新闻播音员提出辞职的原因，电视台经理必须注意预测辞职的线索。为了控制辞职行为，电视台必须对这种行为做出正确解释。

清楚地了解如何预测、解释和控制行为对于有效地完成两项重要的管理任务——分析和行动——是必不可少的。预测和解释是适当分析组织问题必不可少的组成部分。只有依靠适当的分析，管理者才能有效地行动，控制有关行为，处理出现的问题。通过学习，提高分析能力，改进管理者在控制组织行为方面所做的工作。

第二节 态 度

党的十九大以来，习近平总书记多次强调中华传统文化的历史影响和重要意义，赋予其新的时代内涵。文化自信是一个国家、一个民族发展中更基本、更深沉、更持久的力量。中华文化源远流长，积淀着中华民族最深层的精神追求，代表着中华民族独特的精神标识，为中华民族生生不息、发展壮大提供了丰厚滋养。

我们提倡和弘扬社会主义核心价值观，必须从中汲取丰富营养，否则就不会有生命力和影响力。比如，中华文化强调"民惟邦本""天人合一""和而不同"；强调"天行健，君子以自强不息""大道之行也，天下为公"；强调"天下兴亡，匹夫有责"，主张以德治国、以文化人；强调"君子喻于义""君子坦荡荡""君子义以为质"；强调"言必信，行必果""人而无信，不知其可"；强调"德不孤，必有邻""仁者爱人""与人为善""己所不欲，勿施于人""出入相友，守望相助""老吾老以及人之老，幼吾幼以及人之幼""扶贫济困"等。像这样的思想和理念，不论过去还是现在，都有其鲜明的民族特色，都有其永不褪色的时代价值。这些思想和理念,既随着时间推移和时代变迁而不断与时俱进,又有其自身的连续性和稳定性。

组织行为学关于价值观的研究侧重于个体层面,强调组织中的个人在工作中所看重或追求的东西。毫无疑问,个人价值观离不开社会大环境,也脱离不了历史和传统。个人价值观往往是社会、历史、文化在个人身上的具体体现。西方学者对于态度的研究过多地强调了个人属性,忽视了其社会属性。对于我国的组织管理来说,坚持马克思主义的价值观,继承和发扬中国优秀传统价值观,提倡和弘扬社会主义核心价值观,是我们应该遵循的原则。

一、态度的概念

态度是指个体对一类人和社会事物(如事件、团体、制度及代表具体事物的观念等)所持有的评价和行为倾向。个体对于上述对象会做出种种赞成或者反对、肯定或者否定、喜欢或者厌恶的评价,同时还会表现出一种反应的倾向性,即心理活动的准备状态。态度是个体经常有的情感、思想和行为的倾向,是引导和指引个体行为的一个比较重要的因素,是个体在其生理基础上,在一定的历史条件下,通过社会环境的不断影响逐步形成的。态度具有认知、情感和意向三种成分。其中,认知是具有评价意义的叙述,内容包括个体对某个对象的认识与理解、赞成与反对,这是形成态度的基础。情感是指个体对于对象的体验,对其喜恶情感的反应深度。情感伴随认知过程产生,并保持态度的稳定性。意向是个体对对象的反应倾向,即行为的准备状态,准备对态度对象做出反应。

二、态度的形成

态度不是与生俱来的,而是在后天的生活环境中自身社会化的过程,通过学习、模仿、体验等而逐渐形成的。态度的形成与一个人的社会化过程是一致的。在这个过程中,影响态度形成的因素主要有如下几点。

(一)欲望

实验证明,能够满足个人欲望的对象和帮助个人达到目标的对象,能使人产生满意的态度。相反,那些使欲望受到挫折和阻碍目标的达到的对象,会使人产生厌恶的态度。这种过程实际上是一种交替学习的过程。

(二)知识

个体对对象态度的形成,受他所拥有的对该对象的知识的影响。当然,外来知识必须与原来的态度进行某种调整后才能发挥作用。经过协调的过程,个体要么改造原有的认知体系,要么创造或歪曲新的知识。

(三)群体观念

个体的许多态度,往往受所属群体(如家庭、学校、社会团体等)的影响。这是因为,个体对群体的认同感使个体接受群体的规范,个体与群体其他成员接受相似的知识,个体无形中受到群体压力的影响。

(四)个性特征

群体意识虽然会使其成员具有某种相似的态度,但是成员之间由于个性的不同,在态度的形成过程中仍然存在个别差异。一般来说,具有独立性格的人,对待事物往往具有独到的见解;具有顺从性格的人,对待事物往往追随权威,容易受到他人的暗示和支配。一个性格外向的人往往认知敏感,喜欢交际,容易接受新事物;相反,一个性格内向的人,往往行为孤僻,反应迟钝,对新鲜事物往往持冷漠的态度。

(五)个体经验

实践证明,很多态度是由于经验的积累和分化而慢慢形成的。有时也会出现只经过一次戏剧性的经验就构成了某种态度的情况。

三、态度改变理论

态度形成之后比较持久,但并不是一成不变的,也会随外界条件的变化而变化,形成新的态度,这就是态度的转变。态度的转变有两种方式:一是一致性的转变,即只改变原有态度的强度,比如由极端反对转变为稍微反对;二是不一致性的改变,即改变了态度的方向,例如由反对转变为赞成。态度的转变受到许多因素的影响。首先是来自态度本身的特性。个体年幼时形成的态度、习惯上一贯较强的态度、较为极端的态度以及与个人的基本价值观密切关联的态度,都较难改变;原有态度所依赖的事实越多、越繁杂,就越稳固、越不易改变。其次是来自个体的个性特征。对于复杂的问题,有的人容易理解其中各种赞成和反对的论点,并根据这些论点决定是坚持还是改变自己的态度,其态度改变是主动的。而另外一些人由于缺乏判断力,容易受到外界的各种影响而被动地改变自己的态度。此外,性格比较固执的人、自我意识较强的人及自我防卫性较强的人,普遍有一种自我保护的倾向,不容易改变态度。最后是来自个体的群体观念。当个体对其所属的团体具有认同感和忠心的时候,要其采取与团体规范不一致的态度就很不容易。

西方的组织行为学关于态度改变的理论主要有以下三种。

(一)凯尔曼的三程序理论

该理论以满足人们的需要和期待有利于态度的改变为基础,提出态度改变过程有三个阶段:服从、同化、内化。服从是态度改变的第一阶段,是受外来的影响(包括团体规范和他人态度的影响)而产生的,是为了赢得好感而改变原有的态度。同化是态度改变的第二阶段,与服从相比前进了一步,不是受外界压力而被动产生的,而是在模仿中不知不觉地把别人的行为特征并入自身的个性特征中,逐渐改变原来的态度。但这种改变还不是信念和价值观上的,因而是不稳固的。内化是态度改变的第三阶段,是在同化的基础上真正从内心深处相信并接受一种新思想、新观念,自觉地把它纳入自己的价值观,彻底转变自己原有的态度。

（二）费斯廷格的认知失调理论

该理论把人的认知分成若干基本元素，包括思维、想象、需要、态度、兴趣、理想和信念等。其中任何两种元素的关系又分为协调、失调、不相关三种。失调主要来自两个方面：一是个人在多个有相似价值的方案中做选择的行为；二是与自己的态度相矛盾的行为。这种失调能够产生某种力量，使人们逐渐改变自己的态度。当个体发觉自己所持有的两种或两种以上的认知元素相矛盾时，便会出现认知失调，内心就会有不愉快和紧张的感觉，产生一种驱使个体解除这种不协调状态的动机。减少和解除失调状态的办法：一是改变某种认知元素，使其与其他元素间的不协调关系趋于协调；二是增加新的认知元素，以加强认知系统的协调；三是强调某一认知因素的重要性。

（三）勒温的参与改变理论

心理学家勒温在研究中发现，个体态度的改变同群体的规范和价值观密切相关。个体在群体中的活动性质能决定他的态度，也会改变他的态度。该理论认为，个人在群体中的活动可以分为主动型和被动型两大类。主动型的人主动地介入群体的活动，参与政策的制定，参与权力的实施，自觉遵守群体的规范等。被动型的人被动地介入群体活动，服从权威，服从别人制定的政策，遵守群体的规范等。对这两种类型的人进行参与实验的结果表明，主动参与群体活动的人的态度转变非常显著，速度也比较快；而被动参与群体活动的人的态度往往难以转变。因此，个体态度的改变依赖于其参与群体活动的方式和程度。

四、态度的测量及分析

要想对态度做更进一步的分析，就要对其进行客观的测量。态度与人、物、环境、机构以及行为和意见等多种因素有关，是一个很复杂的事物，在测量的过程中要考虑：①倾向性，即肯定还是否定，赞成还是反对；②深度和强度，即肯定或否定的程度，赞成或反对的程度；③外显性，我们只能通过外在行为表现去判断和推测被试者的态度。对态度的测量就是要找出典型的、相关程度高的行为表现，记录下被试者的反应，并给这些定性资料配以适当的数值以便进行统计分析。

对态度进行测量的方法有两大类：一是量表法；二是自由反应法。

（一）量表法

量表法是一种较为精确的测量工具，它给被试者提供一组相关联的陈述句或与态度有关的主题材料，通过被试者对这些材料的反应来推测他们的态度。量表法包括：

1. 沙氏通量表

沙氏通量表常用于涉及内容广泛的一些重大问题的测量，其方法是首先收集大量与问题有关的肯定或否定的陈述句，让专家进行评价，筛选出足够数量的能够反映被试者对该问题态度的陈述句，要求被试者从中选择他们所同意的陈述，从而测量被试者对该问题的态度。

2. 利克特量表

利克特量表让被试者对一系列陈述做出"很同意""同意""无所谓""不同意""很不同意"之中的一个选择,从而测量其态度倾向和程度。

3. 语义差别量表

语义差别量表通过一系列的两极形容词以及在两极之间若干个量层次来测量被试者对某个给定对象的态度。

(二)自由反应法

自由反应法能够定性地测量被试者的态度,具体包括以下几种。

1. 投射法

该方法通过一个刺激情境,使被试者有机会表达内心的需求,以及他对这一情境的特殊系觉和多种多样的解释,从而了解他内心深处的想象、愿望与要求。常用的有罗夏墨迹测验、主题统觉测验、画树测验等。

2. 开放式态度测量法

施测者提出开放性的问题,让被试者自由回答,充分表达自己的态度。

通过态度测量所获得的信息必须经过分析,以形成对决策或管理有意义的结论,态度测量往往运用统计分析方法进行解释,包括简单的描述性统计分析及相关分析、判别分析、聚类分析、因子分析等高级统计分析。

五、工作满意度

当人们谈及员工态度时,他们通常指的是工作满意度(job satisfaction),它描述了人们对工作特点进行评估后产生的对工作的积极态度。如果一个人拥有较高的工作满意度,则说明他对工作持积极态度,对工作不满意的人则对工作持消极态度。

(一)工作满意度的测量

我们把工作满意度定义为:针对工作特点进行评估而产生的对工作的积极感觉。显然,这是一个很宽泛的定义,但这种界定是恰当的。一个人的工作不仅仅包括处理文件、撰写方案、等待客户、驾驶卡车等显而易见的活动,任何工作都需要与同事和上司互动、遵守组织的规章制度、达到绩效评价标准、忍受与理想有差距的工作环境等。这意味着,员工对自己的工作是否满意,常常是对大量不同工作元素综合概括后的结果。那么,我们应该如何测量呢?

有两种常用的方法。①单一整体评估法,只要求受访者回答一个问题,如"如果把所有因素考虑在内,你对自己的工作满意吗?"要求受访者从1~5所代表的分数等级(从"非常满意"到"非常不满意"共5个等级)中选出一个符合自己情况的数字。②工作要素综合评价法,这种方法更复杂一些。它首先需要确定工作中的关键因素,典型的要素包括工作性质、监督与控制、当前收入、晋升机会和同事关系等。受访者在标准化的量表上评估这些要素,数据累加起来就得到工作满意度的总分。

两种测量方法哪一种更好呢?直观上,综合性的考量似乎能够使工作满意度的评估更为精确。然而,研究结果却并非如此。"简单的方式与复杂的方式同样有效",这样的例子并不多,但在这里,这两种方法的有效性是等同的。对这一结果最好的解释是,由于工作满意度的概念太宽泛,简单的问题反而抓住了它的本质。另一种解释是,综合评价法中一些重要的工作因素被遗漏了。这两种方法都是有效的。单一整体评估法耗时少,管理人员因此有更多的时间完成其他任务。综合评价法能够帮助管理人员找到问题的根源,也有助于管理人员更快、更准确地解决问题。

(二) 带来工作满意的因素

设想你已经是一位职场人士,想一想迄今为止最令你满意的一份工作,让你满意的因素有哪些?也许是因为你喜欢工作本身,并且喜欢与你一起工作的同事。如果一份工作能够提供培训、具有多样性、允许独立完成且拥有控制权,大多数员工会感到满意。欧洲最近的一项研究表明,工作满意度与生活满意度正相关。也就是说,你在生活中的态度和经历会反映到你的工作方法和经历中。即使在考虑工作本身的特点后,相互依赖、相互影响、社会支持和工作场所之外与同事的互动,仍与工作满意度高度相关。

或许你已经注意到,关于工作满意度的讨论总会涉及薪酬。对于贫穷的人或生活在贫穷国家的人来说,薪酬确实与工作满意度和整体幸福感相关。但是,一旦达到了宽裕的生活水平,这一关系就不存在了。换句话说,年收入8万美元的人总体上并不比那些年收入4万美元左右的人有更高的工作满意度。有研究者对《福布斯》名单中前400位富有人士与东非地区马赛牧民的整体幸福感做过对比,并没有发现显著不同。

金钱对人们确实有激励作用,但是能对人们产生激励作用的因素未必会让人们幸福。最近的一项研究发现,在规模小于100人的公司工作的人、监督他人的人、工作内容包括照顾他人的人、在技术行业工作的人以及不在40岁年龄组的人,更有可能对自己的工作感到满意。工作满意度不只与工作条件相关,人格也在其中扮演着重要的角色。研究表明,具有积极核心自我评价的人(相信他们的内在价值和基本能力的人)与具有消极核心自我评价的人相比,对自己工作的满意度更高。

(三) 工作满意度对工作场所的影响

员工喜欢他们的工作时会表现如何?不喜欢的时候又会怎样?"退出—建言—忠诚—怠工"这一理论框架将有助于我们理解不满意所带来的后果。

(1) 退出。直接离开组织,包括寻找新的工作岗位或者辞职。研究人员考察了个体离职、集体离职及组织在员工知识、技能、能力和其他特征方面的总体损失。

(2) 建言。付出建设性的努力来改善工作条件,包括提出改进建议、主动与上级以及其他类型的团体一起讨论所面临的问题。

(3) 忠诚。被动但乐观地等待环境有所改善,包括面对外部批评时站出来为组织说话,相信组织及管理层会做"正确的事"。

(4) 怠工。被动地放任事态变得越来越糟,包括长期缺勤或迟到、降低努力程度和增加失误率。

退出和怠工行为本身属于绩效变量(生产率、缺勤率和流动率)。但这一模型补充了员工的其他反应方式,如建言和忠诚。这些建设性行为可以帮助员工容忍不愉快的情境或者重新得到满意的工作条件。这将有助于我们理解各种情境,比如,加入工会的员工虽然对自己的工作满意度低,但离职率也低。工会成员经常通过劳资调解委员会的申诉程序或正式的劳资契约谈判等形式来表达他们的不满。这些建议机制使他们得以继续从事自己的工作,同时又让他们认为自己能够通过行动去改善环境。

这一理论框架很有用,还具有普遍性。接下来我们会讨论员工对工作满意或不满意所带来的具体结果。

（1）工作满意度与工作绩效。一个针对300项研究进行的元分析表明,工作满意度与工作绩效具有很强的相关性。从组织而不是个体的角度,同样可以发现工作满意度与工作绩效之间存在关系的证据。当我们为组织收集满意度与生产率方面的整体数据时会发现,员工满意度高的组织比员工满意度低的组织更高效。

（2）工作满意度与组织公民行为。工作满意度是员工组织公民行为的一个决定因素,这种假设似乎是符合逻辑的。感到满意的员工更有可能以积极的心态谈论组织、帮助他人,所做的工作也比期望的更多,这也许是因为他们想要回报自己感受到的积极体验。与这种假设一致,有证据表明工作满意度与组织公民行为有中等程度的相关性;对工作更满意的人更容易表现出组织公民行为。为什么？对公平的感知有助于解释这种关系。那些感觉得到同事支持的人更倾向于从事有利于他人的行为,而那些与同事有敌对关系的人则不太可能这样做。拥有某些人格特质的个体会对自己的工作更为满意,因此他们愿意表现出更多的公民行为。最后,研究表明,当人们心情很好时,他们更有可能做出公民行为。

（3）工作满意度与顾客满意度。在服务行业工作的员工常常要与顾客打交道。因为服务型组织的管理层需要关注顾客的满意度,所以,他们提出这样的问题显然合情合理。员工的满意度与积极的顾客结果之间有关系吗？对于那些工作在第一线、定期与顾客打交道的员工来说,这个答案是肯定的。工作满意度高的员工可以提高顾客的满意度和忠诚度。

很多公司都以此为行事准则。在线零售商Zappos的首要核心是"用服务来感动顾客",公司鼓励员工"创造欢乐、古灵精怪"。并且为了使顾客满意,他们有很大的空间可以自由发挥,公司鼓励他们发挥想象力,如向不满的顾客赠送鲜花等。

（4）工作满意度与缺勤。我们发现,满意度和缺勤之间存在稳定的负相关,但这种相关性为中低程度。尽管不满意的员工更可能旷工,这一点从理论上也是说得通的,但其他因素也影响着两者的关系。组织在病假方面提供慷慨的福利待遇,实际上就是在鼓励所有的员工(包括那些满意度很高的员工)去休病假。即便员工觉得对工作很满意,也仍然愿意多休息几天,享受一个连续3天的周末,只要这些假期是带薪的。当存在大量的工作机会可供选择时,不满意员工的缺勤率较高,但是当他们别无选择的时候,缺勤率与满意员工一样低。

（5）工作满意度与离职。工作满意度和离职的相关性比工作满意度和缺勤的相关性更强。有研究表明,管理者在确定谁可能会离开时,应该关注员工在工作满意度上的变化,因为满意度会随着时间变化。工作满意度下降也许就意味着有离开的打算。工作满意度也与环境相关,如果员工所在的工作场所总体的工作满意度较低,就会出现"传染效应"。这项研究表明,管理者在把新员工安排到某个位置上的时候,应该考虑到同事之间的这种影响模式。

工作满意度与离职的关系同样会受到可供选择的工作机会的影响。如果员工拥有其他的工作机会,工作满意度对离职的预测作用就要大打折扣,此时员工更可能因为"拉力"(其他工作的诱惑)而不是"推力"(当前工作的不足之处)而离开。同理,当就业机会很多时,工作不满意很可能转换成离职,因为员工察觉到变动很容易。同样,当员工拥有高"人力资本"(高学历、强能力)时,工作不满意更可能转化成离职,因为他们拥有或者他们觉得自己拥有许多可供选择的工作机会。最后,员工对工作和社区的嵌入度可以帮助减少离职的可能性,尤其是在集体主义文化中。

(6)工作满意度与工作场所偏差行为。对工作不满和与同事的敌对关系会导致一系列不被组织欢迎的行为,如搞小团体、滥用办公用品、偷盗、怠工等。研究者将这些行为统称为工作场所偏差行为(或反生产行为、退缩行为)。如果员工不喜欢所处的工作环境,就会有所行动。确切地预测他们会做何反应并不是一件易事。有的可能辞职,有的可能怠工,有的可能把公家的东西挪为私用。简言之,那些对工作不满的员工,会采取不同方式进行"报复",而且由于这些方式可能极具创造性,仅仅控制某种行为(例如实施缺勤控制政策)并不会消除这种行为的真正根源。要想有效控制员工因对工作不满而导致的不良后果,雇主应当消除问题的根源——员工对工作不满,而不是竭力控制员工表现不满的各种方式。

第三节 人 格

一、人格的定义与特征

(一)人格的定义

人格(personality)是来自西方的概念,中国人常用的概念是性格。西方心理学家对人格的定义尽管相差悬殊,却基本上都源自拉丁文"persona",意思是舞台上的演员所戴的假面具,它代表这一人物的性格和角色特点,包括表现在外的行为特点和蕴涵于内而外人无法直接观察的特点这两部分。在组织行为学中,将人格定义为与工作相适应的个人品质的总和。它不是一个纯自然的范畴,而是个体遗传与后天环境交互作用所形成的相对稳定和独特的心理行为模式。

(二)人格的特征

具体而言,人格具有以下特征。

1. 独特性

人与人之间的心理与行为是各不相同的,人格结构组合的多样性使得每个人的人格都具有自己的特点。例如,有些人沉默寡言,有些人活泼开朗,有些人顽固自守,有些人开放自然。

2.稳定性

个体的人格在时间上具有前后一贯性,空间上具有一定的普遍性,那些偶然发生的心理特征不能称为人格。例如,一个性格外向的大学生不仅在学校里表现活跃,在校外也会喜欢结识朋友,而且不仅大学四年表现如此,即使毕业若干年后,很可能依然这样。当然,这种稳定性不是绝对的,而是相对的。

3.统合性

人格由多种成分构成,但它们并不是孤立存在的,而是密切联系并整合成为一个有机的整体。人格的有机结构具有内在一致性,受自我意识的调控。当个体的人格结构在各方面彼此和谐一致时,就会呈现健康的人格特征,否则可能会出现适应困难,甚至导致人格分裂。

4.功能性

人格决定了一个人的生活方式,甚至有时会决定一个人的命运。例如,面对挫折与失败,有志者会认真总结经验教训,怯懦者则会一蹶不振。

二、工作场所的人格

(一)卡特尔的人格特质理论

人格心理学家卡特尔认为,特质是构成人格的基本单元。特质(trait)是指用以描述个人行为的一些持久而稳定的特点,比如懒惰、畏缩、害羞、顺从、进取、忠诚等。特质在时间上具有稳定性,在空间上具有一定的普遍性,通过对特质的认识和了解,可以预测个体未来的行为。

1949年卡特尔通过因素分析的统计方法提出了16种相互独立的根源特质。根源特质是指制约表面特质的潜在基础和人格的基本因素,这些特质又分为低分者特征和高分者特征两个极端。卡特尔在这16种根源特质的基础上设计出一种自陈式问卷。该测验具有较高的信度和效度,在组织管理领域得到广泛的应用。

(二)大五人格模型

近年来,大量的研究证实,有五项人格维度是所有其他维度的基础,并且包含了人格特质中最重要的变量。这种人格理论模型称为大五人格模型。

1.外倾性

这一维度描述的是个体对人际关系的舒适感程度。在该维度上高分者表现为善于交际、喜欢群居、自我决断;低分者表现为封闭内向、胆小害羞、安静少语。

2.随和性

这一维度描述的是个体服从别人的倾向性。在该维度上高分者表现为友好、热情和信赖他人,并且注重合作而不强调竞争;低分者表现为敌对、冷淡、为人多疑,并且不受欢迎。

3.责任意识

这一维度描述的是个体对信誉的关注程度。在该维度上高分者表现为做事有条不紊并能持之以恒,值得信赖;低分者表现为精力分散并且缺乏计划,不可信赖。

4.情绪稳定性

这一维度描述的是个体承受压力的程度。在该维度上高分者表现为平和、自信、有安全感;低分者表现为紧张、焦虑、失望并且缺乏安全感。

5.经验的开放性

这一维度描述的是个体对新奇事物的热衷程度。在该维度上高分者表现为富有创造性、有好奇心并且具有艺术的敏感性;低分者表现为保守并且喜欢熟悉的事物。

研究表明,责任意识这一维度对于所有职业的绩效都具有较高的预测效度。这个结果比较容易理解,在这一维度上高分者做事有条不紊、持之以恒、勤奋刻苦、值得信赖,并且高责任感的人会在工作中付出更多的努力,从而有利于达到较高的工作绩效水平。大五人格模型中其他人格维度与绩效之间的关系会受到岗位类别的影响。比如,外倾性对于管理者和销售员的绩效具有预测效度,因为这类岗位与人际交往有关。经验的开放性在预测培训绩效时表现出效度。此外,研究表明,情绪稳定性与工作绩效之间不存在明显的相关性。

聂衍刚等采用自编的青少年社会适应行为量表和大五人格简式量表,探讨青少年社会适应行为与大五人格之间的关系。结果表明,责任意识、外倾性、随和性、经验的开放性与大部分良好社会适应行为存在显著正相关,情绪不稳定性与大部分良好社会适应行为存在显著负相关;外倾性、随和性与不良社会适应行为存在显著负相关,情绪不稳定性与不良社会适应行为存在显著正相关,经验的开放性与不良社会适应行为相关不显著。

(三) 迈尔斯-布里格斯类型指标

迈尔斯-布里格斯类型指标(Myers-Briggs type indicator,MBTI)是目前使用非常广泛的人格测验之一。该量表从四个维度来解析人格:外向的(extroverted,E)或内向的(introverted,I),感觉的(sensing,S)或直觉的(intuitive,N),思维的(thinking,T)或情感的(feeling,F),判断的(judging,J)或知觉的(per-ceiving,P),各自的定义如下。

1.外向/内向型

外向型的人会倾向于关注外部世界的人和事物,善于社交和表达,性格开朗并且充满自信;内向型的人倾向于将心理能量指向自身内部的观念和经验,不喜欢与人交流,喜欢独处。

2.感觉/直觉型

感觉型的人倾向于通过感觉器官来获取真实的信息,相信经验,比较实际并且注重细节;直觉型的人通常依赖直觉来获取信息,想象力丰富,富有创造性。

3.思维/情感型

思维型的人倾向于根据逻辑上的因果关系进行客观分析,从而处理问题并做出决策;情感型的人则常常会过多地考虑感情因素,对他人的情感十分敏感,富有同情心。

4.判断/知觉型

判断型的人倾向于用判断的方式对待外部世界,善于通过系统、有组织的方式处理问题,做事有条不紊;知觉型的人倾向于用感知功能来对待外部世界,具有较强的适应性,喜欢灵活。

在上述四个人格维度的基础上经组合得到16种人格类型,每个人都可以归为其中的某一种类型。例如,ESTJ型的人是组织者,这类人是现实主义者,十分果断,一旦下定决心就会立即采取行动,并且善于组织和操纵活动,会尽可能用最有效率的方式得到结果。

(四) 与工作绩效相关的其他人格特质

1. 控制点

控制点指的是个体对自己命运掌控程度的认知。有些人认为自己可以控制命运,是命运的主人,这类人属于内控型;而有些人则认为外界的力量,比如运气和机会等控制着自己的命运,这类人属于外控型。大量内控和外控的研究比较一致地表明,外控者相比内控者对工作更不满意,有更高的缺勤率,对工作的投入程度更低,采取主动行动的可能性也更低。内控者往往会形成良好的生活习惯以确保身体健康,因此与外控者相比,他们患病的概率更低,所以缺勤率也就更低。

2. 自尊

自尊指的是个体对自身能力的整体评价,反映了个体感知到的自身重要性、能力和有价值的程度,对个体的态度和行为有重要的预测作用。比如,自尊与成功预期呈正相关,自尊心强的人会感知到他们在组织内是重要的、有效率的和有价值的,并且相信自己拥有成功完成工作所需的大多数能力,因此有更强的成功预期,倾向于选择那些非传统性的工作。有关自尊方面最普遍的发现是:与自尊心强的人相比,自尊心弱的人更敏感,更容易受外界影响,被他人的意见所左右,倾向于按照自己尊敬的人的信念和行为从事。从管理的角度来看,自尊心弱的人更注重取悦他人,他们很少站在不受欢迎的立场上。

3. 自我监控

自我监控指的是个体调整自身的行为以适应外部情境因素的能力。高自我监控者对环境线索十分敏感,在根据外部环境因素调整自己行为方面表现出较强的适应性,能根据不同情境采取不同行为,并能够使公开的角色与私人的自我之间表现出极大差异。低自我监控者倾向于在各种情境下都表现出自己的真实性情和态度,不善于伪装自己,因而在他们是谁以及他们做什么之间存在着高度的行为一致性。高自我监控者比低自我监控者更关注他人的活动,行为更符合习俗。因此可以推断,高自我监控者在管理岗位上更可能成功,因为这种岗位要求个体扮演多重甚至相互冲突的角色。

4. 冒险性

冒险性指的是个体承受风险的意愿程度。这种接受或规避风险的倾向性对管理者做决策所用的时间以及做决策之前需要的信息量都有一定的影响。与低冒险性的管理者相比,高冒险性的管理者做决策更为迅速,使用的信息量也更少,但是两者的决策准确性相当。在组织中,冒险性应与工作性质相匹配。例如,与成长取向的创业者相比,大型企业的管理者更倾向于选择规避风险;高冒险性可能会给股票经纪人带来更高的业绩,因为这类工作需要迅速做出决策。

三、中国人的人格结构研究

中国人与西方人在遗传和文化环境方面既有相似之处,又存在明显的不同。适应各自环境要求的必然结果就是,中国人与西方人的人格结构存在一定的相似性和差异性。那么,要准确地反映中国人的人格结构,就不能脱离文化背景去研究人格,因此直接照搬西方的人格理论显然是不合适的。但是,西方的人格结构大五人格模型的建立对研究中国人的人格结构有着重要的借鉴意义。

(一)王登峰等人的大七因素模型

王登峰和崔红通过对中文人格特质形容词的系统搜集、分类简化及被试评定和统计分析,发现中国人的人格结构由如下七个维度构成。

1. 外向性

该维度是外在表现与内在特点的结合,反映的是个体在人际情境中积极、主动、活跃和易沟通的特点,以及积极乐观的心态,包括活跃、合群、乐观三个小因素。在该维度上高分者在人际交往过程中往往表现为积极活跃、具有亲和力等;低分者表现为不善辞令、社交场合拘谨、不易亲近、情绪消极和低落等。

2. 善良

该维度反映的是中国文化中"好人"的总体特点,包括待人真诚、宽容、正直、诚信等内在品质,包括利他、诚信和重感情三个小因素。在该维度上高分者表现为待人友好、宽容、关心他人,以及言行一致、情感丰富等;低分者表现为在人际交往过程中虚假、欺骗、注重目的和利益等。

3. 行事风格

该维度描述的是个体的行事方式和态度,包括严谨、自制和沉稳三个小因素。在该维度上高分者表现为做事认真严谨、自我克制、遇事谨慎和沉着等;低分者表现为做事马虎、不按常规、粗心和冲动等。

4. 才干

该维度描述的是个体的能力和对待工作任务的态度,包括果断、坚忍和机敏三个小因素。在该维度上高分者表现为敢于决断、做事有始有终且持之以恒、积极灵活等;低分者表现为遇事犹豫不决、做事容易松懈、遇事退缩等。

5. 情绪性

该维度描述的是个体情绪的稳定程度,包括耐性和爽直两个小因素。在该维度上高分者表现为情绪稳定、平和、心直口快等;低分者表现为冲动、难以控制情绪等。

6. 人际关系

该维度描述的是个体对待人际关系的基本态度,包括宽容和与热情两个小因素。在该维度上高分者表现为待人温和友好、沟通积极主动、行事成熟等;低分者表现为待人冷漠、暴躁易怒、以自我为中心等。

7. 处世态度

该维度描述的是个体对人生和事业的基本态度,包括自信和淡泊两个小因素。前者得分较高的人表现为对生活和未来坚定而充满信心,得分较低的人表现为无所追求、懒散和不喜欢动脑筋;后者得分较高的人表现为无所期待、安于现状、退缩平庸,得分较低的人表现为永不满足、不断追求卓越和渴望成功。

(二)张建新等人的人格特质六因素模型

张建新等学者将中国人人格量表发现的四因素人格特质结构同西方的大五人格模型进行了系统的对比研究,提出了人格特质六因素假说,具体包括以下几个方面。

1. 情绪稳定性

这一维度描述的是个体情绪的稳定程度。在该维度上高分者表现为平和、自信、有安全感;低分者表现为紧张、焦虑、失望并且缺乏安全感。

2. 认真-责任性

这一维度描述的是个体对信誉的关注程度。在该维度上高分者表现为做事有条不紊并能持之以恒,值得信赖;低分者表现为精力分散并且缺乏计划,不可信赖。

3. 宜人性

这一维度描述的是个体服从别人的倾向性。在该维度上高分者表现为友好、热情和信赖他人,并且注重合作而不强调竞争;低分者表现为敌对、冷淡、为人多疑,并且不受欢迎。

4. 外向-内向性

这一维度描述的是个体对人际关系的舒适感程度。外向的人表现为善于交际、喜欢群居、自我决断;内向的人表现为封闭内向、胆小害羞、安静少语。

5. 开放性

这一维度描述的是个体对新奇事物的热衷程度。在该维度上高分者表现为富有创造性、有好奇心并且具有艺术的敏感性;低分者表现为保守并且喜欢熟悉的事物。

6. 人际关系性

这一维度描述的是个体主动寻求与他人建立互动交换关系的行为模式的倾向性。在该维度上高分者表现为讲究往来人情、待人友好、积极主动、容易相处等;低分者表现为待人冷漠、以自我为中心等。需要说明的是,人际关系性这一因素包含了众多"本土化"人格构念,显示出"做人"的行为模式及其文化内涵。

第四节 激 励

一、激励概述

激励是组织行为学的重要内容、关键问题。不管是从事激励研究的学者,还是从事企业经营的管理者,都非常关注激励问题的研究。因为在组织对人的管理中,必须弄清楚在怎样的条件下,人会乐意按时来工作,会更愿意留在所分配的岗位上尽职尽责,会工作得更有效率。其实,人都需要激励,需要自我激励,需要得到来自同事、领导和组织方面的激励。企业中的管理工作需要创造并维持一种环境,在此环境里为了完成组织目标,人们在一起工作,一个管理者如果不知道怎样激励员工,便不能胜任管理工作。

在未来的高科技条件下,激励更加重要,其原因如下。

(1)国内外竞争的加剧,来自社会、经济、技术的外在压力,都迫使管理在方法和技巧上有所创新,使企业效率和效能不断保持在高水平,有效利用企业的各种资源。

(2)为了企业不断发展,必须关注人力资源。过去组织一般都将人力资源当作取之不尽的储备库,只要有了人,似乎都应该满足所在岗位的需求,其实不然。知识爆炸、科技不断发展的今天,企业必须加大对企业人员的知识结构更新和新知识获得的投入,加强员工培训。

(3)员工的价值观念发生了重大变化。过去有些管理者认为对员工采用金钱激励就可以解决一切问题,但是,企业管理者必须认清一个问题,员工的需要和要求是多方面的,包括工作挑战性、成就、晋升及薪资。

因此,在讨论组织行为和绩效时,研究激励越来越重要。有效的激励政策能够为企业营造良好的竞争环境,吸引大批的优秀人才,同时还能够充分开发员工潜在的能力,让员工发挥自己的主观能动性。

二、激励的含义

(一)激励包括奖励和惩罚

行为科学认为,奖励是社会对人们的良好行为或取得的突出成绩以及做出的卓越贡献给予积极肯定,以促使人们保持和增强这种行为,加快人的自我发展、完善,为社会创造更大的效益;惩罚则是社会对人们的不良或不正确行为予以否定,以促使人们的行为变异,增强反应强度和内驱力,警诫他人,以规范人们的行为。显然,奖惩两者虽然方法不同,着眼点不同,但都反映了一个核心内容——激励。所以,激励实际上体现在奖励与惩罚两个方面。那么,究竟什么是激励?

(二)激励的各种观点

琼斯(M.R.Jones)1955年提出,激励涉及行为是怎样发端,怎样被激发并赋予活力,怎样延续,怎样导向,怎样终止,以及在所有一切进行过程中,该有机体是呈现出何种主观反应的。

约翰·瓦格纳(John A.Wagner)等在1992年出版的《组织行为管理》一书中指出,激励是探讨关于影响人的行为的触发、指向和维持的因素。

斯蒂芬·罗宾斯(Stephen P.Robbins)在1997年出版的《组织行为学》一书中是这样描述的:我们把激励定义为通过高水平的努力实现组织目标的意愿,而这种努力以能够满足个体的某些需要为条件。

理查德·达夫特(Richard L.Daft)在2012年出版的《管理学》一书中指出,激励是指存在于人的内部或外部,能够唤起人的热情和决心去执行某个行动方案的力量。

托马斯·贝特曼(Thomas S.Baterman)和斯科特·斯奈尔(Scott A.Snell)在2016年指出,激励是指鼓舞、引领和维持员工工作积极性的力量。

徐联仓在1993年出版的《组织行为学》一书中指出：激励是指有机体在追求目标时的意愿程度，是人类行为动机的激发力量。组织行为学所讲的激励主要是指人们在企业工作中的激励，也就是管理工作中如何调动和发挥人们的积极性、主动性和创造性的问题。

赵振宇、田立延在1994年出版的《激励论——发掘人力资源的奥秘》一书中指出：所谓激励，就是系统的组织者采取有计划的措施，设置一定的外部环境，对系统成员施以正强化或负强化的信息反馈（借助一定的信息载体），引起其内部的心理和思想的变化，使之产生组织者所期望的行为反应，正确、高效、持续地达到组织预定的目标。

孙成志在1999年出版的《组织行为学》一书中指出：激励，就是激发鼓励的意思，就是利用某种外部诱因调动人的积极性和创造性，使人有一股内在的动力，朝向所期望的目标前进的心理过程。

陈维政、余凯成和程文文在2006年指出，所谓激励，从语义学上定义，便是激发人的行为动机，通俗地说，就是激发士气、鼓舞干劲，也就是人们常说的调动积极性。

芮明杰在2013年指出，激励就是激发人的动机，使人有一股力量，朝着所期望的目标前进的心理活动过程。从组织行为学的角度来看，激励就是激发、引导、保持、归化组织成员的行为，使其努力实现组织目标的过程。据统计，激励的定义有上百种。这些定义似乎各执一词，但至少包括以下三个方面的因素。

（1）人们的行为是由什么激发并赋予活力的。人们自身有什么内在的追求或需求，能驱动他们以一定方式表现出某一特定行为，以及有哪些外在的环境性因素触发了此种活动。

（2）是什么因素把人们正被激活的行为引导到一定方向上去的。这指的是人的行为总是指向一定的目的物，并且总是有所为而发。

（3）这些行为如何纠正、保持和延续，以及这种行为正在进行时，行为主体和客体的主观反应。

三、激励的一般原则

激励是一门科学，在综合了上述各种激励理论的基础上，可以归纳出以下通用的激励原则。

（一）个人目标与组织目标相结合的原则

在激励机制中，设置目标是一个关键环节。目标设置必须体现组织目标的要求，否则激励将偏离实现组织目标的方向。目标设置还必须能满足员工个人的需要，否则无法提高员工的目标效价，达不到满意的激励强度，也无法形成"奖励目标→努力→绩效→奖励→满意"以及从"满意"反馈至"努力"这样的良性循环。只有将组织目标与个人目标结合好，使组织目标包含较多的个人目标，使个人目标的实现离不开为实现组织目标所做的努力，这样才会收到良好的激励效果。

（二）物质激励与精神激励相结合的原则

员工存在着物质需要和精神需要，相应的激励方式也应该是物质激励与精神激励相结合。因为物质需要是人类最基础的需要,但层次也最低,物质激励的作用是表面的,激励深度有限。因此,随着生产力水平和员工素质的提高,应该把重心转移到以满足较高层次需要(即社交、尊重、自我实现需要)上,以精神激励为主。在这个问题上应该避免走极端,迷信物质激励会导致拜金主义,迷信精神激励又导致唯意志论或精神万能论,事实证明二者都是片面的、有害的。

(三)外激与内激相结合的原则

根据双因素理论,在激励中可区分两种因素:保健因素和激励因素。凡是满足员工生理、安全和社交需要的因素都属于保健因素,其作用只是消除不满,但不会产生满意,这类因素如工资、奖金、福利、人际关系等,均属于创造工作环境方面,也称为外在激励。满足员工尊重和自我实现需要,则最具有激发力量,可以产生满意,从而使员工更积极地工作。这些因素属于激励因素,而且往往不是外在激励因素,而是内在激励因素,员工从工作本身(而非工作环境)即可获得很大的满足感;或工作中充满了兴趣、乐趣和挑战性、新鲜感;或工作本身意义重大、崇高,激发出光荣感、自豪感;或在工作中取得成就、发挥了个人潜力、实现了个人价值时所感受到的成就感和自我实现感。这一切所产生的工作动力远比外激要更加深刻和持久。因此,在激励中,管理者应善于将外激与内激相结合,并且以内激为主,力求收到事半功倍的效果。

(四)正激励与负激励相结合的原则

根据强化理论,可把强化(激励)划分为正强化和负强化。正激励,即正强化,就是对员工符合组织目标的期望行为进行奖励,以使得这种行为更多地出现,使员工积极性更高;负激励,即负强化,就是对员工违背组织目标的非期望行为进行惩罚,以使得这种行为不再发生,使犯错误的员工"弃恶从善",积极性向正确的方向转变。显然正激励与负激励都是必要而有效的,不仅作用于当事人,而且会间接地影响周围的其他人。但鉴于负激励具有一定的消极作用,容易产生挫折心理和挫折行为,应该慎用。因此,管理者在激励时应该把正激励与负激励巧妙地结合起来,并且坚持以正激励为主、负激励为辅。

(五)按需激励的原则

激励的起点是满足员工的需要,但员工的需要存在着个体差异性和动态性,因人而异,因时而异,并且只有满足最迫切需要(主导需要)的措施,其效价才高,激励强度才大。因此,管理者在进行激励时,切不可犯经验主义,搞十年一贯制。在激励上不存在一劳永逸的解决办法,更没有放之四海而皆准的法宝。管理者必须深入地进行调查研究,不断了解本组织员工需要层次和需要结构的变化,有针对性地采取激励措施,才能收到实效。一些组织出现的奖金越发越多而员工出勤率却越来越低的现象,正是管理者违背按需激励原则而尝到的苦果。

(六)民主公平的原则

公平是激励的一个基本原则。如果不公平,奖不当奖,罚不当罚,不仅收不到预期的效果,反而会造成许多消极后果。公平就是赏罚严明,并且赏罚适度。赏罚严明就是铁面无私,不论亲疏,不分远近,一视同仁。赏罚适度就是从实际出发,赏与功相匹配,罚与罪相对应,既不能小功重奖,也不能大过轻罚,正如徐干在《中论·赏罚》中所说:"赏轻则民不劝,罚轻则民亡惧,赏重则民侥幸,罚重则民无聊。"

民主是公平的保证,也是社会主义激励的本质特征。在国有企业,职工代表大会对薪酬奖惩制度具有决定权,对企业负责人的奖惩具有建议权。

本章内容拓展

学习总结

本章习题

第十二章
创新管理

知识目标

1. 掌握创新的内涵、类型、模式及企业创新路线图的制定框架。
2. 理解创新常用的方法、创新战略的组合。
3. 学会利用创新的衡量尺度来衡量创新的价值,了解创新战略的方法与工具、企业创业路线图的制定原则与流程。

能力目标

培养学生批判性思维与创新能力。

经济管理情境

与国内很多其他产品来源于欧美公司的结构性创新产品类似,微信的产品雏形是加拿大移动 IM 服务提供商 Kik Interactive 公司的移动语言聊天产品 Kik。中国最早的同类应用为互动科技在 2010 年 11 月推出的"个信",小米科技于一个月后正式推出"米聊",并一举获得千万级的用户市场规模,成为该阶段的领先产品。这种忽然诞生的业务类型威胁的不仅是依靠短信获利的电信运营商,首当其冲的打击对象是借手机 QQ 维持移动社交市场领先的腾讯。微信于 2010 年 11 月 18 日正式立项,它的起源不是来自腾讯移动互联网主力——承担手机 QQ 业务发展的腾讯无线业务系统,而是被腾讯 QQ 邮箱的开发团队——广州研究中心(简称"广研")作为一个兴趣项目启动。2011 年 1 月 21 日,腾讯广研推出第一个微信苹果手机应用版本,随后几天又陆续推出了安卓和塞班系统的微信手机应用版本。微信开启了一个由非核心业务团队主导下的微创新大胆实践征程。

第一节 创新的概念

一、创新的内涵与类型

（一）创新的内涵

"创新"（innovation）是一个非常古老的词，起源于拉丁语的"innovare"，意思是更新、制造新事物或者改变。

对于创新概念的认识可追溯到经济学家熊彼特1912年出版的《经济发展理论》。熊彼特在其著作中提出：创新是把一种新的生产要素和生产条件的"新结合"引入生产体系，揭示了创新的本质内涵——新的组合，这些新组合包括：①创造一种新的产品；②采用一种新的生产方法或新的商业方式；③开辟一个新的市场；④取得或控制原材料或半成品的一种新的供给来源；⑤实现任何一种新的产业组织方式或企业重组。自熊彼特之后，研究者从各种角度对创新问题进行了研究，创新的理论体系也逐渐完善。

本书认为，创新是从新思想（创意）的产生、研究、开发、试制、制造，到首次商业化的全过程，是将远见、知识和冒险精神转化为财富的能力，特别是将科技知识和商业知识有效结合并转化为价值。广义上说，一切创造新的商业价值或社会价值的活动都可以称为创新。

（二）创新的类型

创新可以从不同角度进行分类。

根据创新的内容，可将创新分为产品创新（product innovation）、工艺（流程）创新（process innovation）、服务创新（service innovation）、商业模式创新（business model innovation）四大基本类型。

1. 产品创新

产品创新是指生产一种能够满足顾客需要或解决顾客问题的新产品。例如，苹果公司推出的iPhone手机、海尔推出的"环保双动力"洗衣机（一种不用洗衣粉的洗衣机）等，都是产品创新的例子。

在企业产品生命周期的初期，市场未形成产品的主导设计，企业产品的变动情况较大，成功的产品创新必须在功能、外观、质量、安全等各方面不断改进以满足顾客的需求，从而争取更多的顾客基础，获取和保持市场竞争优势。

2. 工艺（流程）创新

工艺创新是指生产和传输某种新产品或服务的新方式，即企业通过研究和运用新的生产技术、操作程序、方式方法和规则体系等，提高企业的生产技术水平、产品质量和生产效率的活动。对于制造企业而言，工艺创新包括采用新工艺、新方式，整合新的制造方法和技术以获得成本、质量、周期、开发时间、物流速度等方面的优势,或提高大规模定制产品和服务的能力。例如,在生产洗衣机时采用了新钢板材料,或者把生产洗衣机的生产线设备从传统机床更换为数控机床,从而降低50%的成本,或提高生产效率3倍以上,就是工艺创新的例子。对于服务型企业则是通过流程创新为顾客提供完善的服务,并增加新型服务,也就是顾客能够看见或体验的新"产品"。1986年联邦快递公司(FedEx)向市场推出其独有的包裹跟踪系统,顾客看到的只是一个微小的条形码读入器,操作员利用这个装置来扫描包裹。这个精密系统的其余部分对于顾客来说是不可见的,顾客能够即时"见到"的就是包裹的运送情况。这种增值业务使联邦快递公司获得了暂时的竞争优势。

3. 服务创新

服务创新是指企业为了提高服务质量和创造新的市场价值而发生的服务要素的变化,对服务系统进行有目的、有组织的改变的动态过程。服务创新本质上也是一种产品创新。现代经济发展的一个显著特征是服务业的迅速发展,服务业在国民经济中的地位越来越重要,成为世界经济发展的核心,是经济一体化的推动力。越来越多的企业和服务行业开展服务创新,以提高服务生产和服务质量,降低企业的成本,发展新的服务理念。如海底捞提供的高效的个性化服务,只要客人需要,只要一线员工认为有必要,都可以马上决策并迅速行动。

4. 商业模式创新

商业模式是一种包含了一系列要素及其关系的概念性工具,用以阐明某个特定实体的商业逻辑。它描述了公司能为顾客提供的价值以及公司内部结构、合作伙伴网络和关系资本等用于实现(创造、营销和交付)这一价值并产生可持续、可盈利性收入的要素。商业模式创新对目前行业内通用的为顾客创造价值的方式提出挑战,力求满足顾客不断变化的要求,为顾客提供更多的价值,为企业开拓新的市场,吸引新的顾客群。例如,与传统书店相比,Amazon和当当网就是一种商业模式创新。

(三)创新的层次类型

1. 根据创新的连续性划分

根据创新的连续性,可将创新分为连续性创新和非连续性创新。

(1)连续性创新是一种渐进的创新,也称维持性创新。它建立在现有的技术轨迹、市场根基、知识基础上,不断地改进、推出新产品。这种创新的适用范围是:消费者未来需求是可以在现有的产业结构范围内得到满足的。它的主要任务就是不断改善产品和不断专业化。例如,海尔开发出"小小神童"洗衣机后,在原有基础上经过多年的技术升级,短短9年就从第1代发展到了第18代。除了体积容量更适合夏季使用之外,"小小神童"还具有杀菌、消毒、不用洗衣粉等功能,性能更加完善。

(2)非连续性创新是指脱离原有的连续性的技术轨迹,引进和使用新技术、新原理的创新。它建立在全新的知识或各种知识融合的基础之上,产生的产品是市场上不曾存在过的,能够给产品赋予全新的功能。非连续性创新不仅影响产品和服务,而且影响基础设施和供应链。

2. 根据创新的程度划分

根据创新的程度,可将创新分为渐进性创新和突破性创新。

(1)渐进性创新是指在原有的技术轨迹下,对产品或工艺流程等进行程度较小的改进和提升。渐进性创新能够充分发挥已有的技术潜能,强化成熟公司现有的优势,对公司的技术能力、规模等要求较低。虽然渐进性创新对企业盈利状况的影响相对较小,但是通过长期的渐进性创新能够积累巨大的经济效益,能够提高顾客满意度,增加产品或服务的功效,产生许多正面的影响力。

(2)突破性创新是指促使产品性能发生巨大跃迁,对市场份额、竞争态势、产业版图具有决定性影响,甚至导致行业重新洗牌的创新。这类创新能够给企业带来丰厚的利润,但相对于渐进性创新,突破性创新也会面临更大的风险与困难。

二、创新的基本过程与衡量尺度

(一)创新的基本过程

创新是从新思想的产生到研究、发展、试制、生产制造再到首次商业化的过程。创新就是"发明+发展+商业化"。在这一复杂过程中,任何一个环节的短缺,都会使创新无法形成最终的市场价值。任何一个环节的低效连接,都将导致创新的滞后。

企业的具体创新过程最终取决于组织的具体情况,如企业规模、技术复杂程度、环境的不确定性。创新管理的两个基本问题是"如何合理地构建创新流程"和"如何在组织内部建立有效的行为模式",从而为企业的日常创新管理活动设立规则。

根据Joe Tidd(2002)等提出的创新过程五阶段,即对内部及外部环境进行扫描及搜寻、对信息进行评估并做出战略选择、投入资源对项目进行开发、创新的实施过程及评估与总结,可以得到企业创新的基本过程。

1.第一阶段:创新理念酝酿和选择阶段

创新理念是企业内培育出来的、企业员工内心深处蕴藏着的一种不断创新的价值观,它是企业创新的源泉。为顾客创造价值应该成为企业创新的首选理念。管理学大师彼得·德鲁克曾说过,因为公司的目标是抓住顾客,所以公司有两个基本能力,即市场营销和创新。只有市场营销和创新才能产生回报,其他一切都算是成本。为顾客创造价值,需要站在顾客的立场上考虑问题,与顾客进行协作,掌握供给和需求方面的信息,是创新理念酝酿的重要步骤。

2.第二阶段:创新定位阶段

由于人力、物力、财力的限制,一个企业不可能同时在各个方面实施创新。但孤立的创新,却可能引发更多其他方面的问题,这涉及创新的定位问题。比如,出示账单一直是电信公司花费较高的经营行为之一,所以一般的公司为了降低成本都会想到降低账单成本这一办法。设想一家公司的做法是缩减客户账单上的文字信息以减小账单尺寸,从而减少纸张的消耗。但是账单上太过简单的信息使得很多顾客存有疑问,他们纷纷打电话到公司客户服务中心询问。最终的结果是虽然账单成本下降了,但公司运营的总成本却上升了。由此可以看出创新定位的重要性。

3. 第三阶段：创新方案设计阶段

这个阶段的主要工作是运用多种条件、方法，结合创新定位与目标，提出解决问题的创新构想与方案，通过计算、筛选与综合集成形成可行性创新方案。

这个过程涉及创新的评估问题，但评估往往被认为与创新对立，因为它的作用是维护经营活动。事实上，评估是有意义的，埃森哲和格兰菲管理学院经营绩效中心经过广泛的调查后，为评估归纳出七种基本用途：①呈现各种绩效目标，并提出相关的进度报告；②根据确切的资料进行战略决策，有利于竞争；③比较公司与其他公司的绩效，找出应该创新与改进的地方；④找出可接受范围之外的变化与创新解决方案，以贯彻修正的行动；⑤密切配合法令、管制标准及相关的内部风险政策；⑥在既定的条件下完成计划，其中包括达到预期的利润；⑦通过认知与奖励机制让员工投身于公司的重点项目。

4. 第四阶段：实施创新行动阶段

该阶段要根据已有的创新方案采取相应的创新行动。创新行动的实施应在创新目标和创新原则的指导下进行。这个阶段又分为三个环节：旧范式的解冻、变革（初步实施）、固定和深化（持续实施）。

实施创新行为，协作是一个重要的前提条件。协作的重要方式是分享知识。而知识在创新中占据着核心位置。协作的关键在于要尽量摒弃重复的管理性事务，从而使知识工作者将精力集中于那些能够创造高价值的工作。如将组织的资本（特别是人力资本）投入到更高价值的工作中。并不是利用技术以不同的方式做同一件事情，而是利用技术来做以前没有做过的事情。

5. 第五阶段：评估与总结阶段

创新成果的评估与总结是创新后期的一项重要工作。创新工作结束之后，有必要对创新效果及其经济效益与社会效益加以评估与总结，使企业找出差距，形成新的冲动力，以便进行更深层次的创新。

（二）创新的衡量尺度

"创新"是当今世界各国政要演讲中出现频度非常高的词汇之一，也是经济和科技界极其热门的话题之一。它之所以吸引人们的眼球就是因为它是当今世界促进经济发展和社会进步的一把钥匙，是解决各种矛盾的利剑。它的核心内涵在于创造价值，包括经济价值和社会价值。对于创新，有多个角度的衡量尺度。

1. 以创新的标准为衡量尺度

（1）新颖性。

创新不是模仿、再造，因此，新颖性是创新的首要标准。创新是对现有的不合理事物的扬弃，革除过时的内容，确立新事物。新颖性就是"前所未有"，用新颖性来判断劳动成果是否是创新成果时有两种情况：一是指科技发展史上前所未有的原创性成果，是高水平的创新；二是指创新主体能产生出相对主体自身来说前所未有的新思想、新成果。前者称为绝对新颖性，后者称为相对新颖性。对于个人，只要他产生的设想和成果是自己独立思考或研究的成果，就算是相对新颖的创新。

一个人若能发明或创造对自己来说是新东西的事物,那么就可以说他完成了一项创造性行为。

(2)价值性。

新颖性标准的层次性决定了创新价值性的层次。与新颖性标准的层次相对应,最高层次的新颖性会对社会产生巨大的影响,甚至成为划时代的标志。中间层次的新颖性具有一个行业或区域的社会价值,能够给某一行业或区域带来经济效益和社会效益。最低层次的新颖性对个体的作用大于对社会的作用。

价值是客体满足主体需要的属性,是主体根据自身需要对客体所做的评价。创新的目的性使创新活动必然有自己的价值取向。创新活动的成果满足主体需要的程度越大,其价值越大。一般来说,社会价值越大的创新成果,越有利于社会的进步。相反,没有社会价值的创新,则无益于社会进步,也就没有任何社会意义。

2.以创新的过程为衡量尺度

(1)创造性。

创造性是指创新所进行的活动与其他活动相比,具有突破性的质的提高。也可以说,创新是一种创造性构思付诸实践的结果。

创新的创造性首先表现在新产品、新工艺上,或体现在产品、工艺的显著变化上;其次表现在组织结构、制度安排、管理方式等方面的创新上。这种创造性的特点就是敢于打破常规,在把握规律的同时紧紧把握时代前进的趋势,勇于探索新路子。

(2)风险性。

由于创新的过程涉及许多环节和影响因素,从而使得其创新成果存在一定程度的不确定性,也就是说创新带有较大的风险性。一个创新的背后往往有着数以百计的失败的设想。据统计,美国企业产品开发的成功率只有20%~30%,如果是计算从设想到进行开发再到成功的概率那就更是微乎其微了。

创新具有风险性,首先是因为创新的全过程需要大量的投入,这种投入能否顺利地实现价值补偿,受到技术、市场、制度、社会、政治等不确定因素的影响。其次是因为竞争过程的信息不对称,竞争者也在进行各种各样的创新,但其内容我们未必清楚,因而我们花费大量的时间、金钱、人力等资源研究出来的成果,很可能对手已经抢先一步获得或早已超越这个阶段,从而使我们的成果失去意义。最后就是创新计划本身作为一个决策,无法预见许多未来的环境变化,故不可避免地带有风险性。

(3)高收益性。

企业创新的目的是增加经济效益和社会效益,以促进企业发展。创新具有高收益性,这是因为,在经济活动中高收益与高风险并存,创新活动也是如此,因而尽管创新的成功率较低,但成功之后却可获得丰厚的利润。微软公司创办初期,仅有一种产品,3个员工和1.6万美元的年收入,但它通过持续的创新活动获得了巨大的经济效益,从而一跃成为影响全球的大型高科技公司。

"天下熙熙,皆为利来;天下攘攘,皆为利往。"正是因为创新在高风险的前提下具有高回报,许多国家都成立了风险投资公司,资助创新者进行各种各样的创新试验,以便在部分项目成功后获得高额的收益,从而得到持续的发展。

(4) 系统性和综合性。

企业创新是涉及企业战略、市场调查、预测、决策、研究开发、设计、安装、调试、生产、管理、营销等一系列过程的系统活动。这一系列活动是一个完整的链条，其中任何一个环节出现失误都会影响整个企业创新的效果。同时，与经营过程息息相关的经营思想、管理体制、组织结构的状况也影响着整个企业的创新效果。所以，创新具有系统性和综合性。创新的系统性和综合性还表现在创新是由许多人共同努力的结果，它通常是远见与技术的结合，需要众多参与人员的相互协调和相互作用，才能产生出系统的协同效应，使创新实现预期的目的。

(5) 时机性。

时机是时间和机会的统一体，也就是说，任何机会都是在一定的时间范围内存在的。如果我们正确地认识客观存在的时机并充分地利用了时机，就有可能获得较大的发展；反之，如果我们错过了时机，种种努力就会事倍功半，甚至会前功尽弃，出现危机。

创新也具有这样的时机性。消费者的偏好在不断变化，社会的整体技术水平也在不断提高，因而使创新在不同方向具有不同的时机，甚至在同一方向也随着阶段性的不同具有不同的时机。创新者在进行创新决策时，必须根据市场的发展趋势和社会的技术水平进行方向选择，识别该方向创新所处的阶段，选准切入点。

(6) 适用性。

创新是为了进步与发展，因而只有真正促使企业发展和进步的创新，才是真正意义上的创新。从这个意义上讲，创新并非越新奇越好，而是以适用为准则。企业的基础条件不同、历史背景不同、所处环境不同、经营战略不同，从而需要解决的问题和实现的目的也不同。因而，不同的企业采取的创新方式也应该有所区别，要使创新满足本企业的适用性需求。

第二节　创新方法与模式

一、创新方法

（一）强制联想法

强制联想法是运用强制性连接方式以产生创造性构想的方法，又称焦点法。其执行方式是先选择欲改善的焦点事物，然后罗列出与焦点事物无关的事物，再强行将罗列事物与焦点事物结合，最后选择最佳方案。例如，随机选取三个名词放在一起，通过各种联想将三个名词联系起来。

（二）逆向思维法

逆向思维是对司空见惯的似乎已成定论的事物或观点反过来思考的一种思维方

式;敢于"反其道而思之",让思维向对立面发展,从问题的相反面进行深入的探索,产生新思想,树立新形象。当多数人都朝着一个固定的思维方向思考问题时,创新者却独自朝相反的方向思考,这样的思维方式就叫逆向思维。人一般习惯于沿着事情发展的正方向去思考问题并寻求解决办法。其实,对于某些问题,尤其是一些特殊问题,从结论倒推,反过来思考,或许会使问题简单化。逆向思维法的具体步骤如下:①设定主题;②列出假设及规则;③反转每一个假设和规则;④思考如何在反转规则下找出解决方法;⑤选定一项或两项反转规则,实现创新。

(三)奔驰法

奔驰法(SCAMPER)是由美国心理学家罗伯特·艾波尔(Robert F.Eberle)提出的一种设问法。它通过一张一览表对需要解决的问题逐项进行核对、设问,从各个角度诱发多种创造性设想,以促进创造、发明、革新或解决工作中的问题。由于奔驰法简单易行,通用性强,且包含了多种创造技法,因而有"创造技法之母"的美称,是一种常见的创意启发工具,常用于对现有产品、商业模式或服务的改进。奔驰法的具体步骤如下:①首先列出现有产品或服务让团队止步不前的问题、障碍、困惑等;②就替代、结合、改造、调整、改变用途、去除、反向七个切入点找出合适的定义;③根据需要创造的对象或需要解决的问题来设计问题;④逐项加以讨论、研究,从中获得解决问题的方法和创造发明的设想;⑤评估可行性方案,落实流程,进行产品改良。

(四)智力激励法

智力激励法的创建者是创造工程学的奠基者奥斯本,智力激励法又称为头脑风暴法或脑力激荡法,是利用群体思维的互激效应,针对专门问题进行集体创造活动的方法。

智力激励法的核心是集智和激智。集智就是把众人的智慧集中起来,其基础是相信人人都有创造力。激智就是把众人潜在的智慧激发出来。首先,时间上的限制制造了紧张气氛,使与会者的大脑处于高度兴奋的状态,有利于激励出创造性设想。其次,人数上的限制,使得每个与会者都能充分发表自己的意见,提高了大家的热情,与会者的自我价值得到了体现。不管是书面的还是口头的意见,都能得到充分交流,人们可以从各个方面、各种角度进行思想交锋,有助于思想数量和质量上的提高。因此,可以说,智力激励法是从"独奏"开始到引起"共振"结束,从而获得成果。此法应用广泛,受到人们的普遍重视。智力激励法的具体步骤如下:①清楚地阐述问题或要讨论的话题,确保每个人都能理解;②每位小组成员一个接一个地陈述自己的观点(如果没有观点,就不用发言);③将所陈述的所有观点记录下来,在讨论结束前不对任何观点进行评论,这样可以鼓励沉默寡言者提出他们的观点,防止能言善辩者喋喋不休,有利于成员自由地阐述各自的观点;④将所有观点列出后,为了准确,请小组成员进行核对分类;⑤小组成员依次评论每个观点,可将它们的意义延伸,将其中一些观点进行综合或改进;⑥将观点分组,放在不同的标题下,在全组争取一致意见时,要对时间加以限制,防止出现"聊天现象"。

(五)"635"法

"635"法又称默写式智力激励法,是德国的创造学家鲁尔巴赫根据德意志民族习惯沉思的性格提出来的。"635"法对奥斯本智力激励法进行改造,克服了因多人争着发言使点子遗漏的缺点。与智力激励法原则上相同,其不同点是把设想写在纸上。智力激励法虽规定严禁评判,可自由奔放地提出设想,但有的人对于当众说出见解犹豫不决,有的人不善于口头表达,有的人见别人已经发表了与自己的设想相同的意见就不发言了,而"635"法可弥补这些缺陷。"635"法的具体步骤如下。①字母A~F代表六个人,与会的6个人围绕环形会议桌坐好,每人面前放有一张画有6个大格18个小格(每个大格内有3个小格)的纸。②主持人宣布会议主题后,要求与会者对主题进行重新表述。③重新表述结束后,开始计时,要求在第一个5分钟内,每人在自己面前的纸上的第一个大格内写出3个设想,将每一个设想写在一个小格内,设想的表述应尽量简明扼要。④第一个5分钟结束后,每人把自己面前的纸传递给左侧(或右侧)的与会者,在紧接着第二个5分钟内,每人再在下一个大格内写出自己的3个设想;新提出的3个设想,最好是受纸上已有的设想所激发,且又不同于纸上的或自己已提出的设想。⑤按上述方法进行第三至第六个5分钟,共用时30分钟,每张纸上写满了18个设想,6张纸共108个设想。⑥整理、分类、归纳这108个设想,找出可行的解决方案。

(六) KJ法

KJ法又称为A型图解法。KJ法是将未知的问题、未曾接触过的问题的相关事实、意见或设想之类的语言文字资料搜集起来,并利用其内在的相互关系做成归类合并图,以便从复杂的现象中整理出思路,抓住实质,找出解决问题的途径的一种方法。KJ法所用的工具是A型图解。A型图解就是把收集到的特定主题的大量事实、意见或构思语言资料,根据它们相互间的关系分类综合的一种方法;把人们的不同意见、想法和经验,不加取舍地全部搜集起来,并根据这些资料间的相互关系进行归类整理,有利于打破现状,进行创造性思维,从而采取协同行动,求得问题的解决。

(七) 移植法

移植法是将某个学科、领域中的原理、技术、方法等,应用或渗透到其他学科、领域中,为解决某一问题提供启迪、帮助的创新思维方法。移植法要通过联想、类比,力求从表面上看来毫不相关的两个事物或现象之间发现它们的联系。因而移植法与联想、类比有着密切的联系。移植法的原理是在各种理论和技术之间互相转移,一般是把已成熟的成果转移、应用到新的领域,用来解决新问题。

在运用移植法时,一般有两种思路:一种是成果推广型移植,就是把现有科技成果向其他领域延伸,其关键是在搞清现有成果的原理、功能及使用范围的基础上,利用发散思维寻找新载体;另一种是解决问题型移植,即从研究问题出发,通过发散思维找到现有成果,通过移植法使研究问题得到解决。

(八) 组合法

所谓组合,就是把两种或两种以上的技术、理论、产品进行简单叠加,以形成新的技术、新的理论、新的产品。组合的可能性无穷无尽,因此运用组合法,可以形成无数的新设想、新产品。采用组合法,是要使组合体获得更强的功能、更好的性能。20世纪后半叶,世界上重大的创新发明成果80%以上是组合的成果,可见组合法在创新活动中占有重要地位。

(九)八何分析法

八何分析法(6W2H)是一种通用决策方法,也是一种通用创造技法。6W2H分别解析如下。

(1) Why:为什么需要创新?
(2) What:创新的对象是什么?
(3) Where:从什么地方着手?
(4) Who:谁来承担创新任务?
(5) When:什么时候完成?
(6) Which:选哪一个方案?
(7) How:怎样实施?
(8) How Much:达到怎样的程度?

二、创新模式

(一)破坏性创新

破坏性创新是指企业基于够用技术(good enough technology)的原则,在新技术或各种技术融合、集成的基础之上,偏离主流市场用户所重视的绩效属性,引入低端用户或新用户看重的绩效属性或属性组合的产品或服务,通过先占领低端市场或新市场,从而拓展现存市场或开辟新的市场,引起部分替代或颠覆现存主流市场的产品或服务的一类不连续技术创新。

破坏性创新的过程是从市场入手,通过开发或强化辅助属性,对原有主流市场或现有业务不断侵蚀的过程。破坏者和在位者的关系变化,呈现出了破坏性创新的发展过程。依据两者实力和地位的变化,破坏性创新划分出了四个阶段。

1. 初始破坏阶段

该阶段中,破坏者极力开发辅助属性,避免与在位者进行冲突,弱化其产品中与在位者产品核心属性一致的功能属性。所以,破坏者的最初客户是极少一部分看重辅助属性的群体,这一部分群体或是因辅助属性所带来的新消费群体,或是对于现有产品价格不满的消费者。简而言之,对于在位者而言是无关痛痒的市场份额。也正是因为这一原因,在位者对于破坏者的态度大多是视若无睹的。

这一阶段,破坏者的产业呈现出增值潜力大、发展空间广、不确定性、产品处于尝试和纠错阶段等特点。破坏者的一部分新兴产业,要么进行低端破坏,要么进行新市场破坏,一言以蔽之,扩大破坏者产品(服务)的市场规模。

2. 快速破坏阶段

破坏者依据需求群体的要求,对产品进行快速升级迭代,不断强化其辅助属性的功能效用,并逐渐形成适合破坏者的商业模式、销售模式。破坏者最初的受用群体是看重现有产品辅助属性的小部分群体,为了保证这一部分市场的占有,破坏者会不断强化辅助属性的功能,并且不断调整其核心属性以期吸引更多的潜在消费者和不属于现有市场的新消费者。此时的在位者已然注意到破坏者的存在,并开始采取一系列的行动。但是,在位者对于破坏者的产品效用评价会采取主流产品的评价体系,并且在位者仍会投身于其产品的核心属性开发。

该阶段中破坏者的产业快速发展,由于市场扩大,既得利益增加,市场驱动力增强,破坏性技术逐渐成为产业的设计核心。其特征表现为,进入者和退出者频繁交替,市场动荡,吸引大量其他行业的投资者,破坏性创新的成果产业化。

3. 趋同阶段

破坏者所代表的创新产业不断发展,市场重新洗牌,对于主流市场产品效用的评价体系更换为破坏者的产品评价体系,破坏性创新产品的服务和属性进行新的定位。破坏者最初的目标客户成为主流群体,破坏者开始考虑主流客户的需求,同时也会继续进行产品的辅助属性开发,破坏者和最初的目标慢慢接近,对现有市场进行占领。在位者感受到破坏性创新压力,有意识地探索开展破坏性创新的途径。在位者为了跟上市场的变化,会尝试进行产品的破坏性创新。但是,这一行动往往会因为固有经验和企业性质而导致当局者迷,使在位者难以发现新兴产品真正的核心属性与自身产品的特有差异,从而陷入"创新者窘境"。

在此阶段,新兴产业稳定发展,逐步进入成熟期。随着进入新兴产业的企业不断增加,产业内竞争愈发激烈,大量企业因为无法适应竞争而退出新兴产业。一方面,破坏者对原有产业市场进行入侵,发展产品主流属性;另一方面,在位者为应对破坏者威胁,改善产品辅助属性,二者之间呈现趋同现象。

4. 重塑阶段

当破坏者经过发展和斗争击败在位者,成为新的市场领导者时,会对自身的产品进行审视,它们同样面临着新破坏者的威胁。这时,破坏者会重新审视产品,基于基本假设发现并提出应对新破坏者的方案。而原在位者会因为竞争方式的冲突而不断衰落,甚至退出主流市场。

在此阶段,市场进入"衰退—更新"的迭代阶段,技术和商业模式都面临着随时被再次破坏的威胁,而趋于成熟的新兴产业则面临重新洗牌的可能。

(二)开放式创新

企业利用一切可利用的内外部资源,并且开放自身非核心技术,与不同规模、不同行业的企业合作创新,以期实现商业利润最大化。这种基于内外资源的双向流动,并将内外创新融合的合作方式,就是开放式创新。

相比于传统的封闭模式,开放式创新要求企业能将外部的创新资源放在与内部资源同等重要的位置,通过择优方式选取资源,抛弃原有的内大于外思想,充分使用内外部资源。对于创新结果的使用也不再局限于内部途径,外部途径同样也作为重要途径来进行推广,以更好地实现商业价值。企业将内外部资源整合于一个系统,并建立相应机制来进行成果推广,分享创造的新价值。

(三) 自主创新

自主创新是指组织主要依靠自身的力量获取核心知识产权,并实现新产品价值的过程。自主创新不一定是单纯技术(新产品、工艺等)层面的,管理、制度、战略、市场、文化乃至商业模式等非技术方面都是自主创新的有机组成部分。

自主创新主要包括三个方面:一是加强原始创新,努力获得更多的科学发现和技术发明;二是加强集成创新,使各种相关技术有机融合,形成具有市场竞争力的产品和产业;三是在引进国外先进技术的基础上,积极促进消化吸收和再创新(二次创新)。

(四) 逆向创新

逆向创新是指企业在全球化过程中,从头开始创新产品,把发展中国家作为创新基地,以发展中国家用户的需求为依据或是借鉴发展中国家本土企业的做法,进行产品或者商业模式的创新,最终服务于全球市场。

在逆向创新的过程中要特别关注各地在用户、产品、产业、社会和政策等战略要素上的差异。进行逆向创新,第一,要了解发展中国家用户实际需求与发达国家用户实际需求的差异;第二,要根据用户的实际需求重新进行产品设计;第三,要利用当地优势的产业环境和可得的技术手段,让创新接地气,让产品能落地;第四,要深入当地的社会环境,争取广大的利益相关方参与创新;第五,要利用发展中国家的限制条件,在较差的环境下实现创新突破,继而把创新成果引入全球市场。

(五) 朴素式创新

所谓朴素,就是一种面对难题时独特的思考方式与行动方式,是在不利的情况下发现机会并且用简单灵活的方式临场解决问题的大胆艺术,是关于用更少的资源做更多事情的智慧。显然,朴素式创新意味着最大限度地利用自己所拥有的资源,即"就地取材",这既包括发现日常用品的新用途,也包括利用日常用品发明新的实用工具,以及任何巧妙利用规则的方法。总的来说,朴素式创新是一种在投入更少的能源、资金和时间等资源的情况下,产出更多的商业和社会价值的创新方法。

(六) 绿色创新

微观层面的绿色创新通常是指企业在一个相当长的时期内,持续不断地推出、实施旨在节能、降耗、减排、改善环境质量的绿色创新项目,并不断实现创新经济效益的过程,而宏观层面的绿色创新则指人类社会关注环境、经济、社会协调发展,并使之得以实现的创造性活动。有学者指出,绿色创新的本质在于创新活动给环境创造的积极意义与价值,比如由技术创新所产生的节能环保、废弃物循环利用、绿色产品设计或是环境管理改善等。

企业绿色创新主要从绿色战略创新、绿色价值创新、绿色技术创新、绿色产品创新与绿色供应链创新几个方面进行应用。绿色战略是企业在绿色经营观指导下,对企业进行绿色开发、实施绿色生产、开展绿色营销和培育绿色企业文化的总体规划。绿色作为一种价值有两种形态,即物质形态的绿色价值和精神形态的绿色价值,经济发展的绿色化必然影响企业的经营和市场竞争,绿色价值创新是企业实现可持续发展的新动力。绿色技术是指减少污染、降低消耗和改善生态的技术体系,绿色技术创新是环保和生态知识的应用,绿色技术创新使环境获得改善,有利于环保操作。绿色供应链包括绿色采购、绿色制造、绿色销售和绿色物流。

(七)整合式创新

整合式创新是指战略视野驱动下的全面创新、开放式创新与协同创新。整合式创新包含四个核心要素:战略、全面、开放和协同。四个要素相互支撑,缺一不可,有机统一于整合式创新的整体范式中。

战略这一要素是指具有战略视野(strategy view)观。企业战略绝非仅仅是理念、宗旨、使命、目标、指标和进度的综合体,战略视野观要求企业根据全球经济社会和科技发展的大趋势,秉持"战略引领看未来"的理念,将技术创新内嵌于企业发展的总体目标和企业管理的全过程,借助跨文化的战略思维,确定企业的发展方向。

全面这一要素是指全面创新(total innovation,TI)。其内涵是以价值增加为目标,以培育和增强核心能力、提高核心竞争力为中心,以战略为导向,以各创新要素(如技术、组织、市场、战略、管理、文化、制度等)的协同创新为手段,通过有效的创新管理机制、方法和工具,力求做到人人创新、事事创新、时时创新、处处创新。

开放这一要素是指开放式创新(open innovation,OI)。在开放式创新中,企业以其内外部资源的交互为聚焦点,突破封闭式创新,力求实现"从外部获取资源(内向开放)"和"从内部输出资源(外向开放)"两者的有机融合。随着经济全球化的不断深入,企业不再是一个孤立的系统,企业之间的界限以及企业与环境之间的界限变得模糊。在开放式创新理念下,研究成果能够跨越企业的边界进行扩散,企业的边界(虚线)被打破了,在获得许可的前提下,企业内部的技术扩散到其他企业发挥作用,外部的技术同样被企业接受、采用,这些技术尽管不是企业自己研究开发的,但是已经应用于企业。

协同这一要素是指协同创新(collaborative innovation,CI)。作为科技创新的新范式,其内涵是企业、政府、知识生产机构(大学、研究机构)、中介机构和用户等为了实现重大科技创新而开展的大跨度整合的创新组织模式。协同创新建立在参与各方需求相匹配、能力优势互补的基础上,通过国家意志的引导和机制安排,促进企业、大学、研究机构发挥各自的能力优势,整合互补性资源,实现优势互补,加快技术推广应用和产业化,协作开展产业技术创新和科技成果产业化活动。

第三节 创 新 战 略

一、创新战略的定义

创新战略(innovation strategy)是企业依据多变的环境,积极主动地在经营战略、工艺、技术、产品、组织等方面不断进行创新,从而在激烈竞争中保持独特优势的战略。所谓战略就是明确自身所处的地位,知道发展的目标,并清楚达到这一目标的方法,创新则是一种战略选择,战略创新是创新的前提和关键。

创新战略与企业战略的关系是:创新战略是企业战略的关键组成部分,应该与企业战略总体保持一致;创新战略应该服务于企业战略,同时创新战略对企业战略有能动作用。例如,英特尔公司完全有能力发展牙膏生产的业务,宝洁公司也完全可以生产发光二极管。但是,这些发展方向与公司的战略是不相匹配的。对于英特尔而言,为自己生产的芯片设计新的功能才是既有可行性又符合公司战略定位的方向。若不考虑公司战略和创新技术上的选择,公司的研发投入、提升自动化水平上的努力、在新产品和过程创新中的活动可能无法对改善财务绩效有所贡献,相反却成为一种资源浪费。

在市场竞争激烈的环境下,贯彻好立足于创新的战略,能使企业最大限度地从所采用的创新中获取价值。企业需要制定与长期目标相匹配的创新战略,使其能自觉地实现创新以提高经营业绩,随着技术的不断更新换代,推出技术含量更高的产品。同时,企业需要选择与企业战略相匹配的技术战略,以此保证企业的技术能力和技术资源在实现企业战略制定的长期目标过程中发挥最大的效用,从而使企业建立持续的竞争优势,提高企业的财务绩效。

二、创新战略的组合

(一)产品创新与工艺创新的组合

关于产品-工艺组合创新模式的研究,学界将产品创新与工艺创新的组合创新模式归纳为四种:A-U创新过程模型;工艺创新导向的持续创新模式;基于创新过程的源头、基础的创新模型;二次创新动态模型。

1.A-U创新过程模型

美国哈佛大学的阿伯纳西(Abernathy)和麻省理工学院的厄特拜克(Utterback)通过对以产品为主的持续创新过程进行研究,发现企业的创新类型和创新程度取决于企业和产业的成长阶段。他们把产品创新和工艺创新及产业组织的演化划分为三个阶段:不稳定阶段、过渡阶段和稳定阶段,并与产品生命周期(PLC)联系起来,提出以产品创新为中心的产业创新分布形式的A-U创新过程模型。

A-U创新过程模型的研究揭示了在产品生命周期发展过程中产品创新与工艺创新的相互关系。这一规律性的研究,为企业在产品生命周期的不同发展阶段内从事技术创新的内容和重点指明了方向,也为企业揭示了在产品生命周期不同发展阶段的竞争策略和重点,并且指出了企业组织技术创新工作应采取的有效组织形式和管理方式。

2.工艺创新导向的持续创新模式

建立在产品生命周期理论基础上的A-U创新过程模型描述的是产品创新导向的持续创新过程。然而,A-U创新过程模型并不适用于描述钢铁、建材和化工原料等一些重要产业的创新规律。这类产业的产品生命周期长,表现出了不同于A-U创新过程模型的工艺创新导向的持续创新模式。下面仿照A-U创新过程模型,分三个阶段描述工艺创新导向的持续创新模式。

第一,不稳定阶段。工艺创新的初衷是克服某些重大技术障碍,创新工作的重点是技术原理的工程实现,试验性工作较多,工艺技术本身处于发展和变动状态,工艺的主导设计尚未出现,技术的潜在市场尚未完全明朗,但工艺创新使许多产品创新成为可能。

第二,过渡阶段。主导工艺设计产生,以工艺创新为基础的产品创新大量出现,工艺创新的重点转向以适应产品创新和实际生产中的原材料为中心。在这一阶段,产品逐渐标准化,企业开始增加专用设备,使用专供材料,规范生产过程的组织管理。

第三,稳定阶段。工艺技术日趋成熟,生产设备逐渐专门化和自动化,企业组织和生产工艺呈现出越来越大的刚性,企业技术转换成本增大,对重大技术变化的适应能力下降。在这一阶段,虽然仍可能存在渐进性的产品创新,但大部分是渐进性的工艺创新。这种渐进性的工艺创新具有极大的累积效应,有时能使成本降低50%以上。

在工艺创新导向的持续创新模式中,工艺创新是产品创新的先导和必要条件,工艺创新导致产品创新。根本性工艺创新引发产品创新,渐进性工艺创新导致产品质量的提高和生产成本的降低,根本性工艺创新还常常伴随着生产所用原材料的变化和生产规模的变化。钢铁业的持续创新过程是工艺创新导向持续创新过程的典型。如19世纪40年代末,一种大规模、高效率和低成本的炼钢方法——贝塞麦转炉炼钢法出现,炼钢成本只有原来的十分之一,炼钢时间大大缩短,这是一项根本性的工艺创新,这项工艺创新提供的新型廉价工程材料使许多产品创新成为可能。

3.基于创新过程的源头、基础的创新模型

技术创新的模式可以从多种角度去理解。我国学者王伟强从创新过程的源头、基础和动态过程来分析,认为技术创新过程有两种基本模式,即基于研究与发展的技术创新模式和基于技术引进的技术创新模式。

基于研究与发展的技术创新模式主要用于重大的、系统的技术创新。基于技术引进的技术创新模式,一般来说,其重点是渐进性创新。可见技术创新模式的选择同一个国家的竞争地位和一个企业的竞争实力有非常密切的关系。与国外(或其他企业)技术差距越大,技术创新模式的自主性越低,产品创新和工艺创新受制于国外技术主导设计程度越大,工艺创新就越倾向于、先导于产品创新。反之,与国外技术差距越小,技术创新模式越接近自主创新模式,则创新分布就倾向于产品创新、先导于工艺创新,即符合A-U创新过程模式。

由于技术能力和条件的限制,我国企业大部分采用以技术引进为基础的技术创新模式。其中不少企业随着技术创新能力的提高,逐步走上自主技术创新的道路,也相继过渡到两种创新模式并用的格局。

4.二次创新动态模型

技术创新的不同模式不仅可按创新的源头与基础来划分,还可进一步按不同模式创新进程中产品创新与工艺创新的相互关系进行进一步的动态分析。学者吴晓波在其关于二次创新的论文中充分论述了这种技术创新模式的动态过程。他认为,发展中国家采用基于技术引进的技术创新模式时,在整个创新过程中,产品创新与工艺创新的先后关系与基于研究与发展的技术创新模式恰恰相反,表现为先集中于工艺创新后集中于产品创新的特征。

二次创新动态模型是对基于创新过程的源头、基础的创新模型的进一步深化,而A-U创新过程模型和工艺创新导向的持续创新模式是基于创新过程的源头、基础的创新模型的两种形式,前者属于研究与发展的技术创新模式,后者属于技术引进的技术创新模式。这四种创新模式体现出企业技术创新模式的选择和企业技术能力之间的密切关系,即企业要实现有效的创新战略组合,必须以企业的技术创新能力为前提。

(二)渐进性创新与根本性创新的组合

对技术创新分类影响较大的观点是由英国苏塞克斯大学科学政策研究所于20世纪80年代提出的技术创新SPRU分类。该分类将技术创新按其重要性分为根本性创新(radical innovation)和渐进性创新(incremental innovation)。根本性创新的特点是在技术观念上有根本性突破,通常是研究开发部门大规模研究的结果,而渐进性创新则是一种渐进的、连续的小创新。

根本性创新能对社会经济活动产生重大的影响,导致以往的技术创新管理往往把注意力集中在根本性创新上,而对渐进性创新的重要性及其在经济上的积极作用相对认识不足。Enos曾指出,技术的经济贡献主要体现在对各种生产要素的节约和通过现有技术的改进降低生产成本两个方面。在此基础上,Yin提出现值指数模型,以测量渐进性创新与根本性创新的经济效果。他用此模型对美国石油精炼工业1900—1960年五个重要工艺创新的经济效果进行定量考察,结果表明,渐进性创新的经济收益要大于根本性创新。

渐进性的产品开发对经济效果而言具有极其重要的意义,其原因如下。

1. 技术角度

由于产品开发基于已有产品技术,其在技术方面较为成熟;而且由于以往产品开发积累的技术经验、技术知识和技术能力,大大节省了产品技术开发的资源投入。

2. 生产制造角度

渐进性的产品开发往往采用相同或相似的生产设备和生产工艺,且往往有相对较多的通用零件,对生产成本的降低亦有一定作用。

3. 市场因素

产品在功能上往往是相似的,存在一定的可替代性。

以上阐述表明,渐进性的产品开发在经济效果上具有显著的重要性。但企业在制定产品开发战略时,不能忽视全新产品开发对企业发展的不可替代性,必须对新产品开发有综合性考虑,以达到渐进性创新与根本性创新的组合,使企业的新产品开发活动能有效地促进企业发展战略的实现。

第四节　企业创新路线图

一、企业创新路线图的基本概念

企业创新路线图是企业开展技术创新活动的战略规划及实施方案,即在综合分析企业创新内部和外部环境的基础上,系统制定企业创新发展的愿景、使命、价值观、目标,以及技术、产品、市场、组织在企业不同发展阶段下的基本任务、主要任务与实施方案。

二、企业创新路线图的制定原则

(一)系统性原则

企业创新本质上不是一个纯技术问题,而是一个涉及经济、科技、社会、文化和法律制度的综合过程。企业创新活动既不单纯发生于技术领域,也不单纯发生于经济领域或管理领域,而是发生于各种技术、经济和管理活动,以及各个层面的人员行为的交互作用之中。尽管企业创新一般从某一特定的领域(如技术、制度、管理等领域)或项目开始并以此为核心,但创新的过程和结果往往带来企业整体性的变动。因此,企业创新路线图的制定应遵循系统性原则,即以系统性思考为基础,将企业具备的研发基础、需要实现的创新目标、需要突破的产品和技术难题,以及需要匹配的商业模式和组织设计作为一个完整的系统进行考虑,详细讨论其内部的各要素及各要素之间的联系、系统与周边环境的关系、各要素变化后对系统及外部环境可能造成的影响,并在此基础上进行技术、产品、市场和组织方面的创新战略部署与创新路径设计。这种系统性的规划过程,涉及思想凝练、市场实现、产品演进、技术支撑、组织变革五个层面的互动、筛选、组合和评价。随着时间的推移,企业必须对原创新路线图的信息进行系统更新,甚至重新绘制创新路线图。

(二)建设性原则

企业创新路线图的提法来源于科技实践活动,这表明企业创新路线图与科技实践有着天然的联系,企业制定创新路线图的最终目的在于服务它自身的科技实践活动。如果企业创新路线图无法精练总结企业的过去,深刻分析企业所处的现在,前瞻性地预测企业发展的未来,那么企业所制定的创新路线图可能是无效的,或者说,这份创新路线图面临有效性不足的问题。因为它无法给企业未来发展带来有价值的建议或启示。因此,企业创新路线图的制定必须遵循建设性原则,即始终以企业科技实践的具体情况为出发点,以提升企业科技自主创新能力为落脚点,基于企业发展的战略需求,综合运用各种具体的创新方法,凝练企业创新理念,明确企业创新发展目标,并在此基础上确定企业在技术、产品、市场、组织等方面的战略重点和创新突破口,以帮助企业明晰未来发展的创新困境及其破解之道。也就是说,建设性原则是以结果为导向,强调创新路线图对于企业创新发展的内在价值。

(三)操作性原则

为了保证企业创新路线图的建设性,真正体现其在科技实践活动中的内在价值,在制定创新路线图的过程中还必须坚持操作性原则,即在制定思想路线、技术路线、产品路线、市场路线和组织路线的过程中,不仅要把握好顾客需求变化和行业技术发展趋势,更要充分考虑企业的发展实际与路线涉及的技术、产品、市场和组织边界,确保五大路线在明晰未来发展方向的同时,能够通过符合企业实际以及外部环境的具体措施加以推进。操作性原则要求企业创新路线图的制定者必须采用扎根企业的方式,通过各种方式与企业全体人员进行深度沟通和访谈,深入了解和分析企业的各种技术创新活动,综合考虑各方利益相关者的想法和意见,以保证企业创新路线图在具体执行层面的顺利实施。

三、企业创新路线图的制定框架

我们基于集成产品开发(IPD)和技术路线图的基本方法,提出了创新路线图的制定框架。在制定过程中,基本遵循思想路线、技术路线、产品路线、市场路线与组织路线的顺序。但是,各条路线的设计与开发并不是机械地循序渐进,而是相互联系、相互补充、异步并行的。

(一)思想路线

思想路线包括创新理念、创新目标和创新战略三大要素。思想路线是其他路线制定的前提。思想路线为技术路线、产品路线、市场路线和组织路线的制定提供了整体方向、基本准则与边界条件。从方法上看,思想路线的制定包括问卷调查法、结构性访谈、研讨会以及定量分析。创新理念包括创新愿景、创新使命和创新价值观,通过问卷调查法、有奖征集、结构性访谈、研讨会等方法确定。创新目标包括近期、中期和远期目标。从内容上看,创新目标包括创新总体目标以及技术、产品、市场和组织创新目标。创新目标一般通过问卷调查法、研讨会等方法确定。根据创新目标,企业相应制定未来创新发展的主要任务。创新战略需要考虑外部环境和内部环境,一般通过价值链、能力审计、SWOT、研讨会、标杆分析等方法确定。从参与人员来看,思想路线的绘制包括企业管理中高层、技术总监、技术管理部相关人员、外部行业专家等。

(二)技术路线

技术路线包括核心技术、关键技术、一般技术和通用技术四大要素。技术路线制定包括技术预测、技术识别、技术筛选与技术创新方案等关键步骤。技术路线制定前期需对市场进行初步分析,对竞争信息、技术趋势、技术差距进行分析,明晰技术需求,同时结合市场与产品开发目标进行技术预测。技术创新方案包括研发项目、技术目标、研发模式、研发主体、研发时间、研发风险；技术路线则是对技术创新方案的直观显示。从方法上看，技术路线的制定包括标杆分析、S形曲线法、德尔菲法、专利地图法、技术生命周期法、研讨会等。从参与人员来看，技术路线的绘制包括企业管理中高层、技术总监、技术部门负责人、技术骨干、技术管理部相关人员、产品部门相关人员、市场部门相关人员、外部行业专家等。

（三）产品路线

产品路线包括产品概念、产品品种、产品线、产品平台四大要素。产品路线的制定包括产品分类、产品创意识别与筛选、产品概念形成与开发等关键步骤。产品创新方案包括产品创新愿景、产品开发目标、产品开发项目、产品线计划与产品平台战略。而产品路线正是产品创新方案的直观显示。从方法上看，产品路线的制定包括头脑风暴法、领先用户法、创新模板法、专家小组法、属性列举法、标杆分析等。从参与人员来看，产品路线的绘制包括企业管理中高层、产品总监、产品部门负责人、产品开发骨干、技术管理部相关人员、技术部门相关人员、市场部门相关人员、外部行业专家等。

（四）市场路线

市场路线包括目标市场、市场潜力、市场策略与商业模式四大要素。市场路线的制定包括理解市场、市场细分、目标市场选择、顾客需求分析、市场潜力预测、市场策略、商业模式等关键步骤。市场创新方案包括目标市场、市场潜力、市场策略与商业模式。市场路线是市场创新方案的直观显示。从方法上看，市场路线的制定包括问卷调查法、研讨会、头脑风暴法、标杆分析等。从参与人员来看，市场路线的绘制包括企业管理中高层、市场总监、市场部门负责人、市场骨干、技术管理部相关人员、技术部门相关人员、产品部门相关人员、外部行业专家等。

（五）组织路线

组织路线包括创新结构、管理制度、创新资源三大要素。组织路线主要针对创新组织、管理制度与创新资源进行整体性的设计与安排。结合思想路线、技术路线、产品路线和市场路线的内容，企业需对企业内部的创新组织、管理制度与创新资源有针对性地进行审视、设计与配置，以实现创新路线图的发展目标。从方法上看，组织路线的制定包括头脑风暴、标杆分析、专家咨询、研讨会等。从参与人员来看，组织路线的绘制包括企业管理中高层、行政总监、行政部门负责人、财务部门负责人、技术管理部相关人员、技术部门相关人员、产品部门相关人员、市场部门相关人员、外部行业专家等。

四、企业创新路线图的制定流程

在工作流程上，企业创新路线图的制定主要包括企业创新路线图的准备工作、讨论绘制、路线实施和路线更新四个阶段，每个阶段都是不可或缺的，而且承担着不同的工作任务。从不同阶段在制定和实施过程的先后顺序、地位差异和相互联系来看，准备工作阶段是创新路线图制定的首要阶段，也是基本条件，它直接关系到创新路线图的后续阶段工作能否顺利展开;讨论绘制阶段紧随其后,既是企业创新路线图制定的核心部分也是难点,它直接影响企业创新路线图的可行性和可操作性;接着是路线实施阶段,也是企业创新路线图制定的最终目的,实施效果为企业创新路线图的动态更新提供了重要依据;路线更新阶段是制定企业创新路线图的最后一个阶段,也是保证企业创新路线图具有长久生命力的重要过程,它促进企业创新路线图不断完善,与时俱进。

（一）准备工作

准备工作是制定企业创新路线图的基本条件,主要包括明确需求、组建团队、职能分工和时间安排四个部分。明确需求为制定工作提供了努力的方向,组建分工明确的各类团队为制定工作的有序开展提供了人力和机制支持,制定合理的工作进度为制定工作的高效完成提供了保证。

在制定企业创新路线图之前,必须清楚两种需求:①企业对创新路线图的需求,主要包括企业制定创新路线图的目的是什么,预期其发挥怎样的功能,能给企业带来什么样的好处(作用);②制定创新路线图的资源需求,主要包括人、财、物及知识储备、技术储备等方面。组建团队制定企业创新路线图的工作团队由企业决策层筹备、组建,主要包括领导小组、协调小组、制定小组和支持小组。领导小组主要包括领导班子、专家委员会和技术委员会;协调小组(指导办公室)主要由企业职能部门的中高层管理人员构成;制定小组由多个具体工作组构成,以"多学科、跨部门、重能力"为组建原则,可由经营、战略、技术、产品、销售、市场等不同职能部门的核心成员构成,也可通过"外部聘请专家团队＋企业跨部门团队"模式构建;支持小组主要由企业经营、市场、技术、产品等职能部门员工构成。

在领导小组中,领导班子由企业董事会、经理组成,主要负责确认创新路线图的制定目标、团队组织等;专家委员会成员由外聘高校学者、行业协会专家等组成,为企业评价创新路线图提供咨询和建议;技术委员会由企业所属领域相关专家构成,在技术、产品、市场、组织等领域为企业提供专业见解和问题解决方案。完成制定工作后,领导小组对创新路线图的相关成果做出最终审核和评价。

在创新路线图的制定过程中,如果企业职能部门未能积极、及时地予以配合,整个制定工作很难高效完成,有时候甚至工作无法开展,尤其是当制定小组由外聘成员构成或内部成员临时组建起来时更是如此。因此,协调小组需要协调不同部门的活动,配合制定小组工作的开展,具体包括会议的主持安排、专家的邀请及各种应急事件的处理等。为了更好地承担这些工作,协调小组成员往往在企业某一领域或部门具有较高的权威和权力。

制定小组需要完成以下工作:对整个制定工作的统筹安排;指导企业相关部门完成各种调查表、分析表;对调查结果的统计分析与整理;访谈计划的具体设计,访谈的会议记录、整理与总结工作以及创新路线图报告撰写等。由于制定小组的工作任务相当繁重又相当重要,小组成员需要具备一定的专业知识,因此,在组建团队时应对组内成员进行适当的培训。

支持小组的主要工作包括在制定小组的指导下完成各种调查问卷和分析表，并协助制定小组完成会后的整理工作。由于许多调查问卷及分析表的内容只有企业职能部门最为清楚，因此企业职能部门的配合对于整个制定工作非常重要。制定小组对于创新路线图中所有具体要素的了解与认识，很大程度上是通过企业职能部门成员访谈及他们提供的第一手资料来完成的。

（二）讨论绘制

企业创新路线图的讨论绘制工作主要由制定小组在支持小组的配合下完成，主要包括确定企业创新五大路线的具体内容、撰写企业创新路线图研究报告及评审企业创新路线图三大任务。企业创新五大路线具体包括企业创新的思想路线、技术路线、产品路线、市场路线和组织路线。根据上述五大路线的分析结果，制定小组完成研究报告及创新路线图的绘制，这部分工作是对企业创新五大路线具体内容的系统总结。最后，企业需要组织相关人员对创新路线图及其研究报告进行评审，并征求不同利益相关主体的修正意见，以获得更大范围的认可和使用。

（三）路线更新

一般而言，企业创新路线图所涉及的时间跨度往往比较长，而在这段时期内，企业的内外部环境一直处于变化之中，并可能对企业的创新发展带来重大影响。因此，企业创新路线图需要定期修编，主要包括更新条件判断、更新要素分析和实施内容更新三个方面的工作。

1.更新条件判断

企业创新路线图的更新是指企业根据路线图的实施效果和外部环境变化对路线图进行动态调整。当企业外部环境发生了重大变化时，如行业关键技术的根本性变革、国家政策和企业发展方向的重大调整等，使企业创新路线图大部分内容变得过时或不适应，那么企业就需要根据一般流程重新绘制创新路线图；如果外部环境变化只是给企业带来局部性或轻微影响，企业只需根据相应变化更新创新路线图的部分内容，无须按照一般流程进行系统性更改。同样，当企业完成创新路线图的大部分任务（取得良好的实施效果）或无法实施创新路线图的绝大多数内容（创新路线图的可行性极差）时，就需要考虑系统更新创新路线图；而当企业创新路线图的部分内容提前完成或面临实施困境时，企业只需更新部分创新路线图的相关内容。这种变更条件的临界点，可以由高层领导基于自身的战略远见做出决策（自上而下），也可以通过成立专家小组进行测试和判断（自下而上）。

2.更新要素分析

对更新条件做出判断后，制定小组必须对涉及的相关内容进行分析。在大多数情况下，创新路线图的更新只是部分内容的更新，而这些内容的更新来源于对不同创新路线关键要素的分析。例如：分析新产品推出未能获取预期的市场效应，是因为形成计划之外的细分市场，还是因为新产品未能具备新市场用户所需的关键性能特征，或是因为竞争对手提供了更有竞争力的产品；这些变化背后的技术影响因素是什么，企业之前为什么没能提前意识或预测到；等等。根据更新要素分析的结果，制定小组需要对思想、技术、产品、市场和组织路线的相关内容进行调整和修改。

3. 实施内容更新

一旦企业创新路线图更新,制定小组就需要相应地调整企业创新路线图的研究报告。如果企业创新路线图只是局部更新,那制定小组就只需调整部分内容;如果技术、产品等多条创新路线的大多数内容发生改变,制定小组就需要着重改写研究报告或重新撰写。

本章内容拓展

学习总结

本章习题

第十三章
财务管理

知识目标
1. 掌握企业资金筹集的动机、原则、渠道、方式及筹资数量的预测。
2. 掌握项目投资决策的原则和方法。
3. 掌握企业营运资金的含义和管理原则,掌握现金、应收账款、存货和流动负债管理的方法。
4. 掌握财务比率的计算和分析方法。

能力目标
1. 能进行项目筹资的分析与决策。
2. 能进行项目投资的分析与决策。
3. 能进行营运资金管理,做出现金最佳持有量决策、信用政策决策、存货经济批量决策、流动负债的分析与决策。
4. 能进行项目或某一会计期间的财务分析。

经济管理情境
　　改革开放以来,我国企业的数量、规模、效率和质量,总体而言得到了长足的进步。但是,不尽如人意的事情仍时有发生。例如,自2001年起,我国许多企业逐步进入高负债状态。就非金融类上市公司而言,其平均的资产负债率从2001年的48%左右,逐步上升到2013年的62%左右,即便2015年开始"去杠杆",上市公司的资产负债率依然保持在60%左右或以上。持续多年的高负债,使得不少企业先后发生了"债务爆雷"。其中,既有中钢、华晨、方正和紫光等大型国有企业,也有万达、海航、苏宁和泛海等颇具影响力的非国有企业。这些企业在发生"债务爆雷"之后,或者以较低价格大量出售资产,实施"英雄断腕"式的财务自救;或者通过引入新的股东进行企业重组,使得企业生命得以延续。但是,无论如何,发生了"债务爆雷"的企业,包括股东、债权人、员工、消费者、政府和社会公众等在内的各利益相关方,都或多或少、直接或间接地遭受了损失。那么,企业为什么会发生"债务爆雷"?如何避免遭遇债务危机?

有人可能认为,债务危机的发生具有偶然性。从实践情况来看,债务危机发生的直接原因是债务集中到期时,企业没有足够的资金用于偿还到期债务。至于为什么没有足够的资金用于偿债,无非是由于投资失败、经营亏损、不能获得新的外部融资等。诚然,企业的成功抑或失败有一定的偶然性。但是,偶然与必然之间的关系是辩证的。我们虽不否认企业成败的偶然性,但更需要认识其中的必然性。例如,财务目标扭曲的企业是否更可能出现高负债和过度投资?高负债且过度投资的企业是否更可能出现投资失败和经营亏损?投资失败和经营亏损的企业是否更难以获得后续的外部融资?违背基本理财原则,如投资决策和经营运作过程中不重视环境分析的企业,是否更可能发生投资失败和经营亏损?等等。

内容导航

案例导入

第一节　筹资管理

一、企业筹资概述

(一)企业筹资的动机

1.扩张性筹资动机

扩张性筹资动机是企业因扩大生产经营规模或增加对外投资而产生的追加筹资的动机。

2.调整性筹资动机

调整性筹资动机是企业因调整现有资本结构的需要而产生的筹资动机。资本结构是指企业各种筹资的构成及其比例关系,企业的资本结构是由企业采取的各种筹资方式组合而形成的。

3.混合性筹资动机

混合性筹资动机是上述两种筹资动机的混合,既为生产经营或对外投资,又为偿还债务。

(二)企业筹资的基本原则

企业筹资的基本原则包括合法性原则、效益性原则、合理性原则、及时性原则。

(三)企业筹资的渠道与方式

1.企业筹资渠道

企业筹资渠道是指企业筹集资金来源的方向与通道,体现着资本的源泉和流量。

企业筹资渠道可以归纳为政府财政资本、银行信贷资本、非银行金融机构资本、其他法人资本、民间资本、企业内部资本、国外和我国港澳台地区资本七种。

2.企业筹资方式

按照资本属性的不同,企业长期筹资可以分为权益性筹资、债务性筹资和混合性筹资。

(1)权益性筹资形成企业的股权资本,也称为股权性筹资,是指企业依法取得并长期拥有、可自主调配运用的资本。权益性筹资主要有投入资本筹资、发行股票筹资和留存收益筹资三种方式。

(2)债务性筹资形成企业的债务资本,亦称负债资本,是指企业依法取得并依法运用、按期偿还的资本,债务性筹资主要包括长期借款筹资、发行债券筹资和融资租赁筹资三种方式。

(3)混合性筹资兼具权益性筹资和债务性筹资的双重属性,混合性筹资主要包括发行优先股筹资、发行可转换债券筹资和认股权证筹资三种方式。

二、权益资金的筹集与管理

(一)注册资本制度

注册资本是企业法人资格存在的物质要件,是股东对企业承担有限责任的界限,也是股东行使股权的依据和标准。

公司注册资本制度的模式主要有实缴资本制、认缴资本制、折中资本制三种。

(二)投入资本筹资

投入资本筹资是指非股份制企业按照"共同投资、共同经营、共担风险、共享利润"的原则直接吸收国家、法人、个人投资者投入资金的一种筹资方式。吸收投资与发行股票、留存收益筹资都是企业筹集自有资金的重要方式。

1.投入资本筹资的种类

(1)按筹资来源划分,投入资本筹资分为以下四类:①吸收国家直接投资,形成企业的国有资本;②吸收其他企业、事业单位等法人的直接投资,形成企业的法人资本;③吸收企业内部职工和社会公众的直接投资,形成企业的个人资本;④吸收外国投资者和我国港澳台投资者的直接投资,形成企业的外商资本。

(2)按投资者的出资形式划分,投入资本筹资分为以下两类:①吸收现金投资;②吸收非现金投资。非现金投资主要包括两种形式:一是材料、燃料、产品、房屋建筑物、机器设备等实物资产投资;二是专利权、非专利技术、商标权、土地使用权等无形资产投资。

2.投入资本筹资的程序

①确定投入资本筹资所需的资金数量;②寻找投资单位,商定投资数额和出资方式;③签署投资协议;④执行投资协议。

3.投入资本筹资的优点

①筹资方式简便、筹资速度快;②有利于增强企业信誉;③有利于企业尽快形成生

产能力;④有利于减少企业财务负担。

4.投入资本筹资的缺点

①资本成本较高;②容易分散企业控制权。

(三)发行普通股股票筹资

1.普通股股东的权利

普通股股东的权利包括:①普通股股东拥有对公司的管理权;②盈余分享权;③出售或转让股份权;④优先认股权;⑤剩余财产要求权。普通股股东的管理权主要包括投票权、查账权、阻止越权的权利。

2.股票的种类

(1)股票按股东的权利和义务分类,可分为普通股和优先股。

(2)股票按票面有无记名分类,可分为记名股票和无记名股票。

(3)股票按票面是否标明金额分类,可分为有面额股票和无面额股票。

(4)股票按投资主体的不同分类,可分为国家股、法人股、个人股和外资股。

(5)股票按发行时间的先后分类,可分为始发股和新股。

(6)股票按发行对象和上市地区分类,可分为A股、B股、H股、N股和S股。

3.股票发行的条件

①公司的组织机构健全、运行良好;②公司的盈利能力具有可持续性;③公司的财务状况良好;④公司募集资金的数额和使用符合规定。

4.股票发行方式

股票发行方式是指公司发行股票的途径。总的来讲,股票的发行方式可分为以下两类:①公开发行;②不公开发行。

5.股票销售方式

股票销售方式,是指股份有限公司向社会公开发行股票时所采取的股票销售方式,有自销和承销两种方式。承销方式包括包销和代销两种。

6.普通股筹资的优点

①普通股没有固定的财务负担;②普通股资本没有到期日,不用偿还本金;③普通股筹资的财务风险小;④发行普通股能增加股份制公司的信誉;⑤普通股筹资限制较少。

7.普通股筹资的缺点

①资本成本较高;②容易分散控制权。

(四)留存收益筹资

1.留存收益筹资的渠道

留存收益筹资的渠道有盈余公积和未分配利润两个方面。

2.留存收益筹资的优点

①留存收益筹资的资本成本较普通股筹资的成本低;②保持普通股股东的控制权;③增强公司的信誉。

3.留存收益筹资的缺点

①筹资数额有限制;②资金使用受制约。

三、负债资金的筹集与管理

（一）长期借款

长期借款是指企业根据合同从有关银行或非银行金融机构借入的、偿还期在1年以上的各种借款。

1.长期借款的种类

(1)按担保条件划分,长期借款可分为信用贷款、担保贷款。担保贷款按担保方式,可分为保证贷款、抵押贷款和质押贷款。

(2)按贷款的用途划分,长期借款可分为基本建设贷款、更新改造贷款、科研开发和新产品试制贷款。

(3)按提供贷款的机构划分,长期借款可分为政策性银行贷款、商业银行贷款和非银行金融机构贷款。

2.长期借款的信用条件

按照国际惯例,长期借款往往附加一些信用条件,主要有授信额度、周转授信协议、补偿性余额。

3.长期借款的程序

①企业提出申请;②银行进行审批;③签订借款合同;④企业取得借款;⑤企业偿还借款。

4.长期借款筹资的优点

①筹资速度快;②筹资成本较低;③借款弹性较大;④发挥财务杠杆的作用。

5.长期借款筹资的缺点

①筹资风险较高;②限制条件较多;③筹资数量有限。

（二）发行债券

债券是债务人为筹集债务资本而发行的,约定在一定期限内向债权人还本付息的有价证券。

1.债券的分类

(1)公司债券按有无记名分类,可分为记名债券与无记名债券。

(2)公司债券按有无抵押担保分类,可分为抵押债券与信用债券。

(3)公司债券按利率是否变动分类,可分为固定利率债券与浮动利率债券。

(4)公司债券按是否参与利润分配,可分为参与债券与非参与债券。

(5)公司债券按债券持有人的特定权益,可分为收益债券、可转换债券和附认股权债券。

(6)公司债券按是否上市交易,可分为上市债券与非上市债券。

2.发行债券的程序

①做出发行债券的决议或决定;②提出发行债券的申请;③公告债券募集办法;④发售债券,募集款项,登记债券存根簿。

3.债券的发行方式和要素

(1)发行方式:债券的发行方式分为公募发行和私募发行两类。

(2)发行要素:①债券面额;②票面利率;③市场利率;④债券期限。

4.确定债券发行价格的方法

在实务中,公司债券的发行价格通常有三种情况,即等价发行、溢价发行和折价发行。债券的发行价格可按下列公式测算:

$$债券发行价格 = \frac{F}{(1+R_M)^n} + \sum_{t=1}^{n} \frac{I}{(1+R_M)^t}$$

式中:F表示债券面额,即债券到期偿付的本金;I表示债券年利息,即债券面额与债券票面年利率的乘积;R_M表示债券发售时的市场利率;n表示债券期限;t表示债券付息期数。

5.债券筹资的优点

①资本成本较低;②保障股东控制权;③发挥财务杠杆作用。

6.债券筹资的缺点

①筹资风险高;②限制条件多;③筹资数额有限。

(三)融资租赁

1.租赁的含义

租赁是出租人以收取租金为条件,在契约或合同规定的期限内,将资产租借给承租人使用的一种经济行为。

2.租赁的种类

现代租赁的种类很多,通常按性质分为经营租赁和融资租赁两大类。

(1)经营租赁(operating leasing):又称营运租赁,是由出租人向承租企业提供租赁设备,并提供设备维修保养和人员培训等的服务性业务。

(2)融资租赁(financing leasing):又称资本租赁、财务租赁,是由租赁公司按照承租企业的要求融资购买设备,并在契约或合同规定的较长期限内提供给承租企业使用的信用性业务,是现代租赁的主要类型。

3.融资租赁的形式

①直接租赁;②售后租回;③杠杆租赁。

4.融资租赁的程序

①选择租赁公司;②办理租赁委托;③签订购货协议;④签订租赁合同;⑤办理验货、付款与保险;⑥支付租金;⑦合同期满处理资产。

5.融资租赁筹资的优点

①迅速获得所需资产;②融资租赁的限制条件较少;③融资租赁可以免遭设备陈旧过时的风险;④融资租赁全部租金通常在整个租期内分期支付,可适当降低不能偿付的风险;⑤融资租赁的租金费用可在所得税前扣除,承租企业能享受税收利益。

6.融资租赁筹资的缺点

①融资租赁的筹资成本较高;②融资租赁的财务风险较高。

四、混合性资金的筹集与管理

（一）发行优先股

1. 优先股的特征

①优先分配固定的股利；②优先分配公司剩余财产；③优先股股东一般无表决权；④优先股可由公司赎回。

2. 优先股的种类

①累积优先股和非累积优先股；②可转换优先股和不可转换优先股；③参加优先股和不参加优先股；④可赎回优先股和不可赎回优先股。

3. 优先股的发行定价

优先股每股票面金额为100元。

4. 优先股筹资的优点

①没有固定的到期日，不用偿还本金；②股利支付既固定，又有一定弹性；③优先股属于自有资金，能增强公司信誉及借款能力；④保持普通股股东对公司的控制权。

5. 优先股筹资的缺点

①优先股成本虽低于普通股成本，但一般高于债券成本；②优先股筹资的制约因素较多；③可能形成较重的财务负担。

（二）发行可转换债券

可转换债券简称为可转债，是指由公司发行并规定债券持有人在一定期限内按约定的条件可将其转换为发行公司普通股的债券。

（三）发行认股权证

认股权证是由股份有限公司发行的可认购其股票的一种买入期权。它赋予持有者在一定期限内以事先约定的价格购买发行公司一定股份的权利。

五、筹资数量的预测

1. 营业收入比例法的原理

营业收入比例法是根据营业业务与资产负债表和利润表项目之间的比例关系，预测各项目资金需要量的方法。

2. 营业收入比例法的运用

运用营业收入比例法，一般借助预计利润表和预计资产负债表。通过预计利润表预测企业留存收益这种内部资本来源的增加额；通过预计资产负债表预测企业资金需要总额和外部筹资的增加额。通过营业收入比例法预测追加的外部筹资额的计算公式如下：

$$需要追加的外部筹资 = \Delta S \sum \frac{RA}{S} - \Delta S \sum \frac{RL}{S} - \Delta RE$$

$$= \Delta S \left(\sum \frac{RA}{S} - \sum \frac{RL}{S} \right) - \Delta RE$$

式中：ΔS 表示预计年度营业收入增加额；$\sum \dfrac{RA}{S}$ 表示基年敏感资产总额除以基年营业收入；$\sum \dfrac{RL}{S}$ 表示基年敏感负债总额除以基年营业收入；ΔRE 表示预计年度留存收益增加额。

第二节 项目投资管理

一、投资概述

（一）项目投资的概念与类型

1.项目投资的概念

项目投资是一种实体性资产的长期投资，是一种以特定项目为对象，直接与新建项目或更新改造项目有关的长期投资行为。

2.项目投资的类型

(1)单纯固定资产投资项目：简称固定资产投资，其特点是在投资过程中只包括为取得固定资产而发生的垫支资本投入而不涉及周转资本的投入。

(2)完整工业投资项目：其特点是不仅包括固定资产投资，而且涉及流动资金投资和无形资产等其他长期资产投资。

(3)更新改造项目：以恢复或改善生产能力为目的的内涵式扩大再生产。

（二）投资管理的基本原则

投资管理的基本原则包括：①认真进行市场调查，及时捕捉投资机会；②建立科学的投资决策程序，认真进行投资项目的可行性分析；③及时足额地筹集资金，保证投资项目的资金供应；④认真分析风险和收益的关系，适当控制企业的投资风险。

（三）项目投资决策的程序

项目投资决策的程序包括：①投资项目的提出；②投资项目的评价；③投资项目的决策；④投资项目的执行；⑤投资项目的再评价。

二、项目现金流量

（一）现金流量的概念

现金流量在投资决策中是指一个项目引起的企业现金支出和现金收入的数量。这里的"现金"是广义的现金，它不仅包括各种货币资金，而且还包括项目需要投入的企业现有的非货币资源的变现价值。

（二）投资现金流量的构成

1. 初始现金流量

初始现金流量包括：①投资前费用；②设备购置费用；③设备安装费用；④建筑工程费；⑤营运资金的垫支；⑥原有固定资产的变价收入扣除相关税费后的净收益；⑦不可预见费。

2. 营业现金流量

营业现金流量是指投资项目投入使用后，在其寿命周期内由于生产经营所带来的现金流入和流出的数量。它包括年营业净利润和年折旧等。

年营业净现金流量（NCF）可用下列公式计算：

$$年营业净现金流量 = 年营业收入 - 年付现成本 - 所得税$$

$$年营业净现金流量 = 年税后净利 + 折旧及摊销$$

3. 终结现金流量

终结现金流量主要包括：①固定资产的残值收入或变价收入（扣除了所需要上缴的税费等支出后的净收入）；②原有垫支在各种流动资产上的资金的收回；③停止使用的资产的变价收入等。

三、投资决策指标

投资决策方法包括非贴现现金流量方法和贴现现金流量方法。非贴现现金流量指标主要有投资回收期、平均报酬率等。贴现现金流量指标主要有净现值、内部报酬率、获利指数和折现的投资回收期等。

（一）非贴现现金流量指标

1. 投资回收期

投资回收期（payback period, PP）是指回收初始投资所需要的时间，一般以年为单位，是一种使用很久很广的投资决策指标。如果每年的营业净现金流量（NCF）相等，则投资回收期可按下式计算：

$$投资回收期 = \frac{初始投资额}{年营业净现金流量}$$

如果每年的营业净现金流量不相等，投资回收期的计算要考虑各年年末的累计现金流量。

2. 平均报酬率

平均报酬率（average rate of return, ARR）是投资项目寿命周期内平均的年投资报酬率，也称平均投资报酬率。平均报酬率有多种计算方法，其最常见的计算公式为：

$$平均报酬率 = \frac{年平均现金流量}{初始投资额} \times 100\%$$

（二）贴现现金流量指标

1. 净现值

投资项目投入使用后的净现金流量，按资本成本或企业要求达到的报酬率折算为

现值,减去初始投资额以后的余额,称为净现值(net present value,NPV)。其计算公式为:

$$\mathrm{NPV} = \left[\frac{\mathrm{NCF}_1}{(1+i)^1} + \frac{\mathrm{NCF}_2}{(1+i)^2} + \cdots + \frac{\mathrm{NCF}_n}{(1+i)^n}\right] - C = \sum_{t=1}^{n}\frac{\mathrm{NCF}_t}{(1+i)^t} - C$$

式中:NPV为净现值;NCF_t为第t年的净现金流量;i为贴现率(资本成本或企业要求的报酬率);n为项目预计使用年限;C为初始投资额。

(1)净现值的计算过程。

第一步:计算每年的营业净现金流量。

第二步:计算未来报酬的总现值。这又可分成三步。首先,将每年的营业净现金流量折算成现值。如果每年的NCF相等,则按年金法折算成现值;如果每年的NCF不相等,则先对每年的NCF进行贴现,然后加以合计。其次,将终结现金流量折算成现值。最后,计算未来报酬的总现值。

第三步:计算净现值,计算公式如下:

$$净现值 = 未来报酬的总现值 - 初始投资$$

(2)净现值法的决策规则。在只有一个备选方案的采纳与否决策中,净现值为正者则采纳,净现值为负者不采纳。在有多个备选方案的互斥选择决策中,应选用净现值是正值中的最大者。

2.内部报酬率

内部报酬率又称内含报酬率(internal rate of return,IRR),是使投资项目的净现值等于零的贴现率。

内部报酬率实际上反映了投资项目的真实报酬率,目前越来越多的企业使用该项指标对投资项目进行评价。内部报酬率的计算公式为:

$$\frac{\mathrm{NCF}_1}{(1+\mathrm{IRR})^1} + \frac{\mathrm{NCF}_2}{(1+\mathrm{IRR})^2} + \cdots + \frac{\mathrm{NCF}_n}{(1+\mathrm{IRR})^n} - C = 0$$

$$\sum_{t=1}^{n}\frac{\mathrm{NCF}_t}{(1+\mathrm{IRR})^t} - C = 0$$

式中:NCF_t为第t年的净现金流量;IRR为内部报酬率;n为项目使用年限;C为初始投资额。

(1)如果每年的NCF相等,则按下列步骤计算:

第一步,计算年金现值系数。

$$年金现值系数 = 初始投资额 \div 每年NCF$$

第二步,查年金现值系数表,在相同的期数内,找出与上述年金现值系数相邻的较大和较小的两个贴现率。

第三步,根据上述两个相邻的贴现率和已求得的年金现值系数,采用插值法计算出该投资方案的内部报酬率。

(2)如果每年的NCF不相等,则需要按下列步骤计算。

第一步,先预估一个贴现率,并按此贴现率计算净现值。如果计算出的净现值为正数,则表示预估的贴现率小于该项目的实际内部报酬率,应提高贴现率,再进行测算;如果计算出的净现值为负数,则表明预估的贴现率大于该方案的实际内部报酬率,应降低贴现率,再进行测算。如此反复测算,找到净现值由正到负并且比较接近于零的两个贴现率。

第二步,根据上述两个相邻的贴现率再使用插值法,计算出方案的实际内部报酬率。

(3)内部报酬率法的决策规则。在只有一个备选方案的采纳与否决策中,如果计算出的内部报酬率大于或等于企业的资本成本或必要报酬率就采纳;反之,则拒绝。在有多个备选方案的互斥选择决策中,应选用内部报酬率超过资本成本或必要报酬率最多的投资项目。

3. 获利指数

获利指数又称利润指数(profitability index,PI),是投资项目未来报酬的总现值与初始投资额的现值之比。其计算公式为:

$$PI = \left[\frac{NCF_1}{(1+i)^1} + \frac{NCF_2}{(1+i)^2} + \cdots + \frac{NCF_n}{(1+i)^n}\right] \div C$$

PI = 未来现金流量的总现值 ÷ 初始投资额

如果投资为多期完成的,则计算公式为:

PI = 未来现金流量的总现值 ÷ 现金流出量的总现值

(1)获利指数的计算过程。

第一步,计算未来报酬的总现值,这与计算净现值所采用的方法相同。

第二步,计算获利指数,即根据未来报酬的总现值和初始投资额之比计算获利指数。

(2)获利指数法的决策规则。

在只有一个备选方案的采纳与否决策中,获利指数大于或等于1,则采纳,否则就应拒绝。在有多个方案的互斥选择决策中,应采用获利指数超过1最多的投资项目。

四、项目投资决策

(一)固定资产更新决策

1. 新旧设备使用寿命相同的情况

在新旧设备尚可使用年限相同的情况下,我们可以采用差量分析法来计算一个方案与另一个方案相比增减的现金流量。

2. 新旧设备使用寿命不同的情况

对于寿命不同的项目,不能对它们的净现值、内部报酬率及获利指数进行直接比较。为了使投资项目的各项指标具有可比性,要设法使其在相同的寿命期内进行比较。此时可以采用的方法有最小公倍寿命法和年均净现值法。

（二）资本限额投资决策

资本限额是指公司可以用于投资的资金总量有限，不能投资于所有可接受的项目，这种情况在很多公司都存在，尤其在那些以内部筹资为经营策略或外部筹资受到限制的公司。

1. 使用获利指数法的步骤

第一步，计算所有项目的获利指数，并列出每个项目的初始投资额。

第二步，接受所有PI≥1的项目。如果资本限额能够满足所有可接受的项目，则决策过程完成。

第三步，如果资本限额不能满足所有PI≥1的项目，就要对第二步进行修正。修正过程是，对所有项目在资本限额内进行各种可能的组合，然后计算出各种可能组合的加权平均获利指数。

第四步，接受加权平均获利指数最大的投资组合。

2. 使用净现值法的步骤

第一步，计算所有项目的净现值，并列出每个项目的初始投资额。

第二步，接受所有NCF≥0的项目。如果资本限额能够满足所有可接受的项目，则决策过程完成。

第三步，如果资本限额不能满足所有NCF≥0的项目，就要对第二步进行修正。修正过程是，对所有项目在资本限额内进行各种可能的组合，然后计算出各种可能组合的净现值合计数。

第四步，接受净现值合计数最大的投资组合。

（三）投资时机选择决策

投资时机选择决策可以使决策者确定开始投资的最佳时期，如某林地的所有者需要确定何时砍伐树木比较合适，某产品专利权的所有者必须决定何时推出该产品。这类决策既会产生一定的效益，又会伴随相应的成本。在等待时机的过程中，公司能够得到更为充分的市场信息或更高的产品价格，或者有时间继续提高产品的性能。但是这些决策有时也会带来因为等待而引起的时间价值的损失，以及竞争者提前进入市场的危险。另外，成本也可能会随着时间的延长而增加。如果等待时机的利益超过伴随而来的成本，那么公司应该采取等待时机的策略。

（四）投资期选择决策

投资期是指项目从开始投入资金至项目建成投入生产所需要的时间。较短的投资期，需要在初期投入较多的人力、物力，但是后续的营业现金流量发生得比较早；较长的投资期，初期投资较少，但是由于后续的营业现金流量发生得比较晚，也会影响投资项目的净现值。因此，在可以选择的情况下，公司应该运用投资决策的分析方法，对延长或缩短投资进行认真比较，以权衡利弊。在投资期选择决策中，最常用的方法是差量分析法，采用差量分析法计算比较简单，但是不能反映不同投资期下项目的净现值。

第三节　营运资金管理

一、营运资金管理概述

（一）营运资金的概念

营运资金是指流动资产减去流动负债后的余额。营运资金的管理既包括流动资产的管理，也包括流动负债的管理。

1. 流动资产

流动资产是指可以在1年以内或超过1年的1个营业周期内变现或运用的资产。流动资产具有占用时间短、周转快、易变现等特点。

2. 流动负债

流动负债是指需要在1年以内或者超过1年的1个营业周期内偿还的债务。流动负债又称短期负债，具有成本低、偿还期短的特点。

（二）营运资金的特点

营运资金的特点包括：①营运资金的周转速度快、周转期短；②营运资金的流动性强；③营运资金的来源具有灵活多样性；④营运资金的数量具有波动性。

（三）营运资金的管理原则

营运资金的管理原则包括：①保证合理的资金需求；②提高资金使用效率；③节约资金使用成本；④保持足够的短期偿债能力。

（四）营运资金策略

企业必须建立一个框架来评估营运资金管理中的风险与收益的平衡，包括营运资金的投资和融资策略。

1. 流动资产的投资策略

企业流动资产投资策略有以下三种：适中的投资组合、激进的投资组合和保守的投资组合。

（1）适中的投资组合：在保证流动资产正常需要量的情况下，适当保留一定的保险储备量以防不测的组合策略。

（2）激进的投资组合：在激进的投资组合下，企业对流动资产的投资只保留流动资产的正常需要量，不保留保险储备量，以便最大限度地减少流动资产的占用水平，提高企业投资报酬率。

（3）保守的投资组合：与激进的投资组合不一样，保守的投资组合从稳健经营的角度出发，在安排流动资产时，除了保证正常需要量和保险储备量外，还安排了一部分额外的储备量,以最大限度地降低企业的风险。

2.流动资产的筹资策略

(1)配合型筹资策略:永久性流动资产和固定资产以长期筹资方式(负债或权益)来筹集,临时性流动资产使用短期筹资方式来筹集。

(2)激进型筹资策略:企业以长期负债和权益为所有的固定资产融资,仅对一部分永久性流动资产使用长期筹资方式筹资。

(3)稳健型筹资策略:长期筹资支持固定资产、永久性流动资产和某部分临时性流动资产。

二、现金管理

(一)持有现金的动机

持有现金出于三种动机:交易性动机、预防性动机和投机性动机。

(二)现金的成本组成

1.现金的机会成本

现金的机会成本是指企业因持有一定现金余额丧失的再投资收益。

2.现金的管理成本

现金的管理成本是指企业因持有一定数量的现金而发生的管理费用,如管理者工资、安全措施费用等。

3.现金的转换成本

现金的转换成本是指企业用现金购入有价证券以及转让有价证券换取现金时付出的费用,即现金同有价证券之间相互转换的成本,如委托买卖佣金、手续费、过户费等。

4.现金的短缺成本

现金短缺成本是指因现金持有量不足且又无法及时通过有价证券变现得以补充而给企业造成的损失,包括直接损失与间接损失。

(三)最佳现金持有量的确定

现金管理要控制好现金持有的规模,即确定最佳现金持有量。最佳现金持有量是使持有现金的相关总成本最低的现金持有余额。确定最佳现金持有量的模型主要有成本分析模型、存货模型和随机模型等。

1.成本分析模型

成本分析模型只考虑持有一定数量的现金所产生的机会成本和短缺成本,不考虑转换成本。在成本分析模型下,先根据不同现金持有量计算出各相关成本的数值,再计算相关总成本,相关总成本最小的现金持有量即为最佳现金持有量。在成本分析模型下,机会成本是正相关成本,短缺成本是负相关成本。因此,成本分析模型是要找到机会成本、短缺成本所组成的总成本曲线中最低点所对应的现金持有量,把它作为最佳现金持有量。

2. 存货模型

存货模型是指企业在确定最佳现金持有量时，运用存货经济批量的原理来确定企业的现金持有量。

存货模型假设：TC 表示总成本；b 表示现金与有价证券每次的转换成本；T 表示特定时期内的现金需求总额；N 表示最佳现金持有量；i 表示短期有价证券利率，计算公式如下：

$$现金持有成本 = \frac{N}{2} \times i$$

$$现金转换成本 = \frac{T}{N} \times b$$

$$总成本 TC = \frac{N}{2} \times i + \frac{T}{N} \times b$$

$$最佳现金持有量 N = \sqrt{\frac{2Tb}{i}}$$

3. 随机模型（米勒奥尔模型）

随机模型回归线 R 计算公式：

$$R = \left(\frac{3b \times \delta^2}{4i} \right)^{\frac{1}{3}} + L$$

式中：b 为证券转换为现金或现金转换为证券的成本；δ 为公司每日现金流量变动的标准差；i 以日为基础计算的现金机会成本；L 为最低控制线。

最高控制线 H 的计算公式为：

$$H = 3R - 2L$$

（四）现金的日常控制

1. 现金周转期计算公式

现金周转期 = 存货周转期 + 应收账款周转期 - 应付账款周转期

式中：

存货周转期 = 平均存货 ÷ 每天的销货成本

应收账款周转期 = 平均应收账款 ÷ 每天的销售收入

应付账款周转期 = 平均应付账款 ÷ 每天的购货成本

2. 现金收支管理

有效的现金管理方法包括现金流动同步化、合理估计"浮存"、实行内部牵制制度、及时进行现金清查等。

三、应收账款管理

（一）应收账款的概念

应收账款是指企业因赊销产品、材料和提供劳务等应向购货单位或接受劳务单位收取的款项。

应收账款管理就是要制定科学合理的应收账款信用政策，并将这种信用政策所增加的盈利和采用这种政策预计要负担的成本之间进行权衡,以确定合理的应收账款水平。

(二)应收账款的功能

应收账款的功能是指其在生产经营中的作用,主要有以下两方面:①增加销售;②减少存货。

(三)应收账款的成本

应收账款作为企业为增加销售和盈利而进行的投资,必然会发生一定的成本。应收账款的成本主要包括机会成本、管理成本和坏账成本。

1. 应收账款的机会成本

应收账款会占用企业一定量的资金,企业若不把这部分资金投放于应收账款,便可以用于其他投资并可能获得收益,如投资债券获得利息收入。这种因投放于应收账款而放弃其他投资所带来的收益,即为应收账款的机会成本。其计算公式为:

应收账款机会成本=维持赊销业务所需要的资金×资本成本率

维持赊销业务所需要的资金可按下列步骤计算。

(1)计算应收账款周转率。

应收账款周转率=360÷应收账款周转期

(2)计算应收账款平均余额。

应收账款平均余额=赊销收入净额÷应收账款周转率

(3)计算维持赊销业务所需要的资金。

维持赊销业务所需的资金=应收账款平均余额×变动成本率

2. 应收账款的管理成本

应收账款的管理成本主要是指在进行应收账款管理时所增加的费用,主要包括调查顾客信用状况的费用、收集各种信息的费用、账簿的记录费用以及收账费用等。

3. 应收账款的坏账成本

在赊销交易中,债务人由于种种原因无力偿还债务,债权人就有可能无法收回应收账款而发生损失,这种损失就是坏账成本。

(四)信用政策

为了确保企业能一致性地运用信用和保证公平性,企业必须制定恰当的信用政策,必须明确地规定信用标准、信用条件和收账政策三部分内容。

1. 信用标准

信用标准代表企业愿意承担的最大的付款风险的金额。"5C"信用评价系统:品质(character)、能力(capacity)、资本(capital)、抵押(collateral)和条件(condition)五个方面。

2. 信用条件

信用标准是企业评价客户等级,决定给予或拒绝客户信用的依据。一旦企业决定给予客户信用优惠时,就需要考虑具体的信用条件。信用条件就是指企业接受客户信用订单时所提出的付款要求,主要包括信用期限、折扣期限和现金折扣等。信用条件的基本表现方式如"2/10,n/45",即若客户能够在发票开出后的10日内付款,可以享受2%的现金折扣;如果放弃折扣优惠,则全部款项必须在45日内付清。此处,45天为信用期限,10天为折扣期限,2%为现金折扣。

3.收账政策

收账政策是企业向客户催收逾期未付账款所采取的策略。为了保障应收账款的安全回收,协调与客户的关系,企业要谨慎制定收账政策。如果政策过严,催收过急,可能会得罪那些无恶意拖欠货款的客户,而失去后续订单,影响产品销售和利润水平;但收账政策过于宽松,可能会放任部分恶意拖欠货款的客户,而且收款期的延长也会增加企业的信用成本。

四、存货管理

(一)存货的概念与存货管理的目标

存货是指企业在生产经营过程中为销售或者耗用而储备的物资,包括材料、燃料、低值易耗品、在产品、半成品、产成品和商品等。

存货管理的目标,就是要尽力在各种存货成本与存货效益之间做出权衡,在充分发挥存货功能的基础上,降低存货成本,实现两者的最佳组合。

(二)存货的持有成本

1.采购成本

采购成本指为取得某种存货而支出的成本,由买价、运杂费等构成。采购成本一般与采购数量呈正比例变化。

2.订货成本

订货成本是指订购材料、商品而发生的成本。订货成本一般与订货的数量无关,而与订货的次数有关。

3.储存成本

储存成本是指在物资储存过程中发生的仓储费、搬运费、保险费、占用资金支付的利息费等。

4.缺货成本

缺货成本是指由于存货储备不足而给企业造成的经济损失,如由于原材料储备不足造成的停工损失,由于商品储备不足造成销售中断的损失,由于成品供应中断导致延误发货的信誉损失及丧失销售机会的损失等。

(三)最佳经济订货批量的确定

1.经济订货批量模型

经济订货批量又称经济订货量,是指一定时期储存成本和订货成本总和最低的采购批量。存货成本中的储存成本和订货成本与订货量之间具有反向关系。令 A 表示存货全年需求量、Q 表示每批订货量、F 表示每批订货成本、C 表示每件存货的年储存成本,则有:

$$总成本 TC = \frac{Q}{2} \times C + \frac{A}{Q} \times F$$

对上式中 Q 求一阶导数,并令其为零,即得:

$$经济订货批量 Q^* = \sqrt{\frac{2AF}{C}}$$

$$年最佳订货次 = \frac{A}{Q}$$

2.实行数量折扣的经济订货批量模型

在经济订货批量基本模型其他各种假设条件均具备的前提下,存在商业折扣时的存货相关总成本可按下式计算:

$$存货相关总成本 = 采购成本 + 订货成本 + 储存成本$$

实行商业折扣的经济订货批量具体确定步骤如下。

第一步,按照基本经济订货批量模型确定没有商业折扣情况下的经济订货批量。

第二步,计算没有商业折扣下的经济订货批量进货时的存货相关总成本。

第三步,计算给予商业折扣下的订货批量进货时的存货相关总成本。

3.再订货点

为防止存货中断,再订货点应等于交货期内的预计需求与保险储备之和,即

$$再订货点 = 预计交货期内的需求量 + 保险储备$$

保险储备又称安全储备,是指为防止存货需求量突然增加或交货期延误等不确定情况所持有的存货储备,用 S 来表示。

$$S = \frac{1}{2}(mr - nt)$$

$$R = nt + S = \frac{1}{2}(mr + nt)$$

式中:S 表示存货的保险储备;R 表示再订货点;n 表示货物平均每天的正常耗用量;t 表示从发出订单到货物验收完毕正常所用的时间;m 表示预计货物的最大日耗用量;r 表示从发出订单到货物验收完毕预计最长的收货时间。

(四) 存货的控制系统

1.ABC 控制系统

ABC 控制系统就是把企业种类繁多的存货,依据其重要程度、价值大小或者资金占用等标准分为三大类:A 类为高价值库存,品种数量占全部库存的 10%~15%,但价值占全部库存的 50%~70%;B 类为中等价值库存,品种数量占全部库存的 20%~25%,价值占全部库存的 15%~20%;C 类为低价值库存,品种数量多,占全部库存的 60%~70%,价值占全部库存的 10%~35%。A 类库存应作为管理的重点,实行重点控制、严格管理;对 B 类和 C 类库存的重视程度则可依次降低,采取一般管理。

2.适时制库存控制系统

适时制库存控制系统,又称零库存管理、看板管理系统,是指制造企业事先与供应商和客户协调好,只有当制造企业在生产过程中需要原料或零件时,供应商才会将原料或零件送来,而每当产品生产出来就被客户拉走。这样,制造企业的库存持有水平就可以大大下降。

五、短期负债管理

(一) 短期借款

1. 短期借款的概念

短期借款是指企业向银行和其他非银行金融机构借入的期限在1年以内的借款。

2. 短期借款的信用条件

按照国际通行做法,银行发放短期借款往往带有一些信用条件,具体如下。

(1)信贷限额:银行对借款人规定的无担保贷款的最高额。

(2)周转信贷协定:银行具有法律义务地承诺提供不超过某一最高限额的贷款协定。

(3)补偿性余额:银行要求借款企业在银行中保持按贷款限额或实际借用额一定百分比(一般为10%~20%)的最低存款余额。

(4)借款抵押:银行向财务风险较大的企业或对其信誉不甚有把握的企业发放贷款,有时需要有抵押品担保,以减少自己蒙受损失的风险。

(5)偿还条件:贷款的偿还有到期一次偿还和在贷款期内定期(每月、季)等额偿还两种方式。

(6)其他承诺:银行有时还要求企业为取得贷款而做出其他承诺,如及时提供财务报表、保持适当的财务水平(如特定的流动比率)等。

3. 短期借款利息的支付方法

(1)收款法:在借款到期时向银行支付利息的方法。银行向工商企业发放的贷款大都用这种方法收息。

(2)贴现法:银行向企业发放贷款时,先从本金中扣除利息部分,而到期时企业则要偿还贷款全部本金的一种计息方法。

(3)加息法:银行发放分期等额偿还贷款时采用的利息收取方法。

4. 企业对银行的选择

随着金融信贷业的发展,可向企业提供贷款的银行和非银行金融机构增多,企业有更多机会在各贷款机构之间做出选择,以图对自己最为有利。重要的是要获取适宜的借款种类、借款成本和借款条件,此外还应考虑下列有关因素:①银行对贷款风险的政策;②银行对企业的态度;③贷款的专业化程度;④银行贷款政策的稳定性。

(二) 商业信用

1. 商业信用的概念和种类

商业信用的条件是指销货人对付款时间和现金折扣所做的具体规定,主要包括预收货款、延期付款(不涉及现金折扣)和延期付款,但早付款可享受现金折扣。

2. 现金折扣成本的计算

在采用商业信用的形式销售产品时,为鼓励购买单位尽早付款,销货单位往往都规定一些信用条件,这主要包括现金折扣和付款期间两部分内容。如果销货单位提供现金折扣,购买单位应尽量争取获得此项折扣,因为丧失现金折扣的机会成本很高。

放弃现金折扣的成本计算公式为：

$$放弃现金折扣的成本 = \frac{折扣百分比}{1-折扣百分比} \times \frac{360}{信用期-折扣期}$$

商业信用筹资应用方便,筹资成本相对较低,限制条件较少,但期限一般较短。

第四节 财务分析

一、财务分析的概念与内容

(一)财务报表及其作用

财务报表是综合反映一定时期财务状况和一定时期经营成果的文件,是财务会计报告的重要组成部分,是企业向外部传递会计信息的主要途径。财务报表主要包括资产负债表、利润表、现金流量表、所有者权益变动表等及附注。

(二)财务分析的意义与作用

财务分析的意义与作用包括：①正确评价企业过去的经营业绩；②分析企业当前的财务状况和经营成果,揭示财务活动存在的问题；③预测企业未来发展趋势。

(三)财务分析的内容与一般步骤

财务分析的内容主要包括偿债能力分析、营运能力分析、盈利能力分析、发展能力分析四个方面。

财务分析的步骤包括：①明确分析目的；②收集有关信息；③根据分析目的,把整体的各个部分予以划分,使之适合需要；④通过计算、分析,深入研究各个部分的特殊本质以及各个部分间的联系。

(四)财务分析的方法

财务分析的方法主要包括比率分析法和比较分析法。

二、财务指标分析

(一)偿债能力分析

1.短期偿债能力分析

(1)流动比率:企业流动资产与流动负债的比率。其计算公式为：

$$流动比率 = \frac{流动资产}{流动负债} \times 100\%$$

(2)速动比率:企业速动资产与流动负债的比率。其计算公式为：

$$速动比率 = \frac{速动资产}{流动负债} \times 100\%$$

(3)现金比率:企业现金资产与流动负债的比率,它表明每1元流动负债由多少现金资产作为偿还保障。其计算公式为:

$$现金比率 = \frac{货币资金 + 交易性金融资产}{流动负债} \times 100\%$$

2. 长期偿债能力分析

(1)资产负债率:企业负债总额与资产总额的比率。其计算公式为:

$$资产负债率 = \frac{负债总额}{资产总额} \times 100\%$$

(2)股东权益比率:股东权益总额与资产总额的比率,该比率反映企业资产中有多少是所有者投入的。其计算公式为:

$$股东权益比率 = \frac{股东权益总额}{资产总额} \times 100\%$$

(3)权益乘数:股东权益比率的倒数,即资产总额是股东权益的多少倍。其计算公式为:

$$权益乘数 = \frac{资产总额}{股东权益总额}$$

(4)产权比率:又称资本负债率,是负债总额与所有者权益总额的比率。其计算公式为:

$$产权比率 = \frac{负债总额}{所有者权益总额} \times 100\%$$

(5)利息保障倍数:企业息税前利润与利息费用之比。其计算公式为:

$$利息保障倍数 = \frac{息税前利润}{利息费用}$$

(二)营运能力分析

1. 流动资产周转情况分析

(1)应收账款周转率(次数):一定时期内应收账款平均收回的次数。其计算公式为:

$$应收账款周转率 = \frac{营业收入}{平均应收账款余额} \times 100\%$$

(2)存货周转率(次数):一定时期内企业销售成本与存货平均资金占用额的比率。其计算公式为:

$$存货周转率 = \frac{营业成本}{平均存货余额} \times 100\%$$

(3)流动资产周转率:反映企业流动资产周转速度的指标。其计算公式为:

$$流动资产周转率 = \frac{营业收入}{平均流动资产} \times 100\%$$

2.固定资产周转率

固定资产周转率是指企业年销售收入净额与固定资产平均净额的比率。其计算公式为:

$$固定资产周转率 = \frac{营业收入}{平均固定资产净额} \times 100\%$$

3.总资产周转率

总资产周转率是企业销售收入净额与企业资产平均总额的比率。其计算公式为:

$$总资产周转率 = \frac{营业收入}{平均资产总额} \times 100\%$$

(三)盈利能力分析

1.营业利润率

营业利润率是企业一定时期营业利润与营业收入的比率。其计算公式为:

$$营业利润率 = \frac{营业利润}{营业收入} \times 100\%$$

营业利润率越高,表明企业的市场竞争力越强,发展潜力越大,从而获利能力越强。

2.成本费用利润率

成本费用利润率是指企业一定时期利润总额与成本费用总额的比率,反映了企业所得与所耗的关系。其计算公式为:

$$成本费用利润率 = \frac{利润总额}{成本费用总额} \times 100\%$$

3.总资产报酬率

总资产报酬率是企业息税前利润与企业资产平均总额的比率。其计算公式为:

$$总资产报酬率 = \frac{息税前利润}{资产平均总额} \times 100\%$$

4.股东权益报酬率

股东权益报酬率又称净资产收益率,是一定时期企业的净利润与平均股东权益总额的比率。它反映投入资本资金的收益水平,是企业获利能力的核心。其计算公式为:

$$股东权益报酬率 = \frac{净利润}{平均股东权益总额} \times 100\%$$

5.每股收益

每股收益也称每股利润或每股盈余,是公司普通股每股所获得的净利润。其计算公式为:

$$每股收益 = \frac{归属于普通股东的当期净利润}{发行在外的普通股加权平均数}$$

6.每股股利

每股股利是上市公司本年发放的普通股股利总额与年末普通股股份总数的比值。

其计算公式为：

$$每股股利 = \frac{普通股股利总额}{年末普通股股份总数}$$

7. 每股净资产

每股净资产，又称每股账面价值，是指企业净资产与发行在外的普通股股数之间的比率。其计算公式为：

$$每股净资产 = \frac{股东权益总额}{发行在外的普通股股数}$$

8. 市盈率

市盈率是股票每股市价与每股收益的比率。其计算公式为：

$$市盈率 = \frac{每股市价}{每股收益} \times 100\%$$

9. 市净率

市净率是每股市价与每股净资产的比率，是投资者用以衡量、分析个股是否具有投资价值的工具之一。其计算公式为：

$$市净率 = \frac{每股市价}{每股净资产} \times 100\%$$

（四）发展能力分析

1. 营业增长率

营业增长率是企业本年营业收入增长额与上年营业收入总额的比率。它反映企业营业收入的增减变动情况，是评价企业成长状况和发展能力的重要指标。其计算公式为：

$$营业增长率 = \frac{本年营业增长率}{上年营业收入总额} \times 100\%$$

2. 利润增长率

利润增长率是指企业本年利润总额增长额与上年利润总额的比率，它反映企业本期利润的增长情况。其计算公式为：

$$利润增长率 = \frac{本年营业利润增长率}{上年营业利润总额} \times 100\%$$

3. 总资产增长率

总资产增长率是指企业本年总资产增长额与年初资产总额的比率，它反映企业本期资产规模的增长情况。其计算公式为：

$$总资产增长率 = \frac{本年总资产增长额}{年初资产总额} \times 100\%$$

4. 资本积累率

资本积累率是企业本年所有者权益增长额与年初所有者权益的比率。其计算公式为：

$$资本积累率 = \frac{本年所有者权益增长额}{年初所有者权益} \times 100\%$$

上述四项财务比率分别从不同的角度反映了企业的发展能力。

三、财务综合分析

（一）杜邦分析法

1. 杜邦分析法的概念和特点

杜邦分析法是利用各主要财务比率指标间的内在联系，对企业财务状况及经济效益进行综合系统分析和评价的方法，该体系是以净资产收益率为龙头，以总资产报酬率和权益乘数为核心，重点揭示企业获利能力及其前因后果。

2. 杜邦分析法原理

杜邦分析法各主要指标之间的关系如下：

$$股东权益报酬率 = \frac{净利润}{股东权益} = 销售净利率 \times 总资产周转率 \times 权益乘数$$

本章内容拓展

学习总结

（二）沃尔评分法

1. 沃尔评分法的概念

沃尔评分法的基本原理是将选定的具有代表性的财务指标与行业平均值（或标准值）进行比较，以确定公司各项指标占标准值的比重，并结合标准分值来确定公司的实际分值。

本章习题

2. 沃尔评分法应用的程序

沃尔评分法应用的程序如下：①正确选择评价指标中的财务比率，这些指标包括偿债能力、营运能力和盈利能力三类；②根据各财务比率的重要程度，确定财务指标的标准评分值，各项财务比率的标准评分值之和应等于100分；③确定评价指标中各财务比率评分值的上限和下限；④确定各项财务比率的标准值；⑤计算企业各项财务比率的实际值；⑥计算出各项财务比率实际值与标准值的比率，即相对比率；⑦计算出各项财务比率的实际得分。

如果综合得分接近100分，说明企业财务状况良好，符合或高于行业平均水平；如果综合得分远低于100分，说明企业财务状况存在问题，财务能力较差；如果综合得分远远高于100分，说明企业财务状况较为理想。

第十四章
营销管理

知识目标

1. 明确从企业角度定义的市场概念,掌握市场营销的内涵。
2. 领会和理解市场营销管理哲学及其演进。
3. 认识市场营销学的学科性质,明确战略规划与市场营销管理过程内容。
4. 认识市场营销管理对企业经济活动的意义,知晓市场营销管理与市场营销组合。

能力目标

1. 总结和发现问题的能力。
2. 综合运用知识分析和解决问题的能力。
3. 培养学生在学习市场营销管理对企业经济活动的意义实践及认知能力。

经济管理情境

　　企业经营的成功不是取决于生产者,而是取决于顾客。营销管理是连接社会需求与企业反应的中间环节,是企业用来把顾客需求和市场机会变成有利可图的企业机会的一种行之有效的方法,亦是企业战胜竞争者、谋求发展的重要方法。营销管理对社会经济发展的作用:市场营销对适时、适地、以适当价格把产品从生产者传递到顾客手中,求得生产与消费在时间、地区的平衡,从而促进社会总供需的平衡起着重大的作用。在市场经济社会中,生产出来的东西如果不通过交换,没有营销管理,产品就不可能自动传递到广大顾客手中。同时,市场营销管理对实现我国现代化建设,发展我国各领域的经济,起着巨大的作用。

第一节　市场与市场营销

一、市场及其相关概念

市场营销在一般意义上可理解为与市场有关的人类活动。因此，首先要了解市场及其相关概念。

（一）从多角度理解市场

在日常生活中，人们习惯将市场看做是买卖的场所，如集市、商场、纺织品批发市场等，这是一个时空市场概念。

经济学家从揭示经济实质角度提出市场概念。他们认为市场是一个商品经济范畴；是商品内在矛盾的表现；是供求关系；是商品交换关系的总和；是通过交换反映出来的人与人之间的关系。因此，哪里有社会分工和商品生产，哪里就有市场。市场是为完成商品形态变化，在商品所有者之间进行商品交换的总体表现。这是抽象市场概念。

管理学家则侧重从具体的交换活动及其运行规律去认识市场。在他们看来，市场是供需双方在共同认可的一定条件下所进行的商品或劳务的交换活动。如美国学者奥德森（W.Alderson）和科克斯（R.Cox）认为：广义的市场概念，包括生产者和消费者之间实现商品和劳务的潜在交换的任何一种活动。

营销学家菲利普·科特勒（Philip Kotler）则进一步指出：市场是由一切具有特定欲望和需求并且愿意和能够以交换来满足这些需求的潜在顾客所组成。因此，市场规模的大小，由具有需求拥有他人所需要资源，且愿意以这些资源交换其所需的人数而定。从企业立场看，市场是外在的、无法控制的（尽管是可以影响的）；它是交换的场所和发展增值关系的场所。

将上述市场概念进行简单综合和引申，可以得到市场较为完整的认识。

（1）市场是建立在社会分工和商品生产基础上的交换关系。

（2）现实市场的形成要有若干基本条件。这些条件包括：①消费者（用户）一方需要或欲望的存在，并拥有其可支配的交换资源；②存在由另一方提供的能够满足消费者（用户）需求的产品或服务；③要有促成交换双方达成交易的各种条件，如双方接受的价格、时间、空间、信息和服务方式等。

（3）市场的发展是一个由消费者决定，而由生产者推动的动态过程。

站在营销者角度，人们常常将卖方称为行业，而将买方称为市场。它们之间的关系如图14.1所示。

这里，买卖双方有四种流动相连：卖方将商品（服务）送达市场，并与市场沟通；买方把金钱和信息送到行业。图中，内环表示钱物交换，外环表示信息交换。

图 14.1　简单的市场营销系统

（二）市场营销的构成要素

市场包含三个主要因素：有某种需要的人、为满足这种需要的购买力和购买欲望。用公式来表示就是：

$$市场＝人口＋购买力＋购买欲望$$

市场的这三个因素是相互制约、缺一不可的，只有三者结合起来才能构成现实的市场，才能决定市场的规模和容量。

二、市场营销的含义

（一）市场营销的概念

著名营销学家菲利普·科特勒教授将市场营销定义为个人和群体通过创造并同他人交换产品和价值以满足需求和欲望的一种社会和管理过程。

根据这一定义，可以将市场营销概念具体归纳为下列要点：

(1) 市场营销的最终目标是"满足需求和欲望"；

(2) "交换"是市场营销的核心，交换过程是一个主动、积极寻找机会，满足双方需求和欲望的社会过程和管理过程；

(3) 交换过程能否顺利进行，取决于营销者创造的产品和价值满足顾客需求的程度和交换过程管理的水平。

（二）市场营销与销售或推销、促销的关系

市场营销不同于销售或推销、促销。现代企业市场营销活动包括市场营销研究、市场需求预测、新产品开发、定价、分销、物流、广告、人员推销、销售促进、售后服务等，而销售或推销、促销仅仅是现代企业营销活动的一部分，而且不是最重要的部分。

（三）市场营销的相关概念

1. 需要、欲望和需求

需要和欲望是市场营销活动的起点。需要是指没有得到某些基本满足的感受状态，是人类与生俱来的。如人们为了生存对食品、衣服、住房，以及安全、归属、受人尊重等的需要。这些需要存在于人类自身生理和社会之中，市场营销者可用不同方式去满足它，但不能凭空创造。欲望是指想得到上述基本需要的具体满足品的愿望，是个人受不同文化及社会环境影响表现出来的对基本需求的特定追求。市场营销者无法创造需要，但可以影响欲望，开发及销售特定的产品或服务来满足欲望。需求是指人

们有能力购买并愿意购买某个具体产品的欲望。需求实际上也就是对某种特定产品及服务的市场需求。市场营销者总是通过各种营销手段来影响需求,并根据对需求的预测结果决定是否进入某一产品(服务)市场。

2.产品

产品是能够满足人的需要和欲望的任何东西。产品的价值不在于拥有它,而在于它给我们带来的欲望上的满足。产品实际上只是获得服务的载体。这种载体可以是物,也可以是服务,如人员、地点、活动、组织和观念。

3.效用、费用和满足

效用是顾客对产品满足其需要的整体能力的评价。顾客通常根据这种对产品价值的主观评价和要支付的费用来作出购买决定。

4.交换、交易和关系

交换是指从他人处取得所需之物,而以某种东西作为回报的行为。人们对满足需求或欲望之物的取得,可以通过各种方式,如自产自用、强取豪夺、乞讨和交换等方式。其中,只有交换方式才存在市场营销。交换的发生,必须具备五个条件:至少有交换双方;每一方都有对方需要的有价值的东西;每一方都有沟通和运送货品的能力;每一方都可以自由地接受或拒绝;每一方都认为与对方交易是合适或称心的。交易是过程的基本组成单位,是交换双方之间的价值交换。交换是一种过程,在这个过程中,如果双方达成一项协议,就称为发生了交易。交易通常有两种方式:一是货币交易;二是非货币交易,包括以物易物、以服务易服务的交易等。一项交易通常要涉及几个方面:至少两件有价值的物品;双方同意的交易条件、时间、地点;有法律制度来维护和促使交易双方履行承诺。

一些学者将建立在交易基础上的营销称为交易营销。为使企业获得较之交易营销所得到的更多,就需要关系营销。关系营销是市场营销者与顾客、分销商、供应商等建立、保持并加强合作关系,通过互利交换及共同履行诺言,使各方实现各自目的的营销方式。与顾客建立长期合作关系是关系营销的核心内容。与各方保持良好的关系要靠长期承诺和提供优质产品、良好服务和公平价格,以及加强经济、技术和社会各方面联系来实现。关系营销可以节约交易的时间和成本,使市场营销宗旨从追求每一笔交易利润最大化转向追求各方利益关系的最大化。

5.市场营销与市场营销者

在交换双方中,如果一方比另一方更主动、更积极地寻求交换,我们就将前者称为市场营销者,后者称为潜在顾客。换句话说,所谓市场营销者,是指希望从别人那里取得资源并愿意以某种有价值的东西作为交换的人。市场营销者可以是卖方,也可以是买方。当买卖双方都表现积极时,我们就把双方都称为市场营销者,并根据这种情况称为相互市场营销。

三、市场营销与企业职能

迄今为止,市场营销的主要应用于企业。

在市场经济体系中,企业存在的价值在于它能否有效地提供满足他人(顾客)需要的商品。因此,管理学大师彼得·德鲁克指出:企业的基本职能只有两个,这就是市场营销和创新。这是因为：

（1）企业作为交换体系中的一个成员，必须以对方(顾客)的存在为前提；

（2）顾客决定企业的本质，只有顾客愿意花钱购买产品和服务，才能使企业资源变成财富；

（3）企业最显著、最独特的职能是市场营销。

因此，市场营销不仅以其创造产品或服务的市场而将企业与其他人类组织区分开来，而且不断促进企业将市场营销概念贯彻于每一个部门，将市场营销作为企业首要的核心。

第二节　市场营销管理哲学

现代市场营销学具有强烈的"管理导向"，即从管理决策的角度研究营销者(企业)的市场营销问题。企业的市场营销活动是在特定的市场营销哲学或经营观念指导下进行的，市场营销哲学作为企业市场营销活动的基本指导思想，对企业经营成败具有决定性意义。本节通过介绍市场营销管理的实质与任务、市场营销管理哲学在实践中的演变历程及现代市场营销观念的基本特征，使学生树立正确的市场营销观念并用其指导营销实践活动，最终实现顾客满意。

一、市场营销管理

（一）市场营销管理的含义

市场营销管理是指为了实现企业目标，创造、建立和保持与目标市场之间的互利交换的关系，而对设计方案进行分析、计划、执行和控制。

（二）市场营销管理的任务

1. 市场营销管理的基本任务

市场营销管理的基本任务是为了达到企业目标，通过营销调研、计划、执行与控制过程，来管理目标市场的需求水平、时机和构成。市场营销管理的实质是需求管理。

2. 市场营销管理的具体任务

市场营销管理的具体任务随着目标市场的不同需求状况而有所不同。营销者必须善于应对各种不同的需求状况，调整相应的营销管理任务。

八种典型的不同需求状况下的市场营销管理任务具体如下。

（1）负需求：绝大多数人对某个产品感到厌恶，甚至愿意出钱回避它的一种需求状况。此时营销管理的任务是改变市场营销。如种牛痘、拔牙。

（2）无需求：目标市场对产品毫无兴趣或漠不关心的一种需求状态。此时营销管理的任务是刺激市场营销。如农场主对一件新式农具可能无动于衷。

（3）潜伏需求：顾客对市场商品和服务有消费需求而无购买力，或虽有购买力但并不急于购买的需求状况。此时营销管理的任务是开发市场营销。如无害香烟、安全的居住区、节油汽车的需求。

(4)下降市场需求：市场对一个或几个产品的需求呈下降趋势的一种需求状况。此时营销管理的任务是重振市场营销。如私立学校收到的入学申请书寥寥无几。

(5)不规则需求：某些物品或服务的市场需求在一年不同季节，或一周不同日子甚至一天不同时间上下波动很大的一种需求状况。此时营销管理的任务是协调市场营销。如平时与假日的公园、交通的低潮与高峰期。

(6)充分需求：某种物品或服务的目前需求水平和时间等于预期的需求水平和时间的一种需求状况。此时营销管理的任务是维持市场营销。

(7)过量需求：某种物品或服务的市场需求超过了企业所能供给或愿意供给的水平的一种需求状况。此时营销管理的任务是减少市场营销。如高峰期的旅游景点、大桥的超安全载量运行。

(8)有害需求：市场对某些有害物品或服务的需求。此时营销管理的任务是反市场营销。如烟、酒、毒品、暴力电影的需求。

二、市场营销管理哲学概述

(一)市场营销管理哲学的含义

市场营销管理哲学是指企业对其营销活动及管理的基本指导思想。它是一种观念、一种态度或是一种企业思维方式。

市场营销管理哲学的核心是正确处理企业、顾客和社会三者之间利益关系。随着生产和交换向纵深发展，以及社会、经济与市场环境的变迁和企业经营经验的积累，市场营销管理观念发生了深刻的变化。这种变化的基本轨迹是由企业利益导向转变为顾客利益导向，再发展到社会利益导向。

(二)市场营销管理哲学的演进

1. 以企业为中心的观念

以企业为中心的市场营销观念，是以企业利益为根本取向和最高目标来处理营销问题的观念，主要包括以下几种。

(1)生产观念：顾客喜欢那些随处得到的、价格低廉的产品。所以企业应致力于获得较高的生产效率和广泛的销售覆盖面。其典型的表现就是企业生产什么就卖什么。

生产观念是一种最古老的营销管理观念，该观念盛行于19世纪末20世纪初的西方国家。当时，资本主义国家处于工业化初期，市场需求旺盛，企业只要提高产量、降低成本便可获得丰厚的利润。因此企业的中心问题是扩大生产物美价廉的产品，强调"以量取胜"，而不必过多关注市场需求差异。

生产观念一般适用于物资短缺、产品供不应求的市场状态。除此之外，当某种产品具有良好的市场前景但生产成本很高，必须通过提高生产率、降低成本来扩大市场时，企业也会奉行生产观念。

生产观念是一种重生产、轻市场的观念。在物资紧缺、产品供不应求的年代也许能创造奇迹,但随着生产的发展、供求的变化,这种观念会使企业陷入困境。

(2)产品观念:顾客最喜欢高质量、多功能和具有某些特色的产品。故企业应致力于生产优质产品,并不断地改进产品使之日臻完善。

产品观念产生于市场产品供不应求的卖方市场状态下,它比生产观念多了一层竞争的色彩,并且考虑到了顾客对产品质量、性能、特色和价格方面的期望。持产品观念的企业假设顾客欣赏精心制作的产品,相信他们能够鉴别产品的质量和功能,并愿意出较高的价格购买质量上乘的产品,强调以质取胜、以廉取胜。换言之,只要企业生产出优质产品,顾客必然会找上门来,正所谓的"酒好不怕巷子深"。

产品观念也是典型的以产定销,它与生产观念几乎同期盛行。需要特别注意的是,该观念极容易导致"营销近视症",即不适当地把注意力放在产品上,而不是放在需要上。如企业开发了一项新产品,或保有某些名牌产品时,往往坚信自己的产品将在市场上经久不衰,把注意力全部集中在现有产品上,忽视掌握市场需求动态,以至于没有意识到市场需求正在发生变化,或产品已被其他竞争产品替代,致使企业产品销售下降而最终陷入困境。大量事实证明,经久耐用、货真价实的产品并不会永远畅销。

(3)推销观念:如果对顾客置之不理,他们就不会大量购买本组织的商品,所以企业必须进行大量的推销和促销努力。换言之,企业只要努力推销什么产品,顾客就会更多地购买什么产品。

推销观念产生于西方国家由卖方市场向买方市场的过渡阶段。1920—1945年,由于科技进步,科学管理和大规模生产的推广,产品产量迅速增加,逐渐出现了市场商品供过于求、买主之间竞争激烈的新形势。许多企业感到,即使有物美价廉的产品也未必能卖得出去。企业要在激烈的市场竞争中求得生存和发展,就必须重视推销工作。

推销观念十分注意运用推销术和广告术,向现有买主和潜在买主大肆兜售产品,以期压倒竞争者,提高市场占有率,取得丰厚的利润。由于这种强调推销的观念其口号仍然是"我卖什么,你就买什么",与生产观念和产品观念没有本质的区别,至于售后顾客是否满意等内容不是主要的。

推销观念常用于推销非渴求商品,如保险、墓地、百科全书;也可用于推销渴求商品,如汽车等;还可用于非营利领域,如政治党派、学校招生机构、基金筹募业;或产品过剩时期等。

实践证明,奉行推销观念,着力推销和做广告,对企业的销售工作具有积极的促进作用。但若生产出来的产品市场需求已经饱和或不适销对路,即使大力推销也无济于事,这就促使企业必须转变经营观念。

2.以顾客为中心的观念

以顾客为中心的观念,即市场营销观念,是指实现组织诸目标的关键在于正确确定目标市场的需要和欲望,并且比竞争对手更有效、更有力地传送目标市场所期望满足的东西。

在市场营销观念指导下,企业考虑问题的逻辑顺序是从反映在市场上的消费需求出发,按照目标顾客的需求与欲望有效地去组织生产和销售。顾客需要什么产品,企业就生产和销售什么产品。企业的主要目标不是单纯追求销售量的短期增长,而是着眼于长久占领市场阵地。流行的口号是"顾客至上""哪里有顾客的需要,哪里就有我们的机会"。企业十分重视市场调研,在消费需求的动态变化中不断发现那些尚未得到满足的市场需求(包括潜在的或潜意识的需求),并集中企业一切资源和力量,千方百计地去适应和满足这种需要,从而在顾客满意中不断扩大市场销售,长久地获取丰厚的利润。

第二次世界大战后,尤其是20世纪50年代以来,西方先进企业的经营思想由推销观念发展成为市场营销观念。这种革命性的演变,一方面是由于买方市场态势的出现:许多产品供过于求的态势进一步发展,需求变化频率进一步加快,市场竞争激烈,迫使企业不得不改弦易辙;另一方面,也是资本主义企业经营管理的实践经验不断总结和积累的结果。

市场营销观念有四个主要支柱:目标市场、顾客需求、协调营销、盈利性。从本质上说,市场营销观念是一种以顾客需要和欲望为导向的哲学,是消费者主权论在企业市场营销管理中的体现。

3. 以社会长远利益为中心的观念——社会营销观念

以社会长远利益为中心的观念,即社会营销观念,是指组织的任务是确定目标市场的需求、欲望和兴趣,并以保护或者提高顾客和社会福利的方式,比竞争者更有效、更有利地向目标市场提供所期待的满足。

社会营销观念是对市场营销观念的修改和补充。它产生于20世纪70年代西方资本主义国家出现能源短缺、通货膨胀、失业增加、环境污染严重、消费者保护运动盛行的新形势下。1971年,杰拉尔德·蔡尔曼和菲利普·科特勒最早提出了"社会市场营销"的概念,促使人们将市场营销原理运用于保护环境、改善营养、使用安全等具有重大推广意义的社会目标方面。

该观念强调企业在确定营销政策时应考虑到企业利益、顾客需求的满足和公共利益三者间的平衡,并对市场营销观念的四个支柱内容作了一定的修正。

(三)市场营销管理新旧哲学的比较与分析

上述市场营销管理哲学(观念)也可归纳为市场营销的旧观念和新观念,生产观念、产品观念、推销(销售)观念一般为旧观念,是以企业为中心的观念;市场营销观念和社会营销观念一般为新观念,是以市场为中心的观念。西奥多·莱维特(Theodore Levitt)曾以推销观念与市场营销观念为代表,比较了新旧观念的区别(表14.1)。

表14.1 市场营销管理新旧观念的比较

类型	出发点	中心	方法	目标
推销观念	厂商	产品	推销和促销	以扩大消费需求获取利润
市场营销观念	目标市场	顾客满意	整体营销	以满足消费需求创造利润

上述两类、五种市场营销观念的产生与存在,各有其必然性和合理性,都是与一定的生产力发展水平、一定的商品供求状况和企业规模等相联系、相适应的。尽管它们在历史上是依次出现的,但并不能认为就是此生彼亡的关系。同一个时期,不同的企业往往会有不同的经营观念。我们一方面应当大力倡导具有现代意识的市场营销观

念、社会营销观念(需说明的是,这并不意味着可以忽视科技进步和放松生产管理);另一方面也要看到,在商品经济不够发达、一些产品长期供不应求的情况下,生产观念、产品观念、推销观念还会在某些行业、许多企业普遍存在。问题在于,这类企业不能固守这些传统观念,而应努力体现营销观念的要求,并随着生产力的发展、供求态势的变化,及时调整自己的经营思想。

总之,无论奉行哪一种市场营销观念,都应当兼顾买者、卖者、公众这三种力量对营销活动的关注和要求,既要考虑满足买者的需要与欲望,考虑卖者扩大销售、增加利润的目标,也须务求产品安全可靠、价格公道合理、促销诚实有信、不滥用资源、不污染环境。这样一种高水平的市场营销,才有助于保证企业的长远利益,实现社会主义生产的目的,创造良好的社会环境,提高现代文明水平。

三、顾客满意概述

(一) 顾客满意的含义

顾客满意(customer satisfaction,CS)是顾客的一种感觉状态的水平,它来源于对一件产品所设想的绩效或产出与顾客的期望所进行的比较。

顾客满意于20世纪80年代兴起于美国,90年代成为一种潮流。其中心思想是要站在顾客的立场上考虑和解决问题,要把顾客的需要和满意放到一切考虑因素之首。

研究表明,顾客满意既是影响顾客本人再购买的基础,也是影响其他顾客购买的要素。顾客满意水平状态主要有三种:不满意、满意、十分满意。在激烈的市场竞争中,高度的满意能使品牌对顾客有一种的感情上的吸引力。

(二) 实施顾客满意战略的途径

1. 开发顾客满意的产品

顾客满意战略要求企业的全部经营活动都要以满足顾客的需要为出发点,所以企业必须了解顾客,即要调查他们的现实和潜在的需求,分析他们购买的动机和行为、能力和水平,研究他们的消费传统和习惯、兴趣和爱好。只有这样,企业才能科学地确定产品的开发方向和生产数量,准确地选择服务的具体内容和重点对象,把顾客需求作为具体内容和重点对象。把顾客需求作为企业开发产品的源头是实施顾客满意战略较重要的一环。比如,有人总结出吸引老年人的商品主要有以下特征:舒适、安全、便于操作、利于交际以及体现传统价值观。夏普电器公司通过调查统计发现,购买该公司微波炉的老年顾客仅占顾客总人数的三分之一,其原因是他们觉得微波炉的操作十分复杂。因此,该公司在某种微波炉上增设了一块易于操作的控制面板,此后,购买这种微波炉的老年顾客日益增多。

想要招徕年轻的消费者,则要注意产品和服务的教育性或娱乐性,同时应是保护地球和人类生存环境的无公害、无污染的绿色产品。随着全球经济的发展,地球生态平衡遭到了严重破坏,人们已感到生活在一个不安全、不健康的环境中,故而环境保护意识开始觉醒。大多数人在购买商品时更多地从自身健康、安全和是否有利于环境来加以选择,他们宁愿多付10%的价钱购买对环境无害、对自身健康有利的商品。40%

的欧洲人更喜欢购买环保产品而不是传统产品。于是一些颇有眼光的商人开始转变其传统营销战略,在传统营销方式上加上环保因素,即企业从选择生产技术到产品设计、材料选择、包装方式、废弃物的处置方式,直至产品消费过程,都注意对环境的保护。因此,企业要多设计、生产出可回收、易分解、部件或整机可翻新和循环利用的产品,以满足当今年轻人的需要。例如,一些汽车公司正在改变生产方式,设计生产出各种节省燃料、原材料可以回收、噪声较低的汽车。宝马公司汽车可回收零部件已占到汽车重量的80%,公司进一步把该目标定为95%。

2. 提供顾客满意的服务

提供顾客满意的服务,即不断完善服务系统,最大限度地使顾客感到安心和便利。为此,企业需做好如下工作:

(1)在价格设定方面,要力求公平价格、明码标价、优质优价和基本稳定;

(2)在包装方面,一要安全,二要方便,不要让顾客买回商品使用时感到不方便、不称心;

(3)经营中要足斤足尺,童叟无欺;

(4)在售后服务方面,一要询问,二要帮助安装,三要传授使用技术,四要提供零配件,帮助维修。

服务方面令顾客满意的例子很多。例如:生产碾米机的湖南江南民用机械厂,收到一四川用户来信要求修机,虽然厂里有人认为路途太远,为修一台机器花那么多旅费不划算,但厂长认为,花几个钱事小,对用户心诚事大,于是立即派人前去修理。西安秦川汽车销售公司业务员以良好的服务态度和形象对待每一位客人。一次,一个贵州客户带着现金来公司买车,由于零配件未到,公司除了几辆样车外无车可卖,这怎么办?按一般做法,是让顾客留下地址,等有了车再联系。但该公司并不让顾客失望地回去,而是从样车中选出一辆交给了顾客。这使得顾客很感动,后来这个顾客成了"西安奥拓"汽车的义务广告员,经他介绍,有好几个顾客来买车。

热情、真诚、为顾客着想的服务给顾客带来满意,而令人满意又是顾客再次上门的主要因素。生意是否成功,就要看顾客是否会再次上门。美国哈佛商业杂志发表的一项研究报告指出:公司利润的25%~85%来自再次光临的顾客,而吸引他们再来的因素,首先是服务质量的好坏,其次是产品本身,最后才是价格。"据美国汽车业的调查,一个满意的顾客会引发8笔潜在生意,其中至少有1笔成交;而一个不满意的顾客会影响25个人的购买意愿。争取一位新顾客所花的成本是保住一位老顾客所花成本的6倍。有一位名叫吉拉德的德国汽车经销商,每个月要寄出13000张卡片,任何一位从他那里购买汽车的顾客每月都会收到有关购后情况的询问,这一方法让他生意兴隆。我国著名作家冯骥才在一家商场买了一双皮鞋,回到住所后发觉鞋紧了一些,便抱着试试看的想法,到商场提出退换。商场当即把钱全额退还,并找了一双合适的鞋送给冯骥才。最后还向他鞠躬致意,连称:"我们的服务不周,给您带来了不便,耽误了您的宝贵时间。"这家商场把服务做到了最细微处,可见其处处为顾客着想的精神和经营作风。

3. 进行顾客满意观念教育

进行顾客满意观念教育,即对企业全体员工进行顾客满意观念教育,使"顾客第一"的观念深入人心,使全体员工能真正了解和认识到顾客满意行动的重要性,并形成与此相适应的企业文化,一种对顾客充满爱心的观念和价值观。

4. 建立顾客满意分析方法体系

建立顾客满意分析方法体系,即用科学的方法和手段来检测顾客对企业产品和服务的满意程度,及时反馈给企业管理层,为企业不断改进工作,及时、真正地满足顾客的需要服务。

以服务取胜的时代的企业活动的基本准则应是使顾客满意。在信息社会,企业要保持技术上的优势和生产率的领先已经越来越不容易,企业必须把工作重心转移到顾客身上。从某种意义上说,使顾客满意的企业才是不可战胜的,永远成功的。

四、顾客让渡价值

(一)顾客让渡价值的含义

顾客让渡价值是指顾客购买的总价值与顾客购买的总成本之间的差额。其中:顾客购买的总价值是顾客购买某一产品与服务所期望获得的一组利益,包括产品价值、服务价值、人员价值和形象价值等;顾客购买的总成本是指顾客为购买某一产品所耗费的时间、精神、体力及所支付的货币资金等,包括货币成本、时间成本、精神成本、体力成本等。

由于顾客在购买产品时,总希望把成本(包括货币、时间、精神和体力等成本)降到最低,而同时又希望从中获得更多的实际利益,以使自己的需要得到最大限度的满足,因此,顾客在选购产品时,往往从价值与成本两个方面进行比较分析,从中选择出价值最高、成本最低,即顾客让渡价值最大的产品作为优先选购的对象。

企业为在竞争中战胜对手,吸引更多的潜在顾客,就必须向顾客提供比竞争对手具有更多顾客让渡价值的产品,这样,才能提高顾客满意程度,进而更多地购买本企业的产品。为此,企业可从两个方面改进自己的工作:一是通过改进产品、服务、人员与形象,提高产品的总价值;二是通过改善服务与促销网络系统,减少顾客购买产品的时间、精神与体力的耗费,从而降低货币与非货币成本。

(二)顾客购买的总价值

顾客获得更大顾客让渡价值的途径之一,是增加顾客购买的总价值。顾客总价值由产品价值、服务价值、人员价值和形象价值构成,其中每一项价值的变化均对总价值产生影响。

1. 产品价值

产品价值是由产品的功能、特性、品质、品种与式样等所产生的价值,它是顾客需要的中心内容,也是顾客选购产品的首要因素。一般情况下,产品价值是决定顾客总价值大小的关键和主要因素。产品价值是由顾客需要来决定的,在分析产品价值时应注意:①在经济发展的不同时期,顾客对产品的需要有不同的要求,构成产品价值的要素以及各种要素的相对重要程度也会有所不同;②在经济发展的同一时期,不同类型的顾客对产品价值也会有不同的要求,在购买行为上显示出极强的个性特点和明显的需求差异性。因此,这就要求企业必须认真分析不同经济发展时期顾客需求的共同特点及同一发展时期不同类型顾客需求的个性特征,并据此进行产品的开发与设计,增强产品的适应性,从而为顾客创造更大的价值。

2.服务价值

服务价值是指伴随产品实体的出售,企业向顾客提供的各种附加服务,包括产品介绍、送货、安装、调试、维修、技术培训、产品保证等所产生的价值。服务价值是构成顾客总价值的重要因素之一。在现代市场营销实践中,随着顾客收入水平的提高和消费观念的变化,顾客在选购产品时,不仅注意产品本身价值的大小,而且更加重视产品附加价值的大小。特别是在同类产品的质量与性质大体相同或类似的情况下,企业向顾客提供的附加服务越完备,产品的附加价值越大,顾客从中获得的实际利益就越大,从而购买的总价值越大;反之,则越小。因此,在提供优质产品的同时,向顾客提供完善的服务,已成为现代企业市场竞争的新焦点。

3.人员价值

人员价值是指企业员工的经营思想、知识水平、业务能力、工作效益与质量、经营作风、应变能力等所产生的价值。企业员工直接决定着企业为顾客提供的产品与服务的质量,决定着顾客总价值的大小。一个综合素质较高又具有顾客导向经营思想的工作人员,会比知识水平低、业务能力差、经营思想不端正的工作人员为顾客创造更高的价值,从而创造更多的顾客满意,进而为企业创造市场。人员价值对企业、对顾客的影响作用是巨大的,并且这种作用往往是潜移默化、不易度量的。因此,高度重视企业人员综合素质与能力的培养,加强对员工日常工作的激励、监督与管理,使其始终保持较高的工作质量与水平就显得至关重要。

4.形象价值

形象价值是指企业及其产品在社会公众中形成的总体形象所产生的价值。包括企业的产品、技术、质量、包装、商标、工作场所等所构成的有形形象所产生的价值,企业及其员工的职业道德行为、经营行为、服务态度、作风等行为形象所产生的价值,以及企业的价值观念、管理哲学等理念形象所产生的价值等。形象价值与产品价值、服务价值、人员价值密切相关,在很大程度上是上述三个方面价值综合作用的反映和结果,形象对于企业来说是宝贵的无形资产,良好的形象会对企业的产品产生巨大的支持作用,赋予产品较高的价值,从而带给顾客精神上和心理上的满足感、信任感,使顾客的需要获得更高层次和更大限度的满足,从而增加顾客购买的总价值。因此,企业应高度重视自身形象塑造,为企业进而为顾客带来更大的价值。

(三)顾客购买的总成本

使顾客获得更大顾客让渡价值的另一途径,是降低顾客购买的总成本。顾客总成本不仅包括货币成本,而且还包括时间成本、精神成本、体力成本等非货币成本。一般情况下,顾客购买产品时首先要考虑货币成本的大小,因此,货币成本是构成顾客总成本大小的主要和基本因素。在货币成本相同的情况下,顾客在购买时还要考虑所花费的时间、精神、体力等成本,因此这些成本也是构成顾客总成本的重要因素。这里我们主要考察后面几种成本。

1. 时间成本

在顾客总价值与其他成本一定的情况下,时间成本越低,顾客购买的总成本越小,从而顾客让渡价值越大。如以服务企业为例,顾客为购买餐馆、旅馆、银行等服务行业所提供的服务时,常常需要等候一段时间才能进入正式购买或消费阶段,特别是在营业高峰期更是如此。在服务质量相同的情况下,顾客等候购买该项服务的时间越长,所花费的时间成本越大,购买总成本就会越大。同时,等候时间越长,越容易引起顾客对企业的不满,从而中途放弃购买的可能性亦会增大;反之亦然。因此,努力提高工作效率,在保证产品与服务质量的前提下,尽可能减少顾客的时间支出,降低顾客的购买成本,是为顾客创造更大顾客让渡价值、增强企业产品市场竞争能力的重要途径。

2. 精力成本(精神与体力成本)

精力成本是指顾客购买产品时,在精神、体力方面的耗费与支出。在顾客购买的总价值与其他成本一定的情况下,精神与体力成本越小,顾客为购买产品所支出的总成本就越低,从而顾客让渡价值越大。因为顾客购买产品的过程是一个从产生需求、寻找信息、判断选择、决定购买到实施购买,以及购后感受的全过程。在购买过程的各个阶段,均需付出一定的精神与体力。如当顾客对某种产品产生了购买需求后,就需要搜集该种产品的有关信息。顾客为搜集信息而付出的精神与体力会因购买情况的复杂程度而有所不同。就复杂购买行为而言,顾客一般需要广泛全面地搜集产品信息,因此需要付出较多的精神与体力。对于这类产品,如果企业能够通过多种渠道向潜在顾客提供全面详尽的信息,就可以减少顾客为获取产品情报所花费的精神与体力,从而降低顾客购买的总成本。因此,企业采取有效措施,对提高顾客购买的实际利益、降低购买的总成本、获得更大的顾客让渡价值具有重要意义。

(四)顾客让渡价值的意义

企业树立顾客让渡价值的观念,对于加强市场营销管理,提高企业经济效益具有十分重要的意义。

(1)顾客让渡价值的多少受顾客总价值与顾客总成本两方面因素的影响。其中顾客总价值是产品价值(product value)、服务价值(service value)、人员价值(personal value)和形象价值(image value)等因素的函数,可表示为:

$$TCV=f(Pd,S,PS,I)$$

式中:TCV 表示总顾客价值;Pd 表示产品价值;S 表示服务价值;PS 表示人员价值;I 表示形象价值。

其中任何一项价值因素的变化都会影响顾客总价值。顾客总成本是包括货币成本(monetary cost)、时间成本(time cost)、精力成本(energy cost)等因素的函数,即

$$TCC=f(M,T,E)$$

式中:TCC 表示顾客总成本;M 表示货币成本;T 表示时间成本;E 表示精力成本。

其中任何一项成本因素的变化均会影响顾客总成本,由此影响顾客让渡价值的大

小。同时,顾客总价值与顾客总成本的各个构成因素的变化及其影响作用不是各自独立的,而是相互作用、相互影响的。某一项价值因素的变化不仅影响其他相关价值因素的增减,从而影响顾客总成本的大小,而且还影响顾客让渡价值的大小;反之亦然。因此,企业在制定各项市场营销决策时,应综合考虑构成顾客总价值与顾客总成本的各项因素之间的这种相互关系,从而用较低的生产与市场营销费用为顾客提供具有更多的顾客让渡价值的产品。

(2)不同的顾客群对产品价值的期望与对各项成本的重视程度是不同的。企业应根据不同顾客的需求特点,有针对性地设计和增加顾客总价值,降低顾客总成本,以提高产品的实用价值。例如,对于工作繁忙的顾客而言,时间成本是最为重要的因素,企业应尽量缩短顾客从产生需求到具体实施购买时间,以及产品投入使用和产品维修的时间,最大限度地满足和适应其求速求便的心理要求。总之,企业应根据不同细分市场顾客的不同需要,努力提供实用价值强的产品,这样才能增加其购买的实际利益,减少其购买成本,使顾客的需要获得最大限度的满足。

(3)企业为了争取顾客,战胜竞争对手,巩固或提高企业产品的市场占有率,往往采取顾客让渡价值最大化策略。追求顾客让渡价值最大化的结果却往往会导致成本增加,利润减少。因此,在市场营销实践中,企业应注意度的把握,而不应片面追求顾客让渡价值最大化,以确保实行顾客让渡价值所带来的利益超过因此而增加的成本费用。换言之,企业顾客让渡价值大小应以能够实现企业的经营目标为原则。

五、价值链

建立高度的顾客满意,要求企业创造更多的顾客让渡价值。为此,企业必须系统协调其创造价值的各分工部门即企业价值链以及由供应商、分销商和最终顾客组成的价值链的工作,达到顾客与企业利益最大化。

(一)企业价值链

1.企业价值链的含义

哈佛大学的迈克尔·波特提出价值链可以作为企业创造更多顾客价值的一种鉴别方法。每个企业都是在设计、生产、销售、配送和辅助其产品的过程中进行活动的集合体。

企业价值链是指企业创造价值的互不相同,但有相互关联的经济活动的集合。其中每一项经营管理活动都是价值链上的一个环节。

2.企业价值链的活动内容

价值链可分为两大部分:一是企业的基本增值活动,即生产经营环节,包括材料供应、生产加工、成品储运、市场营销、售后服务五个环节。二是企业的辅助增值活动,包括设施与组织建设、人事管理、技术开发和采购管理四个方面。辅助增值活动发生在所有基本活动的全过程中。技术管理既包括生产技术管理,也包括非生产性技术管理,如决策技术、信息技术、计划技术等管理;采购管理既包括原材料投入管理,也包括其他资源(如外聘的咨询、广告策划、市场调研、信息系统设计等)管理;人力资源管理同样存在于所有部门;企业基础结构涵盖了管理、计划、财务、会计、法律等事务。

价值链各环节相互关联、相互影响。一个环节经营管理的好坏,会影响其他环节的成本和效益。但每一个环节对其他环节的影响程度并不相同。一般来说,上游环节经济活动的中心是创造产品价值,与产品技术特性紧密相关;下游环节的中心是创造顾客价值,成败优劣主要取决于顾客服务。

企业必须依据顾客价值和竞争要求,检查每项价值创造活动的成本和经营状况,寻求改进措施,并做好不同部门之间的系统协调工作。在许多情况下,企业各部门都有强调部门利益最大化倾向。如企业财务部门可能会通过一个复杂的程序,花很长时间审核潜在顾客的信用,以免发生坏账,其结果是顾客等待,企业销售部门绩效受到影响。各个部门高筑壁垒,是影响优质顾客服务和高度顾客满意的主要障碍。

3.创造企业和顾客价值最大化的关键

解决上述问题的关键是加强核心业务流程管理,使各有关职能部门尽力投入和合作。核心业务流程主要如下。

(1)新产品实现流程:包括识别、研究、开发和成功推出新产品等各种活动,要求这些活动必须快速、高质并达到成本预定控制目标。

(2)存货管理流程:包括开发和管理合理储存的所有活动,使原材料、中间产品和制成品实现充分供给,避免库存量过大,增大成本。

(3)订单—付款流程:包括接受订单、核准销售、按时送货及收取货款所涉及的全部活动。

(4)顾客服务流程:包括使顾客能顺利地找到本公司的相关当事人(部门),得到迅速而满意的服务、答复及解决问题的所有活动。

(二)供销价值链

供销价值链是指将企业价值链向外延伸所形成的一个由供应商、分销商和最终顾客组成的价值链,也称为价值让渡系统。

创造顾客高度满意,需要供销价值链成员的共同努力。因此,企业应致力于与供销价值链上的其他成员合作,以改善整个系统,提高竞争力。

例如著名牛仔服制造商莱维·斯特劳斯公司运用电子信息系统加强与其经销商和供应商的合作与业务协调。每天晚上,莱维公司通过电子数据交换,详细了解其主要零售商西尔斯公司和其他主要零售点销售的牛仔裤的尺寸和型号,然后再向其布料供应商订购第二天相应花色和数量的布料。而布料供应商又向纤维供应商杜邦公司订购纤维。通过这种方式,供销链上的所有参与者都能通过最新的销售信息,来生产经营适质适量的产品,而不是根据"估计数"来生产。这样,莱维公司与其他牛仔服制造商的竞争,也就变成了不同的供销价值链系统之间的绩效竞争。

随着竞争的加剧和实践经验的积累,企业之间的合作正在不断加强。过去,企业总是将供应商、经销商视为导致成本上升的主要对象;现在,它们开始仔细选择伙伴,制定互利战略,锻造供销价值链,以形成更强的团队竞争能力,赢得更多的市场份额和利润。

(三)价值链的战略环节

在一个企业价值链的诸多价值活动中,并不是每个环节都创造价值。企业所创造的价值实际上往往集中于企业价值链上的某些特定的价值活动。这些真正创造价值的经营活动就是企业价值链的战略环节。

经济学认为,在充分竞争市场,竞争者只能得到平均利润;如果超额利润能长期存在,则一定存在某种由垄断优势引起的"进入壁垒",阻止其他企业进入。价值链理论认为,行业的垄断优势来自该行业某些特定环节的垄断优势。抓住了这些关键环节,即战略环节,也就抓住了整个价值链。战略环节可以是产品开发、工艺设计,也可以是市场营销、信息技术,或是人事管理等,视不同行业而异。一般来说,高档时装行业的战略环节是设计能力,餐饮业是地点选择。

要保持企业的垄断优势,关键是保持其价值链上的战略环节的垄断优势,而不需要将之普及到所有的价值活动。战略环节要紧紧控制在企业内部,很多非战略性活动则完全可以通过合同方式承包出去,尽量利用市场以降低成本,并使企业能将有限资源集中于战略环节,增强垄断优势,提高顾客满意程度。

战略环节的垄断有多种形式,既可以垄断关键性原材料,关键性人才,也可以垄断关键销售渠道,关键市场等。如在依靠特殊技能竞争的行业(如广告行业、表演行业、体育行业等),需要垄断若干关键人才;在依靠产品特色竞争的行业,其垄断优势来自关键技术或原料配方(如可口可乐的原浆配方,麦当劳"巨无霸"汉堡包的专用配方);在高科技行业,垄断优势通常来自对若干关键性生产技术的垄断。

第三节 战略规划与市场营销管理过程

在现代市场经济条件下,企业必须善于适应不断变化的市场,制定战略规划,开展市场营销管理。战略规划过程为市场营销管理过程勾画出基本的活动框架,市场营销管理过程为战略规划奠定坚实的基础,进而促进和确保战略规划的有效实现。企业若想在激烈的市场竞争中立于不败之地,两者皆为重要基础。

一、企业战略的概念与特征

(一)企业战略的概念

1. 广义

企业战略包括企业目的与目标。美国哈佛商学院教授安德鲁斯认为,企业战略是一种决策模式,决定和揭示企业的目的和目标,提出实现目的的重大方针与计划,确定企业应该从事的经营业务,明确企业的经济类型与人文组织类型,以及决定企业应对员工、顾客和社会做出的经济与非经济的贡献。

2. 狭义

企业战略不应包括企业目的与目标。美国战略学家安索夫认为,总体战略考虑的是企业应该选择、进入哪种类型的经营业务;经营战略所考虑的是,一旦选定某种类型的经营任务,企业或战略经营单位应该如何在这一领域里进行竞争。

(二)企业战略的特征

1. 全局性

企业战略是以企业大局为对象,根据企业整体发展的需要而制定的。企业战略是企业发展的蓝图,制约着企业经营管理的一切具体活动。

2. 长远性

企业战略考虑的应该是企业未来相当长一段时间内的总体发展问题。

3. 抗争性

企业战略也像军事战略一样,其目的也是为了克敌制胜,赢得市场竞争的胜利。

4. 指导性

企业战略规定的目标及实现目标的基本途径,指导和激励着企业全体员工为之而努力。

5. 现实性

制定企业战略的第一步就是要进行内外部环境分析,这就体现了企业战略的现实性。

6. 风险性

企业战略是对未来发展的规划,而未来总是不确定的,所以任何战略都伴随着风险。

7. 创新性

企业战略要随着内外部环境的变化而进行相应调整,这就体现了企业战略的创新性。

8. 稳定性

企业战略一经制定后,在较长时期内又要保持稳定,以利于各级单位努力贯彻执行。

二、企业战略的层次结构

(一)总体战略

总体战略又称公司战略,它是根据企业使命,选择企业参与竞争的业务领域,合理配置企业资源,使企业各项经营业务相互支持、相互协调。

(二)经营战略

经营战略又称经营单位战略,它是指在总体性的公司战略指导下,经营管理某一个特定的战略经营单位的战略计划,是公司战略之下的子战略。

（三）职能战略

职能战略是为贯彻、实施和支持公司战略与经营战略而在企业特定的职能管理领域制定的战略。它的重点是提高企业资源的利用效率，使企业资源的利用效率最大化。

三、企业战略规划

（一）企业战略规划的含义

企业战略规划是企业根据外部营销环境和内部资源条件而制定的涉及企业管理各方面（如生产管理、财务管理、营销管理等）的带有全局性的重大规划。

（二）市场营销部门对企业战略规划的贡献

(1)依靠市场营销部门获得有关新产品和市场机会的启迪。

(2)依靠市场营销部门来评估每个新机会，特别是有关市场是否足够大、企业是否有足够的市场营销力量来利用这一机会等问题。

(3)市场营销部门还要为每一个新机会制订详尽的市场营销计划，具体陈述有关产品、价格、分销、促销的战略和战术。

(4)市场营销部门对市场上实施的每项计划都负有一定的责任。

(5)市场营销部门必须对随时出现的情况作出评价，并在必要时采取改进措施。

四、企业总体战略与经营战略的规划

（一）企业总体战略的规划

1.认识和界定企业使命

企业使命是指企业区别于其他类型组织而存在的原因或目的。

(1)界定企业使命的参考因素：①历史和文化；②所有者、管理者的意图和想法；③市场、环境的发展、变化；④资源条件；⑤核心能力和优势。

(2)企业使命说明书应包括的基本要素：①活动领域；②主要政策；③远景和发展方向。

(3)实例：美国石油公司的企业使命——"美国石油公司是一个在全世界使炼油到化工制品一体化公司。我们寻找和开发石油资源，并向我们的顾客提供优质的产品与服务。我们的业务责任是获得优秀的财务收益，执行我们的长期计划，使股东获益和履行对社会和环境的义务。"摩托罗拉公司的企业使命——"摩托罗拉的目标是为社会的需要提供好的服务，我们以公平合理的价格为顾客提供优质产品和服务；为了企业的整体发展，我们必须做到这一点和赢得适当的利润。我们也为我们的员工和股东提供机会以达到他们个人合理的目标。"

2.区分战略经营单位

(1)战略经营单位及其主要特征：战略经营单位就是企业值得为其专门制定一种

经营战略的最小经营单位。它具有以下特征:①有自己的业务;②有共同的性质和要求;③掌握一定的资源,能够独立或有区别地开展业务活动;④有其竞争对手;⑤有相应的管理班子从事经营战略的管理工作。

(2)战略经营单位划定时应注意:①市场导向而不是产品导向,如富士公司的市场导向——我们保存记忆,产品导向——我们生产胶卷。②切实可行而不要包罗太广。

(3)阿贝尔的观点:一项业务可以从三个方面进行界定,即要为之服务的顾客群、顾客需求和技术。如一家为电视制片厂设计白炽灯照明系统的小公司,其顾客群就是电视制片厂,顾客需求就是照明,技术就是白炽灯照明。

3.规划投资组合

确定公司战略业务单位的目的,就是赋予这些单位战略规划的目标和相应的资金。这些单位将规划呈交总公司,总公司以批准或是退回要求修改。公司审核这些规划以决定它应该建立、保留、收缩或放弃哪些战略业务单位,而这就需要对这些业务进行分析、分类。在这里介绍两种主要的投资组合评估模式。

(1)收获:这种战略以获取短期效益为目标,不顾长期效益。

(2)放弃:目标是清理、撤销某些经营单位,减轻负担,以便把有限的资源用于效益较高的业务。

4.规划成长战略

投资组合战略决定的是现有的经营哪些需要发展、扩大,哪些应当收割、放弃。与此同时,企业需要建立一些新的业务,代替被淘汰的旧业务,否则不能实现预定的利润目标。而要建立新业务,首先,在现有业务范围内,寻找进一步发展的机会;然后,分析建立和从事某些与目前业务有关的新业务的可能性;最后,考虑开发与目前无关但是有较强吸引力的业务。这样,就形成了三种成长战略。

(1)密集式成长战略。此种战略包括以下几种类型:①市场渗透战略,管理者设法在现有市场扩大现有产品的市场份额。如盒式磁带制造商缪斯凯尔公司,鼓励其现有顾客多购买盒式磁带,或者设法吸引竞争者的顾客,最后该公司也可尝试说服那些现在不使用盒式磁带但可能会使用的人开始使用盒式磁带。②市场开发战略,管理者还要寻找现有产品可满足其需求的新市场。如缪斯凯尔公司要设法发现在当前销售领域中有哪些潜在顾客,公司可在现有销售领域内寻找其他分销渠道,该公司考虑向新地区甚至国外销售。③产品开发战略,管理者考虑新产品开发的可能性。如缪斯凯尔公司可开发新的盒式磁带性能,还可开发不同质量水平的磁带,也可研制激光型和数码型的音响磁带。

(2)一体化成长战略。如果所在行业有发展前途,在供产、产销方面实行合并更有效益,便可考虑采用一体化成长战略增加新业务。①后向一体化,即收购、兼并原材料供应商,拥有或控制其市场供应系统。②前向一体化,即收购、兼并批发商、零售商,自办商业贸易公司,通过增加销售力量来求发展;或将自己的产品向前延伸,从事原由用户经营的业务。③水平一体化,即争取对同类企业的所有权或控制权,或实行各种形式的联合经营。

(3)多角化成长战略。如果在原来市场营销系统框架之内已经无法发展,或之外有更好的机会,可以考虑多角化成长战略。①同心多角化,面对新市场、新顾客,以原有技术、特长和经验为基础增加新业务。例如,缪斯凯尔公司以生产盒式磁带的技术知识为基础,从事电脑磁带生产,这时它已充分意识到将进入一个新的市场,将对另一些不同的顾客进行推销。②水平多角化,针对现有市场和现有顾客,采用不同技术增加新业务。这些技术与企业现有能力没有多大关系。如缪斯凯尔公司生产一种圆盘录音带,尽管这种产品的制作过程与原先的完全不同。③综合多角化,企业以新业务进入新市场,新业务与企业现有技术、市场及业务没有联系,这种做法风险大。如缪斯凯尔公司考虑开辟新的业务领域,诸如传真机、代理业务或者快餐业务等。

(二)企业经营战略的规划

经营战略是各个战略经营单位根据总体战略的要求,开展业务、进行竞争和建立优势的基本安排。规划经营战略的关键是战略分析和战略选择。

1. 经营任务分析

经营战略的规划过程,始于明确任务。经营任务规定战略经营单位的业务和发展方向。明确经营任务首先要考虑总体战略的要求。其次,经营单位要确定业务活动的范围。与界定企业整体的战略使命相似,也要从需求、顾客、技术三方面进行界定。

2. 战略环境分析

(1)战略环境的构成。

①主体环境因素:与企业的业务运转有直接利益关系的个人、集团,如股东、顾客、金融机构、交易机构、交易关系单位、竞争者以及其他有关机构、团体。

②一般环境因素:社会经济、政治法律、文化和科学技术等因素。

③地域环境因素:就上述环境因素产生的地理范围而言,包括国内环境和国际环境因素。

(2)战略环境的分析结果——找出机会和威胁。

①机会:一个市场营销机会是指一个具有需求的领域,公司在这里能取得利润。机会可以根据其吸引力和成功概率加以分类。

②威胁:环境威胁是指在没有防备性的营销行为的条件下,可能导致公司销售或利润下降的不利趋势或发展变化所引起的挑战。

威胁可以根据其严重性和发生的概率进行分类。分类后可能出现四种结果:a.理想业务,即具有很多机会、威胁很少的业务;b.风险业务,即机会和威胁都很高的业务;c.成熟业务,即机会与威胁都少的业务;d.困难业务,即机会少、威胁多的业务。

3. 战略条件分析

分析外部环境,是为了从中辨别有吸引力的机会。而要利用机会,必须具备一定的内部条件。所以,在分析外部环境的基础上,还要进行企业自身的优势与弱点分析,预测现有经营能力与将来环境的适应程度。

能力分析的重点,是将现有能力与利用机会所要求的能力进行比较,找出差距,并制定提高相应能力的措施。具体分析步骤如下。

(1)明确利用机会所需的能力结构。

(2)分析现有能力的实际情况。

(3)进行评价和制定措施。

4.战略目标选择

通过战略环境和条件分析,任务应当转化成特定目标。经营战略计划的制订和实施,要以特定目标为依据。

一个好的战略目标应具备以下条件。

(1)目标具有明确性。

(2)目标具有可衡量性。

(3)应有一个实现目标的明确期限。

(4)目标既具有挑战性,又具有现实性和可操作性。

(5)目标强调的应是结果。

5.战略思想选择

目标指出向何处发展,战略思想则说明达到目标的基本打算。美国学者波特认为,一般性竞争战略主要有以下三种类型。

(1)成本领先。

该战略的要点是企业努力使生产与分销费用达到最低水平,从而能比竞争者价格更低,赢得更高的市场占有率。采取这种战略的企业必须在工艺、采购、制造和物流诸方面具有优势。这种战略存在的问题是其他企业通常会以更低的成本出现,而且将伤害到其他未来建立在低成本上的企业。

(2)差异化。

奉行此战略的企业通过对整个市场的评估找出某些重要的顾客利益区域,集中力量在这些区域完善经营。它可努力在服务与产品质量、款式及技术等方面出类拔萃,但难以在这些方面全面领先。企业应培育发展那些在某些效益范围内会产生差别经营利益的优势。

(3)重点集中。

奉行此战略的企业集中精力于一个或几个狭窄的细分小市场,这些企业一般都了解这些细分小市场的需要,追求成本领先或在目标市场中奉行某些差异化策略。

6.形成经营战略计划

规划经营战略的最后一步,是依据实现目标的战略思想,形成执行战略的具体计划,保证和支持经营战略的贯彻、落实。例如,如果企业决定取得技术上的优势,它就必须通过计划加强研究与开发部门的实力、搜集技术信息、开发技术尖端产品等。

第四节 市场营销管理与市场营销组合

战略计划过程明确了企业重点经营的业务,而市场营销管理过程则用系统的方法寻找市场机会,进而把市场机会变为有利可图的企业机会。具体来说,市场营销管理过程包括如下步骤:分析市场机会、决定市场、市场进入决策、发展市场营销战略和实施市场营销活动。

一、市场营销管理过程

(一)分析市场机会

对面临的机会进行全面分析,找出其市场营销可能利用的有利条件,分析无法避免的有关威胁,提出设想。

市场营销管理人员可采取以下方法来寻找、发现市场机会。

1. 收集市场信息

市场营销管理人员可通过阅读报纸、参加展销会、研究竞争者的产品、调查消费者的需要或通过网络等来寻找、发现或识别未满足的需要和新市场机会。如上海曹杨新村街道居民通过阅读报纸了解到不少在本市高校留学的外国学生对中国家庭文化颇感兴趣,又考虑到许多下岗职工有着强烈的再就业愿望,于是,便推出了"家庭旅游"业务,收到了良好的效果。

2. 分析产品/市场矩阵

市场营销管理人员也可通过产品/市场矩阵来寻找、发现增长机会。如某化妆品公司可考虑采取一些措施,在现有市场上扩大香波产品的销售,也可向现有市场提供发胶,或者改进香波的包装、成分等,以满足市场需要、扩大销售。

(二)决定市场

在分析市场机会的基础上进行以下工作。

1. 市场细分

市场细分就是把市场机会分析所显示出来的市场依据顾客需求的不同特性,区分为若干部分。例如,女性内衣市场可细分为休闲内衣、运动内衣、职业特殊需要内衣、哺乳内衣等。接着,要对各个细分市场进行评价。在评价过程中,要看这些市场机会与本企业的任务、目标、资源条件等是否一致,要选择那些比潜在竞争者有更大的优势、能享有更大的差别利益的市场机会作为本企业的企业机会。

2. 市场选择

在市场细分的基础上,决定企业要进入的目标市场。

3. 市场定位

在拟定的目标市场上,为企业、产品或品牌树立一定的特色,以突出与竞争者之间的区别。

（三）市场进入决策

市场进入决策，即以什么方式进入和占领目标市场的决策，主要有三种选择：①内部发展；②联合经营；③企业并购。

（四）发展市场营销战略

市场营销战略是企业及经营单位期望在目标市场实现其目标所遵循的主要原则，它包括两项基本决策：①市场营销组合；②市场营销预算。

（五）实施市场营销活动

这是整个市场营销管理过程的一个带有关键性的、极其重要的步骤。彼得·杜拉克说得好：计划等于零，除非它变成工作。因此，制订市场营销计划仅仅是市场营销管理工作的开始。企业制订市场营销计划之后，还要花很大力气执行和控制市场营销计划。

二、发展市场营销组合

（一）市场营销组合的内涵

1. 市场营销组合的概念

市场营销组合是企业为了进入和抢占目标市场、满足顾客需求，加以整合、协调使用的可控制因素。

2. 市场营销组合的构成

（1）产品：通常是指企业提供目标市场的货物、服务的集合。它不仅包括产品的效用、质量、外观、品牌、包装等因素。

（2）价格：企业出售产品所追求的经济回报，内容有价目表、价格、折扣、折让、支付方式等，又称为定价。

（3）地点：通常称为分销或渠道，代表企业为使其产品进入和达到目标市场，所组织、实施的各种活动，包括途径、环节、场所、仓储和运输等。

（4）促销：企业利用各种信息载体，与目标市场进行沟通的传播活动，包括广告、人员推销、营业推广与公共关系等。

（二）市场营销组合的特点

1. 可控性

企业根据目标市场的需要，可以决定自己的产品结构，制定产品价格，选择分销渠道和促销方法，对这些市场营销手段的运用和搭配，企业有自主权。

2. 动态性

市场营销组合不是固定不变的静态组合，而是变化无穷的动态组合。组成特定市场营销组合的手段和因素，受到内部条件、外部环境变化的影响，必须能动地做出相应的反应。

3.复合性

四个"P"(产品、价格、渠道、促销)之中又各自包含若干小的因素,形成各个"P"的亚组合,因此,市场营销组合是至少包括两个层次的复合结构。

4.整体性

市场营销组合的各种手段及组成因素,不是简单地相加或拼凑集合,而应成为一个有机的整体,在统一目标指导下,能够求得大于局部功能之和的整体效应。

本章内容拓展

学习总结

本章习题

参 考 文 献

[1] 高鸿业.西方经济学(数字教材版)[M].8版.北京:中国人民大学出版社,2021.
[2] 陈琳,苏志平.西方经济学同步辅导及习题全解(微观部分)[M].8版.北京:中国水利水电出版社,2022.
[3] 沈玉娟,李春伶.经济学基础[M].大连:东北财经大学出版社,2021.
[4] 牛士华,陈福明.经济学基础[M].4版.北京:高等教育出版社,2022.
[5] 赵扬,焦世奇,赵琪.经济管理基础[M].北京:电子工业出版社,2020.
[6] 胡金荣,刘堂发.微观经济学[M].2版.北京:人民邮电出版社,2015.
[7] 邓金堂,胡树林.经济管理基础[M].北京:机械工业出版社,2017.
[8] 李实,朱梦冰.中国经济转型40年中居民收入差距的变动[J].管理世界,2018,34(12):19-28.
[9] 宋佳莹,马嘉蕾,高传胜.社会保障与经济增长:效率与公平视角——基于劳动力供给与居民收入差距的路径研究[J].经济问题探索,2023(5):30-45.
[10] 陈斌开,亢延锟,侯嘉奕.公共服务均等化、教育公平与共同富裕[J].经济学(季刊),2023,23(6):2104-2118.
[11] 高鸿业.西方经济学(宏观部分)[M].8版.北京:中国人民大学出版社,2021.
[12] 《西方经济学》编写组.西方经济学(第二版 下册)[M].北京:高等教育出版社,人民出版社,2019.
[13] 鲁迪格·多恩布什,斯坦利·费希尔,理查德·斯塔兹.宏观经济学[M].13版.北京:中国人民大学出版社,2021.
[14] 何琴.经济学基础课程思政教学案例集[M].沈阳:东北大学出版社,2022.
[15] 《西方经济学》编写组.西方经济学[M].2版.北京:高等教育出版社,2019.
[16] 陈晓玲,等.宏观经济学课程思政案例集[M].成都:西南财经大学出版社,2021.
[17] 张卓元.中国经济学60年(1949—2009)[M].北京:中国社会科学出版社,2009.
[18] 张晓晶.中国经验与中国经济学[M].北京:中国社会科学出版社,2022.
[19] 秦勇,李东进.管理学理论、方法与实践[M].北京:清华大学出版社,2013.
[20] 徐向艺.管理学[M].2版.济南:山东人民出版社,2009.
[21] 刘萍,王炜,李红星.行政管理学[M].北京:经济科学出版社,2008.
[22] 陈传明,龙静.管理学学习指南与练习[M].北京:高等教育出版社,2019.
[23] 林志扬.管理学原理[M].3版.厦门:厦门大学出版社,2004.
[24] 冷志明,蒋才芳.企业战略管理[M].长沙:中南大学出版社,2009.
[25] 魏江,邬爱其,等.战略管理[M].2版.北京:机械工业出版社,2021.
[26] 蓝海林,等.企业战略管理[M].3版.北京:中国人民大学出版社,2021.

[27] 杨善林.企业管理学[M].北京:高等教育出版社,2004.
[28] 周三多.管理学[M].2版.北京:高等教育出版社,2005.
[29] 张纯,殷耀如,企业管理[M].科学出版社,2010.
[30] 赵曙明,张敏,赵宜萱.人力资源管理百年:演变与发展[J].外国经济与管理,2019,41(12):50-73.
[31] 徐东华.人力资源管理思想百年发展脉络探析[J].理论界,2013(8):161-164.
[32] 董克用,李超平.人力资源管理概论[M].5版.北京:中国人民大学出版社,2019.
[33] 刘昕.人力资源管理[M].4版.北京:中国人民大学出版社,2020.
[34] 彭剑锋.战略人力资源管理 理论、实践与前沿[M].2版.北京:中国人民大学出版社,2022.
[35]《人力资源管理》编写组.人力资源管理[M].北京:中国人民大学出版社,2023.
[36] 柯清芳.生产运作管理[M].2版.北京:北京理工大学出版社,2016.
[37] 陈福军.生产与运作管理[M].5版.北京:中国人民大学出版社,2022.
[38] 张振刚,张君秋,陈一华.资源协奏视角下大数据赋能精益生产的机理研究[J].管理案例研究与评论,2022,15(1):85-98.
[39] 孙新波,李祎祯,张明超.智能制造企业数字化赋能供应链敏捷性实现机理的案例研究[J].管理学报,2023,20(8):1116-1127.
[40] 胡爱本.新编组织行为学教程[M].3版.上海:复旦大学出版社,2006.
[41] 关培兰.组织行为学[M].北京:中国人民大学出版社,2003.
[42] 刘智强,关培兰.组织行为学.[M].5版.北京:中国人民大学出版社,2020.
[43]《组织行为学》编写组.组织行为学[M].北京:高等教育出版社,2019.
[44] 斯蒂芬·罗宾斯,蒂莫西·贾奇.组织行为学[M].18版.北京:中国人民大学出版社,2022.
[45] 胡君辰,组织行为学[M].3版.北京:中国人民大学出版社,2021.
[46] 田占广,冷思平,王明雪.现代企业管理与创新[M].南昌:江西科学技术出版社,2020.
[47] 张振刚,陈志明.创新管理:企业创新路线图[M].北京:机械工业出版社,2013.
[48] 陈劲,郑刚.创新管理[M].北京:北京大学出版社,2021.
[49] 宋夏云,谭博文.正中珠江会计师事务所对康美药业审计失败的案例研究[J].商业会计,2019(22):4-8.
[50] 钱春容.大数据时代企业财务管理创新优化路径分析[J].中国集体经济,2023(16):133-136.
[51] 曾小明.大数据背景下企业财务管理的影响及应对策略研究[J].产业创新研究,2023(8):157-159.
[52] 菲利普·科特勒、凯文·莱恩·凯勒、亚历山大·切尔内夫.营销管理[M].16版.北京:中信出版集团,2023.

教学支持说明

为了改善教学效果,提高教材的使用效率,满足高校授课教师的教学需求,本套教材备有与纸质教材配套的教学课件(PPT电子教案)和拓展资源(案例库、习题库、视频等)。

为保证本教学课件及相关教学资料仅为教材使用者所得,我们将向使用本套教材的高校授课教师赠送教学课件或相关教学资料,烦请授课教师通过电话、邮件或加入旅游专家俱乐部QQ群等方式与我们联系,获取"电子资源申请表"文档,准确填写后反馈给我们,我们的联系方式如下:

地址:湖北省武汉市东湖新技术开发区华工科技园华工园六路

邮编:430223

电话:027-81321911

传真:027-81321917

E-mail:lyzjjlb@163.com

旅游专家俱乐部QQ群号:758712998

旅游专家俱乐部QQ群二维码:

群名称:旅游专家俱乐部5群
群　号:758712998

电子资源申请表

填表时间：_____年___月___日

1. 以下内容请教师按实际情况写，★为必填项。
2. 根据个人情况如实填写，相关内容可以酌情调整提交。

★姓名		★性别	□男 □女	出生年月		★职务	
						★职称	□教授 □副教授 □讲师 □助教

★学校		★院/系	
★教研室		★专业	
★办公电话		家庭电话		★移动电话	
★E-mail（请填写清晰）		★QQ号/微信号	
★联系地址		★邮编	

★现在主授课程情况	学生人数	教材所属出版社	教材满意度
课程一			□满意 □一般 □不满意
课程二			□满意 □一般 □不满意
课程三			□满意 □一般 □不满意
其 他			□满意 □一般 □不满意

教 材 出 版 信 息						
方向一		□准备写	□写作中	□已成稿	□已出版待修订	□有讲义
方向二		□准备写	□写作中	□已成稿	□已出版待修订	□有讲义
方向三		□准备写	□写作中	□已成稿	□已出版待修订	□有讲义

　　请教师认真填写表格下列内容，提供索取课件配套教材的相关信息，我社根据每位教师填表信息的完整性、授课情况与索取课件的相关性，以及教材使用的情况赠送教材的配套课件及相关教学资源。

ISBN（书号）	书名	作者	索取课件简要说明	学生人数（如选作教材）
			□教学 □参考	
			□教学 □参考	

★您对与课件配套的纸质教材的意见和建议，希望提供哪些配套教学资源：